裂变式商业书系 ❶

User Data Strategy

小数据战略

新零售时代如何重构用户关系

周宏明 袁啸云 著

中国经济出版社
CHINA ECONOMIC PUBLISHING HOUSE
·北京·

图书在版编目（CIP）数据

小数据战略：新零售时代如何重构用户关系/周宏明，袁啸云著.
—北京：中国经济出版社，2019.1
（裂变式商业书系）
ISBN 978-7-5136-5410-4
Ⅰ.①小… Ⅱ.①周… ②袁… Ⅲ.①网络营销 Ⅳ.①F713.365.2
中国版本图书馆 CIP 数据核字（2018）第 236080 号

总 策 划　何　丹
策划编辑　崔姜薇
责任编辑　张　博
特约编辑　宋甜甜
责任印制　马小宾
封面设计　任燕飞

出版发行　中国经济出版社
印 刷 者　北京艾普海德印刷有限公司
经 销 者　各地新华书店
开　　本　710mm×1000mm　1/16
印　　张　17.75
插页印张　0.5
字　　数　229 千字
版　　次　2019 年 1 月第 1 版
印　　次　2019 年 1 月第 1 次
定　　价　68.00 元
广告经营许可证　京西工商广字第 8179 号

中国经济出版社 **网址** www.economyph.com **社址** 北京市西城区百万庄北街 3 号 **邮编** 100037
本版图书如存在印装质量问题，请与本社发行中心联系调换（联系电话：010-68330607）

目录 CONTENTS

我们首先从零售业的历史沿革提炼发展规律，零售业做为一个古老的行业，每一次的技术革命，或者是让交易成本降低，或者是让零售效率或消费体验提升，最终都会带来零售的模式创新。从工业革命开始到互联网再到移动互联网，宏观上看，商业模式从零售1.0升级到零售4.0，即新零售。我们认为，千百年来，零售的本质从未发生过改变。

新零售的根本模式，是在物联网技术的基础之上，通过各种创新技术的运用改变消费场景，提升消费体验。商超巨头纷纷触网、互联网巨头纷纷下沉，基于万物互联的新零售，究竟能带给我们什么样的惊喜呢？我们可以大开脑洞，拭目以待。然而，说到底，新零售是资本和巨头的游戏场，那么普通创业者和小规模企业该如何参与呢？

第 3 章 零售5.0模式：自零售

互联网让“世界是平的”，物联网实现“万物互联”，人联网则期待“连接一切”。人们逐渐通过彼此时间、地点和观点的智能化匹配，建立起一种基于社交需求的分享机制。当商品与服务的消费与体验等信息也在这个网络上被分享和传播的时候，自零售就出现了。我们认为，自零售是最好的零售方式。

第 4 章 大数据与小数据

每一个企业家，都应该尽快从大数据思维切换到小数据思维中来，完成从“Big Data，Think Small”（大数据，想得少）到“Small Data，Think Big”（小数据，想得多）的转型过程。

第 5 章 我们所处的全新世界

我们正处于一个前所未见的全新商业世界：所有人都已经拥有了全新的时空观念，新媒体、自媒体大量出现，构建了一个全新的信息传播方式，使得去中心化的人际关系间的裂变式传播成为可能，人们逐渐拥有了碎片化的购物体验，这些都将对零售的进化和变革产生巨大的冲击和影响。

第 6 章 用户关系与价值连接

我们通过对“依赖—信赖—认识—陌生”这样的用户关系进行分析，把用户群体细分为员工（含超级用户）、客户、会员、粉丝四类，每一层关系所匹配的用户权益和营销方法都有所不同，用户关系的进阶过程是：粉丝—会员—客户—员工。

第 7 章 实战：伍厘米理论

“伍厘米理论”是一种数据思维，就像曾经的互联网思维一样，无论是否要参与新零售变革与转型，无论是否要做自零售，伍厘米理论都是零售行业从业者必备的思考方式之一。本章对伍厘米理论进行概念介绍，后续章节依次展开。

第 8 章 用户数据管理（1CM）

利用相应的信息技术以及互联网技术来协调企业与顾客间在销售、营销和服务上的交互，通过这个系统去改善企业与客户之间的关系，首先要在内部建立全业务数据平台，实现数据整合，作为用户数据研究和分析的基础。

第 9 章 精准营销（2CM）

“无数据，不营销。”精准营销，重点在于“精”“准”二字，“精”是把用户的数据画像搞清楚，把需求摸透彻；“准”是所有的营销动作，都是跟用户需求相关，是有针对性和个性化的。精而不准、准而不精，都算不上是真正的精准营销。

第 10 章 需求挖掘（3CM）

用户需求一般可以分为两种，一种是用户说出来的、明显的，另一种是用户没有说出来的，甚至用户自己都无法清晰描述的。我们要做的，是需求挖掘和主动出击，不仅仅是发现用户的显性需求，还要通过数据分析以及与用户的实时互动，引导和触发用户的隐性需求。

4CM

移动互联时代来临，新的社会化媒体推平了一切，传播速度大爆发，信息的扩散半径得以百倍、千倍地增长。产品或服务好不好，企业自己说了不算，用户说了才算，口碑效应重新变得无比重要，用户说了什么，成为每一个企业必须认真面对的问题。

如果一个品牌能够让用户去替你说好话，这是营销上的极大成功，如果能够让用户帮你去推荐和销售，那简直是所有品牌商梦寐以求的场景了。自零售的模式，必将开创一个新的时代。

5CM

去中心化的网状结构已经形成，移动互联网赋予用户自由选择、自由发声的权利，权利的天平已经向用户一端倾斜。快则五年，慢则十年，技术革命带来的零售进化将在新零售阶段走到极致，新零售的下一步，只能以人为本，从人际关系中迭代，一系列新的场景、新的物种、新的思维都将快速出现，掀起又一轮的零售革命。

前言：你真的了解用户吗？

互联网自1991年开始商业化，到现在已近30年，它给用户和企业带来的价值具有无限潜力，特别是近年来随着大数据的分析和数据挖掘技术的发展和应用，重大的商业转型开始出现。无论美国、日本还是中国的企业都已经感受到了互联网对企业的改变，不仅是增多了销售渠道，与客户沟通的方式变得更加便捷，更重要的是互联网大数据对企业商业模式和经营决策的逆转，对用户关系的重构。

从互联网到移动互联网，对零售而言，不仅时间、空间被革新，新理念和新趋势也层出不穷，特别是“新零售”的概念提出后，理论界各路专家众说纷纭，商业界各路诸侯烽烟四起，不同的理论、模式、方法、实践，让大家眼花缭乱，无所适从。

很多人谈场景，传统百货、门店、商城提供了线下消费的场景；电商平台B2B、B2C提供了线上消费的场景，新零售是要把线上线下相互融合，以更好的场景提升零售效率；

很多人谈技术，RFID射频识别技术把商品信息数据化，可监控、可跟踪；二维码扫描技术让各种数字应用真正走进生活，人脸识别技术能够识别消费者的身份信息；大数据、云计算技术大大提升信息储存和加工能力；

很多人谈体验，Shopping Mall① 一站式提供吃喝玩乐消费体验；

① 购物中心，以大型零售业为主体，众多专业店为辅助业态和多功能商业服务设施形成的聚合体。

“最后一公里”智能物流提升等候体验，微信、支付宝等手机支付提升支付体验……从产品到服务，消费体验不断升级；

还有很多人谈柔性化生产、匠心设计、产业金融、供应链再造……但我发现一件很奇怪的事情，大家都知道用户很重要，场景、技术、体验都围绕用户展开，却偏偏很少有人去直接谈用户，直接谈用户关系。

另外，在企业经营管理实践过程中，每一个企业家或创业者，一定要重点关心五件事情：第一，产品，怎么造出好产品，提供好的服务；第二，财务，钱从哪里来，应该怎么花；第三，渠道，怎么把产品卖出去；第四，人事，怎么招人、留人、用人；第五，用户，用户是谁，用户在哪里，用户需要什么。不过，在实践中，很多企业家只关心前面四件事，有意无意地忽略了用户和用户关系。

这究竟是怎么回事呢？

得用户者得天下

用户，顾名思义，就是消费并使用产品的人，与消费者、客户的含义相近，很多场合是通用的。为了叙述方便，我们在本书中，把所有跟品牌发生关系的人群统称为用户，大致包括粉丝（关注）、会员（注册）、客户（成交）、超级用户（忠诚度）。

用户不重要吗？非也。大家在“用户很重要”这一点上是有高度共识的，但大家似乎认为，只要产品做好了，用户就来了，只要渠道铺开了，用户就来了……他们高度重视经营过程的方方面面，而忽略了与用户建立紧密的联系，仅仅把拥有“用户”当成一种自然而然的结果。

产品和服务好不好，究竟该由谁说了算？设计师、供应商、渠道商、公司员工还是管理者自己？都不是，有且只有市场说了算，用户说了算！作为经营者，如果我们能够跟用户建立关系，随时让用户来告诉我们，产品和服务好在哪里，不好在哪里，随时去调整、优化和完善，那是多么美好的事情。

在没有互联网的时代里，与用户建立连接关系是比较难的，成本高且效率低，品牌商做好产品，零售商负责销售，专业的分工形成了惯性。事实上，互联网开创了一个全新的商业时代，我们能够以极低的成本与用户建立连接，甚至于实时互动，如果我们依旧墨守成规、故步自封，主动放弃与用户建立关系的机会，那就太可惜了。

道理很简单，谁能建立并管理好用户关系，实现跟用户的深度连接，无论新零售、旧零售，都将立于不败之地。亚马逊创立20多年来，一直坚守用户价值。据说，亚马逊高管开会，七个人开会，会放八张椅子，多出来的一个空椅子，就是给“用户”坐的。开会结束后，大家都会向用户问一句：你满意我今天的决策吗？当然，这种充满仪式感的会议流程有些夸张的意味，但亚马逊始终重视研究用户关系，分析用户数据倒是事实，这也让它很快超越零售巨头沃尔玛，快速发展成为全球首屈一指的线上购物平台。

有不少企业家朋友或许会说，我们的价值观就是“用户第一”“用户就是上帝”“用户永远是对的”……我们所有的经营管理都是围绕用户展开的，哪里会不重视用户。

然而，我就想多问一句：你真的了解用户吗？

你的粉丝有多少，会员有多少，客户有多少，超级用户有多少？他们都是怎么来的，电话、电邮、微信、微博还是登门拜访？他们对品牌都是怎么认识，怎么评价的？他们对产品和服务有什么具体的意见和建议？有多少新老用户？新用户是怎么转化来的，因为什么转化过来的？老用户有多少活跃的，有多少沉默了，又有多少流失掉了？每个用户的身份能识别出来吗？他的用户画像是什么样的？用户的消费轨迹是什么样的？消费偏好是怎么样的？

可能大多数企业家对于上述问题是无法准确回答的。我们写这本书的目的，就是呼吁品牌商和零售商要高度重视用户关系，并且能用互联网和数据技术去重构用户关系。我们认为，如火如荼的“新零售”在根本上是零售场景和创新技术在实践中的竞争，而“新零售”的下一个阶段，一定是基于“用户关系”的竞争。当品牌与用户之间的关系达到最紧密的时候，超级用户就产生了，他们不仅是品牌的持续消费者，同时也愿意通过互联网为品牌代言，并推荐品牌。我们定义这个阶段叫“自零售”——每一个个体既是消费者也是销售者。

全书的内容主题将围绕小数据如何重构用户关系逐渐展开：“小数据战略”是指导思想，“伍厘米理论”是方法论，“人联网”是物联网之后的发展趋势，“自零售”是零售进化与升级的终极目标。

我 1991 年在美国进入互联网行业，之后创立了几家互联网公司。2003 年，我从中国台湾移居到中国大陆，除了投资团队，也把更多的时间投入到“互联网 + 零售”的研究、授课和企业咨询中。随后的十多年，我作为新零售行业的过来人、旁观者、实践者，有机会近距离观察、接触中国市场上各种类型的、一日千里的零售企业，这也让我有机会对互联网和零售行业进行更深刻的思考。

对于如何构建用户关系，我不仅是观察者，更是实践者。

1997 年，我在台北创立的一家公司围绕着 CBD 白领人群午饭难解决的痛点，开展了一项提供“午餐优惠券”的定制服务。那时并非移动互联时代，我们建立了一个简单的网站，把午餐优惠券放在网络上供注册会员在电脑上免费下载。我们发动了 20 多个地推招商人员，把台北市写字楼集中区域的餐厅、饭馆信息全部搜集起来，按照级别分门别类。餐饮是充分竞争的市场，各类餐厅众多，菜系风格各异，竞争也很激烈，为了吸引客流，商家也愿意给出一定的折扣优惠。

这个商业逻辑，其实跟现在的大众点评网站类似。只不过，我们当时做得比较早，抓住了白领午餐难的痛点，很快就打开了市场。这个时候，我们多做了一件事，让每一个下载午餐优惠券的人，都必须通过提交他的相关信息来注册和登录，这就让我们掌握了每一个用户下载了哪些优惠券，每一个优惠券有哪些用户在下载和使用。一句话，我们把用户数据沉淀了下来。

通过积累用户数据，3 个月之后，优惠券下载量上规模，我们拿着规模化的流量去获取优质餐厅条件更好的折扣或留座等升级服务；6 个月后，我们发现有不少用户持续登录并下载相关的优惠券，我们决定上线会员制度。每个会员只要按年付会费，每个月 30 元新台币，就可以拥有“独享优惠券”，独享优惠券背后指向的餐厅更好，优惠力度更高，服务更到位。

注册会员通过付费成了稳定的会员，一年之后，我们再将服务升级，推出高级会员制，每年的会费从 30 元新台币提高到 100 元新台币，高级会员可以享受定制、留座等 VIP 服务，还可以享受到周一到周五推荐餐厅和推荐菜的专属服务，而这些个性化的服务，都是根据会员过去一年在网站上留下来的消费轨迹和口味偏好等数据分析得来的。

这样一家公司，通过数据琢磨出长期维护用户关系的方法，围绕着用户关系做文章，仅仅 40 个员工，在 20 年前每年就能收获 500 万人民币的利润，做得很轻松。后续在移动互联网时代，对于用户的服务方式发生了变更，但基本的商业模式和用户数据还在发挥作用，保证公司能够持续稳定发展下去。在市场竞争如此激烈的今天，用户数据的沉淀，既确立了我们的竞争优势，又给了我们持续的丰厚投资回报。

在没有运用互联网技术的情况下，我们尚且可以通过抽样、人工记录等手段一条一条地收集用户数据，如今互联网技术已经普遍运用，在大数据、云计算、人工智能触手可及的情形下，我们重提“用户画像管理”，已经不是能不能、要不要的问题，而是如何做到位，做得更好的问题了。

从流量思维到用户思维

在互联网出现以前，企业经营的思维大多数是B to C模式，企业自主决定生产什么，自主决定建立何种渠道和硬推广模式，消费者只能被动接受信息。而互联网商业化之后，由于信息传播的速度、广度、深度的变化，每个人都有机会成为信息传播的主体，消费者的自主权和话语权随之大大增强。于是，企业经营者逐渐发现：企业越来越难以了解消费者，也越来越无法准确地把握消费者的需求。

这些年，我观察的大部分企业，无论是否触网，都是流量思维，一边通过各种营销方式和手段，投入巨大的资源，去获取流量，获得新客户，一边又通过“漏斗型”的模型来筛选优质客户。假如有10万个新客户过来，几经筛选，剩下可能不到1万个。然后，为了继续发展，他们必须再次开始，到处找新客户并筛选老客户。这个基于传统商业模式的“漏斗型”的模型图，我们后续会再提到。

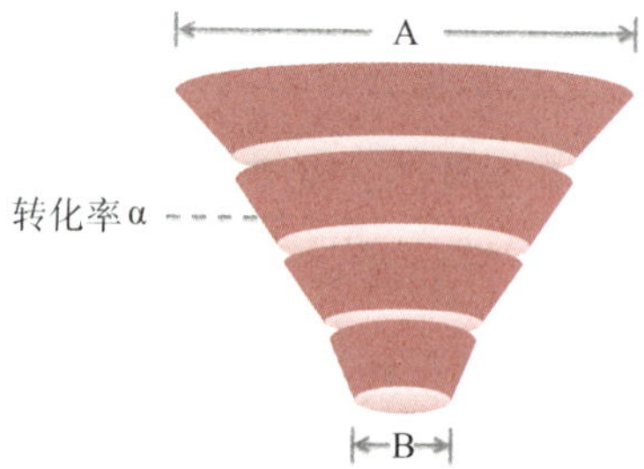

流量思维“漏斗型”模型

传统的营销打法和获客模型，归纳起来大致有两种，都跳不出“漏斗型”业态：一种典型的做法，是不断投入巨额市场费用，不断加大营销力度，不断地获得更多的流量入口，其目的是使最上层的漏斗开口不断地扩大，获得更多的潜在用户；另一种做法，是在对客户进行分析研究之后，进行有目的的用户运营，重复购买，在层层筛选的时候尽可能多地留存忠诚客户，这实际上是把漏斗的坡度变得更陡一些，让更多的用户留存下来，创造价值。

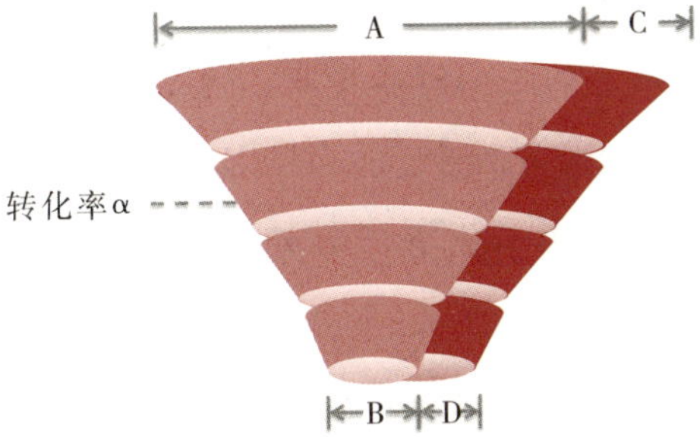

流量思维“漏斗型”模型——获取新用户

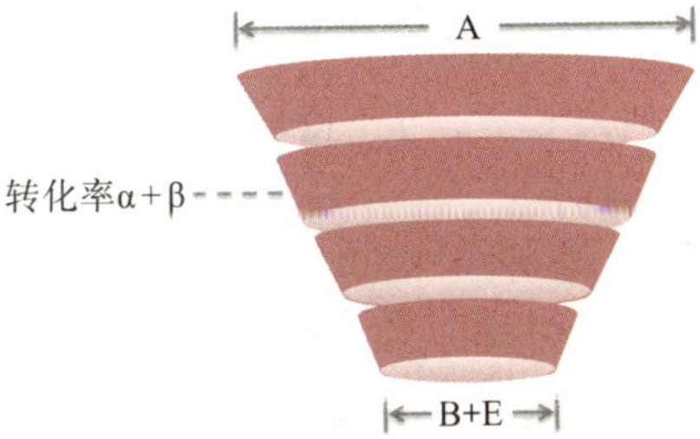

流量思维“漏斗型”模型——运维老用户

上面两种做法，一个是把重心放在新用户的获取上，另一个是把重心放在老用户的运维上。大多数企业会选择第一种做法，比较粗放，比较直接，评估效果也简单，就看转化率。不过，潜在的用户数量不可能无限扩张，当所有的企业都这样做的时候，流量必然成为稀缺资源，获客成本急剧上升。新用户如何获得是令老板们极为头痛的事情，很多时候成了流量黑洞，无论多少钱投进去，都不见效。

而针对老用户的运营维护，更看重精细化管理，要有耐心，要有数据意识，恐怕短期内不那么容易见效，该离开的用户还是会离开，忠诚度还是达不到预期，很多企业也是因为没有办法，才退而求其次，实在是一种无奈的选择。

和上百位零售商的交流来看，无论是新用户的获得，还是老用户的维系，跳不出这个漏斗型业态，大家对于转化率、留存率、复购率等指标，高一点或者低一点，早已习以为常，似乎就像人都会生老病死一样，这就是规律，甚至就是宿命。

当时，我就在想，能不能有什么好的办法，打破这个必然的宿命呢？

2010年，我去日本东京旅行，参访了几家日本零售企业，与不少零售商交流学习了几天时间。当时，就有个问题冒出来：如果从人口基数上看，中国13亿多人，日本才1亿多人，市场容量根本不是一个级别，为什么日本零售行业却做得比我们好，拥有驰名世界的连锁品牌，还向我们输出连锁便利店模式（7－11）和品牌连锁店模式（优衣库、无印良品），在国内，学习日本零售经验的人不在少数，但始终感觉只学到表面（硬件）。

后来的好几年，每年我都会去日本四五回，带着这个问题，去观察和思考日本零售的业态。在硬件和技术方面，我们早已经赶上甚至超过了日本，比如，在电商、物流和支付等环节，我们还是领先和超越他们的。我发现，我们厉害的是硬实力，而他们厉害的是软实力。他们对于用户关系的管理和研究非常深入，似乎还形成了一些约定俗成的制度和文化。比如，销售跟客户连接得很好，产品与服务跟客户也连接得很好，他们常常组织活动，让客户之间交流和连接。通过活动，自然而然地把老客户和新客户连接在一起，而且这种连接常常是自发的，去中心化的。企业可以鼓励和促进，避免压抑和控制，而从结果来看，企业在这种连接中是起点，也是核心内容，实实在在地受惠良多。

前几年，很多人提互联网的“下半场”，以及推进物联网的建议，我的脑海里就涌现出了“人联网”① 的概念，这是一个人人互联的网络，是沉淀了社交关系的网络，更是拥有着信任关系的网络。在某种意义上，自媒体就是新闻信息在人联网上传播的一种表现。现在的微博、微信上的信息传播，依赖的就是人人相连的社交网络，你的每一次转发，都是用个人的形象和信任感去背书的。而且，这种传播是网状结构和去中心化的，信息的传播没有必然的规律可循，一篇好的文章，你在微博或朋友圈的每一次转发，看到的是你的粉丝或好友，其中一部分人继续转发，影响更多的粉丝或朋友，转发的时候可以加上自己的思考或评价，赋予个性化的新内容，每个人既是内容的消费者，也是内容的推荐者。一圈一圈地扩散开去，每一篇拥有优质内容的文章，能迅速获得十万＋、百万＋的阅读量，这都不是靠传统的“一对多”的中心化的传播逻辑，而是全新的“人联网”的扩散逻辑。

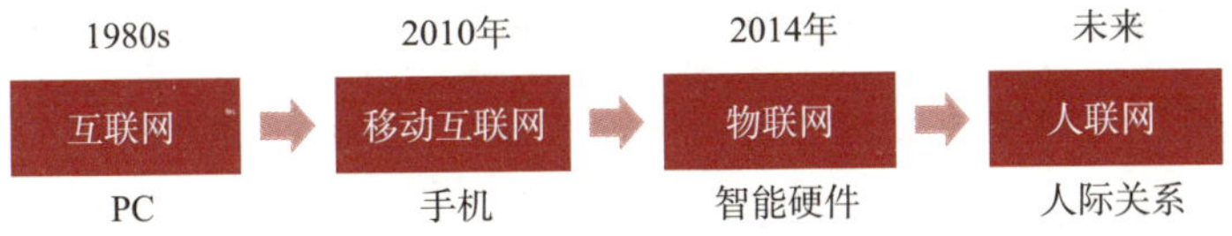

时代背景变化

内容信息在新的时代里有了新的传播逻辑，那产品信息呢?

当内容即广告、广告即内容得以实现的时候，只要简单地在内容后面加上产品的购买链接，就有可能实现产品信息在人联网上的传播，按照自媒体的逻辑扩散，因为有了人与人之间的信任关系赋能，就能短时间内形成巨大的影响力和口碑效应。

我们认为，人联网对于现在零售业态的冲击力，完全不亚于互联网对传统零售的冲击，所有新的商业逻辑会渗透到零售行业的方方面面。

① 是以人为核心，以互联网为工具，强调人的实时互动与体验，融合虚拟现实的网络。本书作者周宏明于 2012 年首次把人联网概念运用于“互联网＋零售”研究。

这时候，每个具体的个体，既是商品的消费者，也是销售者，“消销合一”，这是在新零售时代更高级的零售形态。

依托于人际关系传播的媒体形态，我们称为自媒体①；同样地，依托于人际关系传播的零售形态，我们称为自零售②。

在人联网的技术背景下，自零售要得以实现，用户数据战略（或称为“小数据战略”）是特别重要的路径，很有可能也是唯一的路径。我们要通过数据的科学管理来识别用户画像、挖掘用户需求和寻找超级用户，并驱动他们成为自零售人。

有了这些天马行空的想法，并没有让我特别兴奋。直到2012年开始在一家年轻企业中将这些想法一一实践之后，我才对此深信不疑。

六年前，我受邀担任绿瘦健康产业集团首席顾问，跟绿瘦创始人皮涛涛先生和管理团队一起，把我的理论和想法付诸实践，也有幸见证了这家企业经营决策数据化的转变。经过大家努力，绿瘦从产品公司变成服务公司，再转型为数据公司，沉淀了超过1500万用户数据，支撑其销售额持续增长，五年翻了十倍。

通过数据管理平台的建构，绿瘦沉淀了所有用户的数据信息。其用户画像源自于与客户交互过程中积累的数据，可以精准知道用户的地域、性别、年龄、兴趣、健康状况、日常生活习惯和消费能力等，通过对用户数据分类和标签化，构建了丰满而细腻的数据模型。透过数据智能化，绿瘦一百多个产品得到重新组合，形成最有效的体重管理方案，而专业的顾问团队，通过数据智能化，为每一个用户提供个性化的专业服务。

---

① 又称“公民媒体”或“个人媒体”，是指私人化、平民化、普泛化、自主化的传播者，以现代化、电子化的手段，向不特定的大多数或者特定的单个人传递规范性及非规范性信息的新媒体的总称。

② 本书作者周宏明于2015年在绿瘦数据战略部署会议上首次提出。

通过重构用户关系，绿瘦有两个完全不同于传统企业的特征。一个是，决策者的思维发生了转变。我近距离观察发现，董事长做决策时的口头禅发生了变化：从“我认为”“我决定”变成“透过数据和客户反馈，我们应该这么做”，这是老板决策思维的升级。他所有的决策都从数据的客观支持出发，加上他的商业经验判断，做出一个理性的决策，而不是冲动的决策。另一个重要的特征是，数据化管理已经渗透到绿瘦企业的每个部门，管理变得更科学。绿瘦的销售员工管理、营销推广费用管理、用户的分级分类、服务和产品体检管理等，全部以数据作为支撑。

如今，这家大健康细分行业（体重管理服务）的领头羊，已然成了一家真正的数据公司。在可预见的未来，依托数千万的用户数据，绿瘦将在体重管理领域打造一个全新的生态，皮涛涛先生或许也可以像当年的马云一样，“拿着望远镜都找不到对手”。[1]

重构用户关系的方法论

互联网在几十年的发展过程中，累积了一个庞大的无形资产——数据。每一位用户上网的同时，必定会沉淀数据，他们在网络上的行为轨迹、喜好兴趣、购物记录，甚至包含时间、空间的数据，全都被记录下来。有些企业洞察先机，率先透过这些数据了解客户，通过对数据的整理、分析、挖掘，及时把握客户需求开展精准营销，甚至还进一步地透过建立数据模型，去预测整个行业变化，预测未来的消费倾向。

数据驱动企业经营，其实就是 C to B 的思维。透过对客户数据的洞察，重新教会我们：在互联网时代，企业应该如何做到市场分析精细

① 2004 年，中国经济年度人物颁奖现场，马云在领奖时说，阿里巴巴之所以现在能做到拿着望远镜也找不到对手的地步，是因为在互联网最痛苦的时候，阿里巴巴还能跪着生，始终没有放弃寻找。

化、营销精准化、服务差异化、产品个性化、全面提升整体的品牌价值。这就是数据驱动带给企业升级与转型的机会。

零售的本质是什么？就是如何最有效地让“人”和“货”发生连接。在过去的数千年里，充当了连接器的是“场”，从小场到大场，从线下的场到线上的场，通过技术革命，促进“场”的形态的变化和效率的升级，也驱动零售的商业模式从 1.0 发展到如今的 4.0。但无论技术怎么升级，运用怎么有效，场的效率发挥到极致，人和货的连接还是存在并且需要一个场。我想，是不是有可能在未来的某种零售模式中，场消失了，人和货直接产生连接，这不就是回归到零售的本质，而且最直接最高效了吗？如果“场”消失了，充当连接器的，只有“人”。于是，零售模式就变为“人—人—货”或“货—人—人”，“人—人”互联的用户关系必将成为零售的核心。

有且只有这种开放、透明和人人互联的方式，才是解决流量黑洞的终极密码。“member gets member”，通过用户获取用户，太妙了，我用“人联网”这个词去定义这种“人—人”互联的网络，用“自零售”这个概念去描述“member gets member”的状态。当“get”这个动作发生的时候，用户既是消费者，也是销售者，自己就完成了零售的行为，他就是“自零售人”。因此，人联网是一个基础、一个生态，自零售是在这个生态中产生零售的最优方式和策略，而数据分析，是完成建构生态的高速公路。

我可以很负责任地说，通过自零售，就可以实现跳出“漏斗型”宿命。运用自零售，第一步，相当于是在漏斗型图案的某个阶段，直接把两条斜线拉成直线，这就是沉淀下来的自零售人，也有人称为超级用户；[①] 第二步，还会在直线的下端直接开出两条向外的斜线，等于是通过人人互联的方式，把更多的新用户转化进来，最终形成一个“倒漏斗型”的模式，对接原来的漏斗型，其整体形象有点像滴滤式咖啡的V60咖啡杯，两头开口，互相打通。

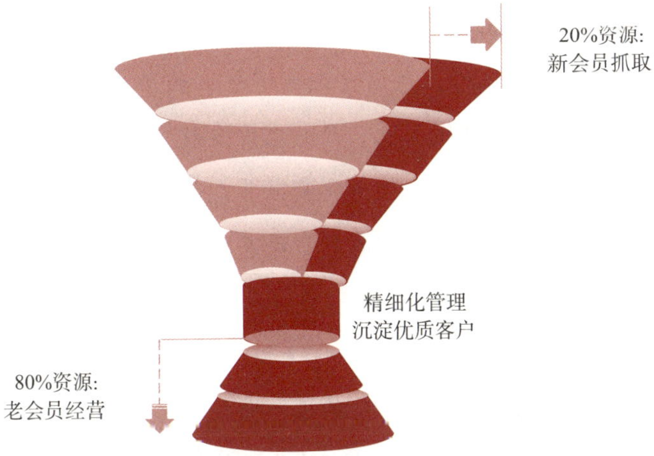

“V60 咖啡杯”——自零售的漏斗模型

在这本书里，我试图用亲身的实践和思考，不仅基于理论和概念，来勾勒人联网和自零售的新模式，还希望能够回到实践中去检验，利用小数据[②]（用户数据）战略的思维，指导企业去实现用户关系的重构，去实践自零售。我们在此对全书的篇章结构作简单介绍，方便读者朋友们选择阅读。

全书共分零售进化论、小数据思维、伍厘米理论和走进零售新时代，共四个部分十三个章节，具体谋篇布局如下：

---

① 在“超级用户思维”中，用户会完成四个阶段的筛选和进化：用户—付费用户—超级用户—裂变用户。具体地，普通用户：接受无权限限制的产品和服务交付；付费用户：完成对产品和服务的交易行为；超级用户：完成信任转化，加入会员体系，形成有绑定期的产品或服务交付逻辑；裂变用户：成为品牌的口碑放大者和连接新用户的渠道。

② 小数据（small data），或称个体资料，是指需要新的应用方式才能体现出具有高价值的个体的、高效率的、个性化的信息资产。本书特指与用户相关的数据。

第一篇 零售进化论

我们从历史的视角，审视零售业的沿革和商业模式的迭代。从远古时期的物物交换开始，零售的产生和发展就与技术变革和信任息息相关。如今我们迎来了前所未有的机会，用数据去驱动商业模式的改造和用户关系的再造，实现“零售理想国”。

第一章，零售进化论。我们首先从零售业的历史沿革提炼发展规律，零售业作为一个古老的行业，每一次的技术革命，或者是让交易成本降低，或者是让零售效率或消费体验提升，最终都会带来零售的模式创新。从工业革命开始到互联网再到移动互联网，宏观上看，商业模式从零售1.0升级到零售4.0，即新零售。我们认为，千百年来，零售的本质从未发生过改变。

第二章，新零售竞速。新零售的根本模式，是在物联网技术的基础之上，通过各种创新技术的运用改变消费场景，提升消费体验。商超巨头纷纷触网、互联网巨头纷纷下沉，基于万物互联的新零售，究竟能带给我们什么样的惊喜呢？我们可以大开脑洞，拭目以待。然而，说到底，新零售是资本和巨头的游戏场，那么普通创业者和小规模企业该如何参与呢？

第三章，零售5.0模式：自零售。互联网让“世界是平的”，物联网实现“万物互联”，人联网则期待“连接一切”。人们逐渐通过彼此时间、地点和观点的智能化匹配，建立起一种基于社交需求的分享机制。当商品与服务的消费与体验等信息也在这个网络上被分享和传播的时候，自零售就出现了。我们认为，自零售是最好的零售方式。

第二篇 小数据思维

数据，是资产，更是财富。面对全新的世界，我们一定要拥有数据思维。大数据容易让人迷失方向，但跟企业自身相关，跟用户相关的小数据才是我们应该关注的重点。

第四章，大数据与小数据。每一个企业家，都应该尽快从大数据思维切换到小数据思维中来，完成从“Big Data，Think Small”（大数据，想得少）到“Small Data，Think Big”（小数据，想得多）的转型过程。

第五章，我们所处的全新世界。我们正处于一个前所未见的全新商业世界：所有人都已经拥有了全新的时空观念，新媒体、自媒体大量出现，构建了一个全新的信息传播方式，使得去中心化的人际关系间的裂变式传播成为可能，人们逐渐拥有了碎片化的购物体验，这些都将对零售的进化和变革产生巨大的冲击和影响。

第六章，用户关系与价值连接。我们通过对“依赖—信赖—认识—陌生”这样的用户关系进行分析，把用户群体细分为员工（含超级用户）、客户、会员、粉丝四类，每一层关系所匹配的用户权益和营销方法都有所不同，用户关系的进阶过程是：粉丝—会员—客户—员工。

第三篇　伍厘米理论

为了确保用户数据战略的有效实施，我们提出了一个用户数据分析的“5CM”理论（或称“伍厘米理论”）Five “Customer Management”。说是理论，其实是方法论，更是一种基于营销实务的做法，对于传统营销模型的迭代和升级，从用户数据的角度，把品牌营销和用户关系进行颠覆性重构。

第七章，实战：伍厘米理论。“伍厘米理论”是一种数据思维，就像曾经的互联网思维一样，无论是否要参与新零售变革与转型，无论是否要做自零售，伍厘米理论都是零售行业从业者必备的思考方式之一。本章对伍厘米理论进行概念介绍，后续章节依次展开。

第八章，用户数据管理（1CM）。利用相应的信息技术以及互联网技术来协调企业与顾客间在销售、营销和服务上的交互，通过这个系统去改善企业与客户之间的关系，首先要在内部建立全业务数据平台，实现数据整合，作为用户数据研究和分析的基础。

第九章，精准营销（2CM）。“无数据，不营销。”精准营销，重点在于“精”“准”二字，“精”是把用户的数据画像搞清楚，把需求摸透彻；“准”是所有的营销动作，都是跟用户需求相关，是有针对性和个性化的。精而不准、准而不精，都算不上是真正的精准营销。

第十章，需求挖掘（3CM）。用户需求一般可以分为两种，一种是用户说出来的、明显的，另一种是用户没有说出来的，甚至用户自己都无法清晰描述的。我们要做的，是需求挖掘和主动出击，不仅仅是发现用户的显性需求，还要通过数据分析以及与用户的实时互动，引导和触发用户的隐性需求。

第十一章，品牌洞察（4CM）。移动互联时代来临，新的社会化媒体推平了一切，传播速度大爆发，信息的扩散半径得以百倍、千倍地增长。产品或服务好不好，企业自己说了不算，用户说了才算，口碑效应重新变得无比重要，用户说了什么，成为每一个企业必须认真面对的问题。

第十二章，布局自零售（5CM）。如果一个品牌能够让用户去替你说好话，这是营销上的极大成功，如果能够让用户帮你去推荐和销售，那简直是所有品牌商梦寐以求的场景了。自零售的模式，必将开创一个新的时代。

第四篇　走进零售新时代

第十三章，走进零售新时代。去中心化的网状结构已经形成，移动互联网赋予用户自由选择、自由发声的权利，权利的天平已经向用户一端倾斜。快则五年，慢则十年，技术革命带来的零售进化将在新零售阶段走到极致，新零售的下一步，只能以人为本，从人际关系中迭代，一系列新的场景、新的物种、新的思维都将快速出现，掀起又一轮的零售革命。

当然，囿于“伍厘米”的实践案例不多，自零售的实践案例更少，本书只能从理论上、思维上抛砖引玉，肯定有很多不成熟的地方，期待让更多的人来一起思考，一起实践。不过，中国是零售模式最大的试验场，我们作为观察者和实践者，将持续在这个研究领域深耕和沉淀。

2018 年的今天，改革开放已经走了 40 个年头，有人说，中国的制度红利、人口红利消失了，我要说，对于零售而言，对于消费而言，人口红利的爆发才刚刚开始。若基于人人互联的自零售逐步实现，当手机等移动设备和智能终端成为每一个人的“智能器官”时，每一个人都将变成一个独立的零售载体，每一个人都有可能成为自零售人，而这将会对未来的商业、未来的零售产生怎样的冲击、促进和改变呢，让我们拭目以待。

第 1 章

零售进化论

我们应该庆幸自己处于一个五彩斑斓、万马奔腾、奇迹迭出的商业时代，中国的零售业后来居上，蕴含着无限的可能。2016 年，“新零售”① 作为一个概念被提出来，立即引起关注和讨论，其背后的逻辑是，流量红利消失之后，电子商务在创造和革新原有零售的商业模式上遇到了“瓶颈”，亟须新的理念、方法、模式，来促进零售行业的迭代升级。现在，随着阿里、腾讯通过巨量资本在线下进行各种方式的布局和卡位，随着零售商纷纷以各种方式触网融合，随着“智慧零售”②“无界零售”③“社交零售”④“无人零售”⑤ 等概念层出不穷，新的零售方式在中国已经成为一种现象、一个课题、一门显学，甚至成为无所不在的生态系统，千千万万的零售从业者、研究者，都积极地往“互联网 +”“新零售”靠近，乃至于把传统的零售方式视作“旧零售”，恨不能立即割席断义，唯恐避之不及。

① 2016 年 10 月的阿里云栖大会上，马云在演讲中第一次提出了“新零售”，“未来的十年、二十年，没有电子商务这一说，只有新零售。”

② 2017 年 3 月 9 日，全国政协十二届五次会议在人民大会堂举行第二次全体会议，苏宁控股集团董事长张近东，就未来零售发展做了题为《大力推动实体零售向智慧零售转型》的发言，明确提出未来零售就是智慧零售。

③ 刘强东表示，接下来的第四次革命，改变的不是零售，而是零售的基础设施。零售的基础设施将变得极其可塑化、智能化和协同化，推动“无界零售”时代的到来，实现成本、效率、体验的升级。

④ 社交零售是基于移动互联网的空间，借助社交软件为工具，以人为中心，以社交为纽带的新商业。

⑤ 无人零售就是用机器代替人工服务，以缩减出货、购物流程中的时间、人工成本，使服务更规范化的零售商店。

然而，一方面所有以“新零售”为名的商业理念、方法、模式，你方唱罢我登场，热热闹闹，却仍处于探索和试验的阶段，还看不到成果，难言成功；另一方面，传统的零售形态，如商场、超市、连锁店、便利店，在经受过电子商务冲击之后，竟然有触底反弹的趋势，除了拥有线下生意的基本盘之外，在“互联网 +”的过程中究竟在多大程度上提升了效率和消费体验，仍有待于进一步观察和判断。

因此，如果我们仅仅将目光局限在新零售热闹非凡的表象，难免雾里看花、真假难辨，我们应当本着科学严谨的研究态度，既关注零售的历史沿革，也关注其内在的演进逻辑，只有这样，我们才能更接近真实世界，最终才能得到指导我们实践的战略思维和管理方法。

我们认为，零售的进化过程，一是技术，二是人性，以历史的和全面的视角，回望零售业的沿革与进化，以用户为中心——这一零售的本质在几千年来并没有发生改变。

零售行业的变与不变

零售业是一个古老的行业，可以说，从人类社会形成，零售就相伴相生而来。人活一世，衣食住用行都离不开零售，零售的发展与居民的日常生活息息相关，历久弥新。

中国与西方国家相比，无论是行商[①]还是坐商[②]的起源都更早。一般认为，中国从商朝开始就有了商人和商业活动，主要是行商；自秦汉以来就有了在固定场所从事商业活动的坐商。

在前工业化时代，生产靠工人，信息传播靠口碑，物流主要通过人力、畜力进行，资金流动主要靠当面交付的方式完成。因此在早期，零

---

① 行商，指外出流动经营的小型个体商贩。

② 坐商，拥有一定数额的资本，具有一定的字号，在固定地址经营商业的商人，与行商相对。

售的主要商业形式是市集或杂货铺。随着生产力的提高，市场上的商品种类日益增多，零售形态中也逐渐开始出现了专业销售，出现了食品杂货铺、服装店铺、药店、五金店、珠宝店等专营店铺。

据《美国文献百科全书》记载，早在公元前200年，中国商人就创立了包括许多分店的店铺，实际上这是连锁商店的萌芽。明清时期（约公元1600—1800年）山西商人“汇通天下”① 的票号②，可以称得上真正的连锁店业态。只不过，票号只能被称为“零售银行”，拥有金融等承兑功能，并没有售卖普通商品，面向普通民众开放。

实际上，中国零售业发展缓慢的原因在于“坊市制”③ 与“宵禁制”④。自秦汉以来，交易场所主要由官方来划定区域，筑有围墙，定时击鼓开闭，这是市坊分离的制度。北宋以前，历代都有“宵禁制度”，严禁在市场关闭后从事商业活动。到唐朝中后期，坊市制渐渐被冲破，出现了小手工业者在作坊前设店售货，商人摆小摊或开饮食店等商业活动，从而出现了市坊合一型的商人。

宋朝时期，坐商达到空前繁荣的程度。这一繁荣景象的出现，得益于开明的北宋政令。在政府力量的全面推动下，拆围墙，销门禁，工匠作坊、货肆（店）、摊贩可自由选择营业地点。于是，城郭内外的繁荣商业区逐渐形成，宋朝的夜市盛况空前，历史上有专门记载。南宋文学家周密、耐得翁分别在史料笔记《武林旧事》和《都城纪胜》为后人展示了杭州及江南夜市的一派繁荣景象。南宋吴自牧《梦粱录》卷十

---

① 山西票号以创立于1823年的日升昌记为代表。作为专营汇兑业务的票号，日升昌在汉口、天津、济南、西安、南京等地开设分号40多处，几乎覆盖整个中国，各地分号挂招牌“汇通天下”。

② 自嘉庆、道光年间，民间有了信局，通行各省，官吏及商人迫切要求以汇兑取代运现，遂诞生了票号。

③ 中国古代官府对城区规划和市场管理的制度。坊市制度将商业区和居住区分开，居住区内禁止经商。

④ 禁止夜间的活动。

三谓："杭城大街，买卖昼夜不绝，夜交三四鼓，游人始稀；五鼓钟鸣，卖早市者又开店矣。"

在此后的1000余年，中国经历了元、明、清等朝代，历代执政者偏向于采取重农抑商的政策，导致中国零售业的坊、市、集为主的形态，千年以降并没有质的改变，零售业的新业态——百货商场、连锁店、超级市场等都来自西方国家。

18世纪中叶，英国人瓦特改良蒸汽机之后，以机器取代人力，以大规模工厂化生产取代个体工场手工生产的一场生产与科技革命——工业革命在西方国家应运而生。工业革命带来的影响不仅极大地提升了生产效率，同时也加速了城市化进程，产生大量中产阶级，使分散的购买力集中于城市，大规模的百货商店应运而生。

1852年，一个名叫阿里斯蒂德·布西科（Aristide Boucicaut）的年轻人，在法国巴黎开办了一家名叫"Bon Marché"（博马尔谢）的百货商店①。"Bon Marché"一词在法文中的含义是：廉价市场。可见百货商店的原意是"廉价商店"。博马尔谢百货商店有十大创新，最基本的是：价格固定与薄利多销，从此改变了传统的"作坊式"零售模式。但百货业的发展并没有传承"廉价逻辑"，后来的百货商店几乎都坐落在城市最繁华的地带，建筑富丽堂皇，营业面积很大。每一家百货商店内都有不同的商品店铺，各自经营不同门类的商品，品种相当广泛，几乎包括全部家庭用品。专职的服务员为消费者提供专业周到的服务，百货商店内实施明码标价，维护购销双方的利益，赢得了广大消费者的信任。

在百货商店出现不久后，美国人首先发明了一种可以快速复制零售

---

① 指在一个建筑物内，经营若干大类商品，实行统一管理，分区销售，满足顾客对时尚商品多样化选择需求的零售业态。

店铺的经营模式，这就是“连锁商店”[①]。1859年，美国大西洋和太平洋茶叶公司建立了世界上第一家连锁商店。连锁商店的出现改变了商业组织的形式，即由单体店向组合店方向发展。但其高速发展是在20世纪50年代以后，这与零售业态的创新紧密相关。

超级市场[②]也是美国人的另一大发明，1930年，一个名叫迈克尔·卡伦（Michael Cullen）的美国人开办了世界上第一家超市——金·库仑（King Kullen）。当时，美国已是一个汽车社会，家中有大容量冰箱，这就为一次性购买大量食品提供了条件。自助购物的方式给顾客带来了便利，迎合了顾客的消费心理，增强了顾客的购买欲望。“薄利多销”的促销策略从经济利益上诱导顾客大量购物。在超市的发展过程中，又出现了综合超市、社区超市、便利商店、折扣商店等多种零售业态，各有特点，不一而足。

当然，更值得一提的是美国零售业的传奇人物山姆·沃尔顿。1962年，他创办了第一家沃尔玛（Walmart）折扣百货店，营业面积为1500平方米，第一年的营业额就达到70万美元。沃尔玛兼具连锁店和超级市场的优点，既有统一的连锁品牌和规范的管理文化，也有超越一般超市的仓储式经营。沃尔玛经营的商品品种齐全，凡是一个家庭所需要的物品在这里都能买到，消费者可以体验“一站式”购物（One - Stop Shopping）的全新概念。山姆·沃尔顿坚守着一个信念，“只要商店能够提供最全的商品、最低的价格、最好的服务，顾客就会蜂拥而至。”[③]经过50多年的发展，直到今天，沃尔玛公司仍然是世界上最大的连锁

---

① 指众多小规模的、分散的、经营同类商品和服务的同一品牌的零售店，在总部的组织领导下，采取共同的经营方针、一致的营销行动，实行集中采购和分散销售的有机结合，通过规范化经营实现规模经济效益的联合。

② 亦称“自选商店”，实行敞开式售货，由顾客自我服务的零售商店。

③ 参见《富甲美国：沃尔玛创始人山姆·沃尔顿自传》，凤凰文艺出版社2015年6月出版。

零售企业，多年居于世界五百强之首。

零售在中国近现代百余年的发展中，因朝代更迭、战乱频仍等客观原因陷于停滞，基本处在世界潮流之外。1978 年改革开放之前，计划经济体制严重地束缚了生产力发展，生产力跟不上时代的要求，导致大多数商品都供不应求，凭票证定额定量供应，遍布全国城乡的供销社①成了零售店的主体形态，但其供销依然有很强的行政命令色彩，算不上真正的零售业态。改革开放打破僵局，20 世纪 80 年代，连锁店、超市业态才逐步引进中国。1991 年上海内外联综合商社创办“联华超市”②，标志着中国零售业进入了一个新的发展时期。

中国零售业在长达 3600 年的发展史上，用最后 30 年的时间，完成了西方国家 160 年的发展历程。20 世纪 90 年代初以标准超市为主导，90 年代中后期以综合超市为主导，1997 年后大型超市连锁公司开始关注生鲜食品经营，随后出现了生鲜超市、高端超市、折扣超市、社区超市等多种业态，超市业态已经从单一化向多样化转变。至此，中国的零售业态才开始真正蓬勃发展起来。

零售进化的逻辑

我们可以发现，数千年以来人们就是在组织变革与运用技术提升效率和降低成本这条路上开拓革新的，每一次零售变革都是由两股力量共同推动产生的。这两股力量第一是消费体验的改变，第二是技术的更新，其实质都是围绕“成本、效率、体验”③ 进行的渐进式创新。

---

① 供销社全称供销合作社联合社，20 世纪 90 年代比较普遍存在于乡镇，与现在的超市运营模式相仿。

② 联华超市创建于 1991 年 5 月，是上海首家以发展连锁经营为特色的超市公司，目前联华已成为现今中国最大的商业零售企业之一。

③ 2017 年 7 月 10 日，京东 CEO 刘强东在《财经》杂志发表署名文章《第四次零售革命》，文中认为，零售的本质不变，仍是“成本、效率、体验”。

如果对零售的进化做一次整体的归纳，那么截至目前，大致可以将其定义为四个阶段：

零售 1.0：农业时代——散点式零售

在工业革命以前的数千年里，中国商业文明的主导是“重农抑商”的思维。从以物易物开始，到金银作为一般等价物充当交易中介，再到货币（铜钱）、纸币（交子）的诞生，绵延数千年的，最为古老和简单的零售模式，都是散点式的零售方式。农民靠人力耕种、采摘、养殖，工人参与简单的作坊式生产，族群化、区域化是其主要特点，专业的商人群体很少，社会地位也很低，无论店、坊、市、集，仍停留在点对点的交易上，靠着地缘、血缘等关系建立起商业信任，品牌概念很弱，主动营销很少，基本靠人群的口碑传播。

这一阶段，汽车、火车、轮船等现代交通工具还未出现，产品交易大都局限于在单个区域经济体中进行，各个村镇集市中人们自产自销、自给自足是常态，跨区域贸易不是主流，即便偶尔有，也基本上靠人背马驮，产品种类和数量有限，且交易比较随机，很难实现标准化和规模化，贸易商品大都以农副产品和手工艺品为主，社会化工业化大生产还未出现。

不过，也正是囿于技术不发达的原因，贸易范围狭小、规模有限，交易关系在邻里之间、族群之间、村镇之间发生，熟人之间更易于取得信任、形成交易。厂商、店家都很注重口碑，很多情况是先有交情，再谈交易，注重老客户、回头客，很珍视人与人之间的信任关系。

在散点式零售阶段，虽然交易规模小，市场潜力有限，消费体验却并不差。熟人之间的交易，可以使以次充好、货不对版、夸大宣传等负面情况基本得以避免。一旦出现诚信问题，不仅在经济上要遭受损失，在道德上也将备受谴责，人们为了些许利润，犯不着铤而走险。售后服务也不难，一旦出现消费不满意的情况，也可通过人与人之间的沟通，或退货，或补偿，而迅速得以解决。

以蒸汽机的发明为起点，工业化社会化大生产开始出现，人们也开始享受到生活和商业的效率、便捷以及产品丰富带来的更好体验。同时，农业时代中散点式零售模式的稳定平衡也被逐渐打破，零售开始进入 2.0 时代。

零售 2.0：工业时代——集中式零售

17 世纪发生在英国的工业革命，把人类文明推进到工业文明时代，零售模式也发生着天翻地覆的变化。城市化让人群集中生活，消费需求集中化，工业化提升生产效率也让产品更加标准化，火车、轮船、汽车的出现让商品跨区流动更加便捷有效，大规模的跨区贸易成为新的现象。

这一阶段最大的特点是专业化分工，使贸易商和零售商开始出现。专业的零售商开始出现，生产者负责把产品生产出来，交付给零售商，从此不用再直面消费者和用户。

历史上，零售“场”的具体形态也发生了三种主要变化：

（1）百货商场和百货大楼，在法国首先出现

人群开始集中购买，品牌概念开始强化，品牌开始给产品赋能。这种百货商场和品牌专卖店模式，首先是满足新富人群对于消费格调和品位的需求，高档商品、奢侈品的出现，让消费本身成为可以区分财富人群和高贵身份的一种方式。这种商业模式下，好的消费体验来自于品牌的定位，产品与价格已经不再敏感，品牌的重要性超过一切。

（2）连锁店形态，在美国首先出现

零售商自身品牌化开始出现，通过把商品销售本身进行标准化和品牌化，跨区域消费体验能够互相打通，主打商品的性价比。消费者首先面对的是零售商的品牌。消费商品的种类和体验，首先来源于零售商的选择，相当于零售商用品牌为各种选品赋能。

（3）超级市场形态，在美国首先出现

以沃尔玛为代表。这是把百货与连锁的优点结合在一起，既有品牌赋能，又有极高的性价比，把集中式零售做到极致。

后续出现的 24 小时便利店、大型购物中心等，均是通过以上三种模式继续升级演化而来，前者是延长消费时间的物理极限，后者是把消费需求的品种扩大到“吃喝玩乐”，这样的形态创新值得肯定，但都没有改变零售生态“集中式”的特点。

这一阶段，零售商从无到有、从小到大，取代消费者和生产者的主导地位，成为零售行业的中坚力量，他们掌握了人流、物流和现金流，拥有话语权和行业利润的分配权，是零售行业规则的制定者，一时间风光无限，直到互联网的出现。

零售 3.0：互联网时代——线上零售

互联网的兴起，重构了时间和地域的概念，让以电子商务为主要形态的线上零售成为更高效的零售模式。通过互联网带来的效率提升，主要体现在：

（1）零售“场”以网页的方式展现，从有限的物理空间延展到无限的虚拟空间，而且完全抹平了区域间的差异，消费者无论在哪里，都能获得标准化的产品信息；

（2）互联网打破了时间上的限制，消费者可以在任意时间寻找产品信息；

（3）重构了消费行为，相对于原来的逛街选品，现在通过搜索关键词的选品方式不仅更加快捷和便利，也把产品和品牌信息的集中呈现推进到极致；

（4）购买完成后，通过快递送货上门的物流方式，通过货找人的方式，让消费体验得到极大提升。

整个线上零售，也演化出了几种典型的模式：

B2B。生产商与零售商之间的交易通过互联网达成，电商交易部分替代了传统的批发或分销环节，在跨区、跨国贸易中效率提升更明显，当然，技术开发是由专业的互联网公司完成的，典型的就是阿里巴巴，其创业之初擎起“让天下没有难做的生意”这杆大旗，通过“中国供应商”等线上模式，拉动很多中小企业入驻，从零开始构建出国产商品最大的在线外销平台。

C2C。个体生产者与消费者之间的交易关系也通过互联网达成。以淘宝网的出现为起点。第一个 C，包括且不限于个体户、手工业者、小微企业等，当他们的产品无法规模化量产，没有品牌观念或者品牌知名度较低的时候，淘宝网这样的 C2C 平台给了他们创业和创富的机会，其产品新、奇、特以及极高的性价比成为消费者选择的第一标准。（当然，我们后续的分析可以看到，这种模式其实不是真正的 C2C，更准确地说，是小 B2C。只有自零售才是真正的 C2C。）

B2C。零售商与消费者之间的交易关系同样通过互联网达成。在海外以亚马逊为代表，在国内以天猫、京东商城为代表。零售商以自有品牌为商品的品质和价格背书，再加上自营物流的可靠性，消费体验得到保障。

各种模式在互联网技术的加持下，不断地创新、发展和迭代。迄今为止，B2C 模式相对而言所展现出来的潜力更胜一筹。京东、天猫、苏宁、唯品会等电商平台鏖战正酣，各有千秋。后续，还出现一些品牌商、零售商自建电商平台等情况，所谓 C2M、O2O 等，不一而足，都是拜互联网技术蓬勃发展所赐。

在移动互联网时代，基于移动端智能设备的实时在线，以社交加本地化加移动（SoLoMo①）模式，对线上零售业务进行升级迭代，凭借线

① “SoLoMo”由“Social”（社交的）、“Local”（本地的）、“Mobile”（移动的）三个单词的开头两个字母组合而成的，连起来说就是“社交本地移动”，即社交加本地化加移动。它代表着未来互联网发展的趋势。

上到线下（O2O）模式，商家从线上向线下渗透，都将对消费模式产生影响，零售业早已形成的所谓“中心化”结构，将继续被强化。

从商业逻辑来看，零售 3.0 时代的电商平台，其实是比零售 2.0 时代的百货商场、连锁商店和超级市场中心化程度更高、集中度更高的零售方式，商品信息前所未有地得到集中，消费者流量也前所未有地得到集中，电商网站平台上打破了地域的局限，一天 24 小时在线又打破了时间的局限，效率更高而成本更低。

亚马逊、阿里巴巴、京东等电商巨头纷纷兴起，成为这一阶段炙手可热的零售平台，他们在一定程度上已经取代零售 2.0 时代的零售商，成为新商业模式的游戏规则制定者，人流、商品流、信息流、物流、资本流前所未有地集中在他们手中，他们拥有更大的权利，流量分发、需求引导、价格制定、促销规划，无论哪一项，在提供消费便利和消费体验的同时，也在品牌商和消费者之间建立了更厚的隔离层。

在现在和未来很长一段时间中，他们就是零售业的王者，继续以线上零售平台为中心，积极地构建包括支付、数据、金融、物流等环节的零售生态，对商业社会产生了极为深刻的影响，在零售 4.0 时代，他们仍是主导者。

零售 4.0：物联网时代——新零售

智能手机等移动终端的普及，无线网络全面覆盖，商品数字化等技术的兴起和运用，使消费者购物再不受时间和地域的限制，开启了零售业线上线下虚实集成的新格局。传统零售商经历数字化转型，纷纷走到线上，而亚马逊、阿里等互联网企业，也迅速地通过各种方式布局线下。我们所看到的新零售，就是在万物互联的时代里，利用大数据、云计算、物联网、人工智能等技术，让商品和服务更加匹配有效的消费需求，让消费者“想要就要，马上就要”。我们现在即处在新零售的早期，这是一个技术蓬勃发展的时代，商品的交易和消费所必须经过的每一个环节，都有可能被革新、被颠覆，这一过程蕴含着无限可能。

这是至今已经发生和正在发生的故事。

我们看到，在商业文明过去数千年的变迁中，一步步地推动零售行业变革创新的，或是技术革命，或是商业模式的创新，其目的都是更快速、更高效、更准确地去发现和满足消费者的需求。而在每一个新模式诞生的同时，也会带来一批全新的创富机会，伴随着一批创新型的平台和生态，产生一批企业巨头。过去是这样，现在是这样，未来也会是这样。

当然，我们将零售的历史发展进程按照从零售 1.0 到零售 4.0 的模式区分，只是依据发展模式出现的先后和效率的高低进行逻辑梳理，并不是说高阶的零售模式必然取代低阶模式。在现实的商业世界里，恰恰是几种模式共存，虽然有沃尔玛这样的超级市场存在，7 – 11 这样的小型连锁店还是活得很好，阿里在线上的生态蓬勃发展，也不影响万达广场在各个城市攻城略地……它们共生共处，以不同的模式，从不同的角度，满足着不同层次的消费需求。

人、货、场变换的动因

人、货、场是零售行业中永恒的要素，无论技术与商业模式如何变革，零售店的基本要素还是离不开“人、货、场”这三个字。在马云提出“新零售”之后不久，阿里巴巴集团 CEO 张勇提出，新零售非常重要的标志就是人、货、场的重构能不能带来效率的提升。[①] 我们高度赞赏这样的观点，因为零售业每一次发展和演进，都是人、货、场重构的结果。

---

① 阿里巴巴集团 CEO 张勇在“2016 新网商峰会”上发表《新零售未来趋势》主题演讲。

零售 1.0 时代，物资短缺，产品供不应求，散点式零售，货最重要，人们通过地缘或血缘建立关系，先有交情后有交易，场的功能仍属于萌芽阶段，或者不存在，或者随人而动。因此，这个阶段，按照重要性可以概括为“货—人—场”。

进入零售 2.0 时代，人们开始聚集在城市，街道、商场、超市开始成为主导交易的角色。大工业时代，鼓励大生产、大消费，各类商品琳琅满目，性价比高的产品能够得到青睐。百货商场、超级市场、连锁商店等场开始出现，零售商开始出现并在零售关系中逐渐发挥主导作用。商品极大丰富，能不能实现与消费者的链接，完全依托于“场”的选择和推荐，消费者和生产者认不认识不重要，认准品牌就行，这就变成了“场—货—人”。

在零售 3.0 的时代，电子商务通过网络把交易行为从线下搬到线上，抹平了时间和空间网络上的差异，“场”的功能被迅速强化了，人可以选择的商品种类也大大地增多了。这个时候，是什么“货”变得不重要，重要的是网站推不推荐、消费者选不选。此时，消费者的选择权开始被尊重和强化；同时，消费需求更加容易被研究和挖掘，三者的排序变为“场—人—货”。

当人们的消费选择越来越多，决策越来越理性，场和货开始新一轮的重构，开始进入新的零售 4.0 时代。这一轮重构的关键是人，围绕人的消费需求，如何利用互联网和大数据来提升消费体验变得重要且紧急，好的产品和服务更容易得到推荐，线上线下开始打通并融合，物物相连，场场相连，全方位向人们提供跨渠道、无界限的购物体验。此时，三者的关系升级为“人—货—场”。

通过以上的分析总结，呈现出来的“零售进化逻辑图谱”如下：

零售 1.0 – 零售 4.0——零售进化的逻辑图谱（表）

时代	零售时代	零售方式	连接
农业时代	零售1.0	散点式零售	货—人—场
工业时代	零售2.0	集中式零售	场—货—人
互联网时代	零售3.0	线上零售	场—人—货
物联网时代	零售 4.0	新零售	人—货—场

我们可以看到，零售升级的过程，就是“场”的效率不断提升的过程。在农业时代，最早期是没有“场”的，“人”与“货”直接相连，即便后来慢慢出现了市、墟、坊、街，承担了“场”的连接功能，但此时的“场”，无论规模还是效率，都远远不如后来，可以说，零售 1.0 时代，“场”几乎没有存在感和影响力。

在零售 2.0 时代，“场”开始正式出现并迅速主导零售的交易关系，“人—货”的直接连接被打断，用户关系被弱化，渠道变得异常重要，“渠道为王”成为普遍共识。

到了零售 3.0 时代，依托于互联网技术手段，“场”开始升级迭代，作为实际的消费需求和流量分发者，在零售关系中拥有着前所未有的主导权，异常强大。

零售 4.0 阶段，物联网将技术运用推向极致，所有我们能够想象到的效率提升手段都已经完成，消费场景和选择足够多，消费者主权开始得到尊重，“场”的中心化结构开始受到挑战，“去中心化”的技术和运用开始出现，拥有了数据和技术赋能的“货”，开始试着去寻找“人”，“人—货”的连接关系得以重新构建。

我们看到，在 4.0 的新零售阶段，围绕“货”和“场”的消费体验，已经做得几乎完美，再想迭代升级，只能围绕“人”这个要素。面向未来，零售业还会怎么迭代升级，还存在一个“零售 5.0”吗？

我们认为，零售 5.0 不仅在逻辑上应该存在，而且，在实践中也一定会实现。我们将零售 5.0 定义为：“人联网”时代背景下的“自零售”模式。这里提到了两个核心关键词，“人联网”和“自零售”，它们具有以下的特质。

人联网

在万物互联的基础上，基于用户关系所构建的人人相联的网络，这是一个“去中心化”的网状结构，人与人之间的信任关系、情感联系是连接的核心。我们相信，在人联网时代，人们之间因信任产生的连接不会仅仅止步于社交关系，若商品交易和价值交换可以通过人联网来实现，必将对零售形态和用户关系产生颠覆和重构。

自零售

当每个人都成为零售关系当中的核心，自发地向好友分享商品或服务的体验信息时，他既是消费者也是销售者，就成为一个“自零售人”。自零售是依托于人联网来进行的，依托人与人之间的信任关系、情感联系去传播商品信息和品牌口碑，实现零售关系中最直接的“人—货”相连。

我们确信，在万物互联时代的零售 4.0 之后，将产生更加高级的零售 5.0 模式。

零售 5.0 模式：人联网时代——自零售

这个阶段尚未出现，是零售的理想国，我们试图用几个特点来描述它：

(1)“去中心化”的网状结构

人类几千年的商业文明，走的路程就是把零售从分散变为集中。信息、资金、商品、数据，都在技术背景下聚集在若干个零售平台或生态之中，在可预见的零售 4.0 阶段，这样的集中还将会继续，一对多的树状结构图景中，只会更加“枝繁叶茂”。只有在物联网发展到人联网的阶段，去中心化的商业逻辑才会真正实现，所有的商业关系将形成网状结构。

（2）人是核心，人与人之间的信任与情感是关键

在这个时代，所有的商品和品牌信息，都将围绕着人与人之间的信任关系进行重构，人们通过体验式分享，不仅分享信息，也分享品牌，口碑传播是好的商品和服务得以快速传播的主要方式。当然，这样的传播也反过来约束和推进商品品质及服务质量的提升。

在自零售阶段，品牌商只要专注于做好产品本身，则“酒香不怕巷子深”。或者说，网状结构的“人—人”关系让“深巷子”不复存在，好的产品自己会说话。

如此一来，“零售进化的逻辑图谱”变更为：

零售 1.0－零售 5.0——零售进化的逻辑图谱（表）

时代	零售时代	零售方式	连接
农业时代	零售1.0	散点式零售	货—人—场
工业时代	零售2.0	集中式零售	场—货—人
互联网时代	零售3.0	线上零售	场—人—货
物联网时代	零售4.0	新零售	人—货—场
人联网时代	零售5.0	自零售	人—货（人场合一）

在自零售时代，“人—人”的关系取代了“人—场”的关系，每个自零售，就是一个小小的“场”，人既是场，场也是人，人场合一，传统意义上的场消失不见。通过这个场，人与人之间拥有感情及信任，货因人而生，货通过人找到人，人通过人找到货，真正实现了最直接的“人”与“货”相连。

过往的所有技术运用和商业变革，都是发生和运用在“货”与“场”之上，也许只有到了零售 5.0 时代，技术才是真正运用在“人”上，以人为本，造福于人。而且，零售 1.0 时代到零售 5.0 时代，这是

一个由低到高的商业迭代升级过程，然而这样的升级路径并不是一条直线，这个过程中，还伴随着“人货场”要素的奇妙变迁。恩格斯认为，历史总是螺旋式上升的，[①] 一个个历史过程循环往复，最终又回到历史的原点，但已经比历史又高了一个层次。从零售1.0、2.0开始，经过3.0、4.0的深度变更，走到5.0的时候，我们发现，人际关系从很重要变得不重要，又从不重要变得很重要，回到了原处，当然，其内涵已经完全不一样了。

从零售集中程度来看，从散点式、偶然的零售1.0开始，经历积聚、集中，零售2.0、零售3.0、零售4.0，形成了稳定的中心化结构，走到极致之后，5.0则开始去中心化，回归到人人相连，每一个人又回归到散点式的网状结构，零售的沿革刚好走过了“无中心（1.0）—中心化（2.0、3.0、4.0）—去中心化（5.0）”，只不过，这样的关系网，无论它的广度还是深度，早已经是千年以前所无法比拟的了。

与此相对应，“人货场”三元素也经历着相类似的变换。最初，“场”很少，也很小，其功能仅仅是存货而已，连接人的需求的，还是“人”；随后“场”的作用越来越大，工业化大生产让货越来越多，只有那些放在“场”里的货才有可能被人找到或找到人，专业化、品牌化的过程，其实也伴随着“场”的作用和功能逐步强化的过程；当互联网把“场”放在了线上，打破时空限制，“场”的功能变得前所未有的强大，哪些“货”能跟哪些“人”连接，只有“场”说了算，这个时候，“场”就是零售世界里的主宰；新零售开始，物联网、大数据、人工智能等技术开始运用，“人”的作用开始提升，各种“场”开始融合，走到自零售阶段，人场合一，场的功能消失，被人人相连的网络所取代。“场”从开始出现，到功能强大，占据主导地位，再到被分化、被取代而逐渐消失，

---

① 恩格斯在《自然辩证法》中说：“由矛盾引起的发展或否定的否定——发展的螺旋形式。”（《马克思恩格斯选集》第4卷第259页）

持续数百年甚至上千年时间，也恰好是一个循环往复的过程。

最值得一提的，其实是人与人之间的信任关系。人类最初的交易关系，是直接面对面形成的，是源于地缘或血缘关系所建立的信任，货通过人与人之间的信任关系找到人，在这个阶段，信任关系是人与人之间的纽带，也是“货”与“人”之间关键的一环。随着“场”的出现和功能的强化，“人”与“货”之间隔着“场”，并且通过“场”发生连接，“场”和“货”通过建立品牌来强化这种连接，信任关系慢慢地被弱化、淡化，用户与厂商不用认识、熟悉或相互信任，只需要认准品牌就可以发生交易，一定程度上，品牌信任取代了人际信任。

移动互联网构筑了一个社会化的交互网，让陌生人之间，可以因为志趣相投、喜好相近等因素聚集成社群；物联网让万物互联，消费者的主权得到尊重，“货”与“人”相连，货开始寻找人；人联网则更进一步，“人”与“人”相连，自零售取代场的功能，人际信任关系在商业价值交换中大放异彩，用户关系得到重新构筑。

我们看到，经过工业化时代的洗礼，品牌信任度成了零售里最为关键的一环，诚信是每一个企业想要成功的必然选择，所有的技术运用都在持续强调这一点。人联网中的“人人相连”，说的就是人际间的信任关系和品牌信任度对接起来，人们用自己的信任关系为品牌做双重背书，品牌为人与人的信任关系进行赋能，完成了销售过程中最重要的步骤，达成交易是顺理成章的事情。

因此，从最初到最后，零售的核心元素始终是人，人与人的信任关系由强到弱，由弱到强，再到更强，经历的也恰恰是一个螺旋上升式的历史轮回。

历史洪流，浩浩荡荡，顺我者昌，逆我者亡。当我们用历史的眼光审视零售的变革与进化，禁不住要问，这一切究竟是必然还是偶然？是规律还是宿命？新零售将走向何方，自零售又如何得以实现？

第 2 章

新零售竞速

在严格意义上，零售并没有新旧之分，其核心始终围绕着消费体验和用户关系展开，随着技术运用和消费升级，零售在进化的每一个过程中，都是基于过去零售模式的迭代升级，每一个阶段都可以称为"新零售"。不过，新零售作为一个全新的概念，对于我们认识零售的商业模式迭代，仍是有意义的。新零售概念一经提出，就受到各方关注与支持，不仅在理论上带动了智慧零售、无界零售、社交零售等概念的出炉，更主要的是迅速地在商业实践上得到探索和尝试。

因此，我们在马云的"新零售"概念基础上，稍加演绎，把如今移动互联网时代中，因技术运用和模式迭代出现的新的零售方式，包括且不限于新零售、智慧零售、无界零售、无人零售等，统一称为"新零售"。相比传统的零售模式，基于万物互联所构建的新零售，是零售4.0的新阶段，在这个时代里：互联网、移动互联技术全面普及，大数据、云计算、人工智能等技术开始出现并在零售的各个环节投入使用；移动互联的5G时代即将来临，物联网的基础技术成熟并付诸运用，万物互联的时代即将出现；在新零售时代，所有的技术运用都将围绕着提升消费体验展开，在"货"和"场"的领域中，技术运用已经达到极致；消费场景多元，消费选择无限，消费者主权开始得到尊重，去中心化的苗头开始出现；围绕零售的一切，场景、物流、支付、供应链等，都将被新技术重构。

新零售，其实是一场基于互联网技术的零售革新运动。我们想要理解并走向零售5.0，必须首先对零售4.0的逻辑进行审视和研究。当前，人们对于新零售的关注、研究和实践的热度不减，不过，在研究视角和理论上，大家众说纷纭、莫衷一是；在实践探索时，既有认真施行者，也有浑水摸鱼者。从这个角度来看，对零售4.0的重新审视和思考，也具有一定的现实意义。

互联网的冲击力

20世纪90年代前后，随着互联网技术的普及，电子商务开始出现。过去我们受限于时间、空间的零售生态，已经在互联网时代发生剧变。互联网打破了时空的限制，通过技术在丰富的商品品类和广大的消费者之间建立了联系，消费者拥有了更多的选择。而且，电商模式也颠覆了传统的多级分销体系，降低了分销成本，使商品价格进一步下降。同时，电商提供的购物方式新颖便利，网上商城提供24小时营业服务，消费者足不出户，可随时挑选并购买自己喜爱的商品，同时享受送货上门或邮寄到家的服务。

电子商务模式起源于互联网发展较为领先的美国。1995年7月，杰夫·贝佐斯用30万美元的启动资金，在西雅图郊区租来的车库中，创建了全美第一家网络零售公司——亚马逊公司（Amazon）。亚马逊是提供最便宜图书的网络书店之一，它天天都在打折，有高达30万种以上的书目可以享受购买折扣优惠。不像传统的书店经营，它少了中间商抽成，这也使亚马逊销售的书籍或其他商品，有着较为平实的价格。当然也有另外少数的几家书店价格更便宜，但差价很小。因为最便宜并不是最重要的，重要的是这里的便宜书又多又方便挑选，所以顾客甚至不愿再为了一点小小的差价去别处寻找，而只选择了亚马逊。

当所有人都还不知道“电子商务”是什么东西，还在讨论“电子商务”的概念时，贝佐斯已经用自己的行动证明了什么是电子商务。“亚马逊”是网络上第一个电子商务品牌。1995 年 7 月，亚马逊还只是个小网站，但到了 2000 年 1 月，亚马逊的市价总值已经达到了 210 亿美元。连贝佐斯都承认，自己当年的预测完全错误的，“我们最初的商业计划是预期在 2001 年实现 7000 万美元的销售收入和 400 万美元的运营利润。而在 2001 年，亚马逊的收入预期将达到 30 亿美元，是最初预期的 42 倍。”①

现在，亚马逊已成为全球商品品种最多的网上零售商和全球第二大互联网企业，在公司名下，也包括了 Alexa Internet、A9、Lab126 和互联网电影数据库（Internet Movie Database，IMDB）等子公司。

中国第一家电子商务 C2C 平台是王俊涛的 8848，成立于 1999 年 5 月 18 日，3 个月后，邵亦波创立易趣，之后马云创立阿里巴巴，同年，我在中国台湾创立的企业之一，中科全球电子商务也开始经营 2 个 B2C 平台。1999 年可以算是中国电商元年，充满了机遇和未知，中国的电商企业在这一年真正进入了实质化商业阶段。2003 年，互联网经济回暖，淘宝和支付宝的相继成立更为阿里巴巴的庞大帝国奠定了基础，马云于 2004 年提出“网商”概念，连年开办“网商大会”，开始展现出电商王者的风范。2004 年，刘强东创立近 6 年的京东公司，开始从线下走到线上，京东多媒体网正式开通。当时专注于 3C 类产品，日处理订单仅为 500 个，谁也想不到，数年之后刘强东的京东竟然是马云和阿里巴巴最为强劲的对手之一。

2008 年源自美国的全球金融风暴，让中国的互联网发展有了一次迎头赶上的机会。随着中国互联网技术与基础设施的逐步完善，中国 13 亿的人口规模在互联网时代释放出巨大的红利。2008 年底，中国网

① 贝佐斯曾接受《连线》杂志名为“The Inner Bezos”的专访，并对 2020 年零售行业的未来进行了预测。

民数从 1997 年的 62 万增加到 2.98 亿，居世界第 2 位。网络购物用户人数达到 7400 万，占网民总数的 24.8%[①]，这在全球范围内也是首屈一指的。此后，中国成为互联网和电子商务最具活力的试验田，成为世界经济的亮点和新增长点。

新一轮科技革命和产业变革交汇孕育的电子商务，极大地提高了经济运行的质量和效率，改变了人类的生产生活方式。互联网使信息的传递、搜集整理更加方便快捷，从而节省了搜寻成本。不仅是传统商业，其他一切信息成本比较高的传统产业都会受到影响。网购方便快捷、价格亲民、海量产品为消费者购物提供了全新的体验，这些都是传统零售业难以企及的。

随着全球智能手机保有量不断提升，互联网使用率持续提高，新兴市场快速崛起，每年全球网络零售额保持两位数增长。根据国际知名调查公司 E－marketer 的数据，2011 年到 2016 年，全球网络零售交易额从 0.86 万亿美元增长至 1.92 万亿美元，年平均增长率达 17.4%，占全球零售总额的比例达到 7.4%[②]。

电子商务起源于欧美，兴盛于亚洲。亚洲地区网络零售交易额已占全球市场的 46%，中国、印度、马来西亚的网络零售年均增速都超过 20%。中国网络零售交易额自 2013 年起已稳居世界第一。全球十大电商企业，中国占 4 席、日本占 1 席。其中，阿里巴巴以 26.6% 的市场份额排名全球第一，京东商城名列亚马逊、ebay 之后，位居第四，小米和苏宁也入围前十。

时间的确是个神奇的东西，发展不过 20 年的现代连锁零售业一夜之间就成了传统渠道，新兴崛起的电商巨头们一跃成为零售业的焦点和

① 资料来源：2008 年中国互联网发展状况报告。

② 2017 年 6 月 29 日，在全国人大常委会举办“电子商务的现状与发展”专题讲座上，商务部副部长王炳南阐述了国内外电子商务的发展情况。

资本追逐的宠儿。“618”“双 11”等原本普通的日子，在电商品牌的策划和赋能之后，一跃成为全民狂欢的购物节。

20 世纪 90 年代开始的电商大潮虽然改变了零售业传统模式，提升了效率，但也产生了一些显而易见的问题：首先，纯虚拟空间的展示，其实也有局限性，并不是空间无限，无论是电脑端还是手机端，在每一屏的商品信息展示数量都是有限的；其次，在交易成本方面，电商虽然可以砍掉传统批发零售模式层层分销的成本，但是越来越高的展示费用、流量费用和物流费用，消费者所要承受的实际成本并不低；最后，包括税收问题、产品质量问题等短期内都难以有效管理，这也让消费体验大打折扣。

我们也看到，传统的实体零售店不会消亡，其转变发展模式、调整结构、增加服务，仍然有发展和提升的空间。围绕提升运营效率和消费体验，天猫、京东等电商巨头也开始把触角伸向线下，尝试创立了各种零售店新模式，将来线上线下必然是一个共存、共荣、共同发展的趋势。

移动互联时代的新趋势

远在 40 万年以前，北京周口店的猿人发现了火，火为他们带去了温暖和光明。一个黑暗的洞穴，只要有了火，就成了光明之地。这个世界被划分为“光明”和“黑暗”，光明是生存的根本，黑暗是恐惧的源头。现在，科技之光驱散了黑暗，我们所处的是一个光明的世界。[①]

1942 年，美国女演员海蒂·拉玛和她的作曲家丈夫提出一个 Spec-

① 参见《在线：数据改变商业本质，计算重塑经济未来》一书，王坚著，中信出版社 2016 年出版。

trum（频谱）的技术概念①，她本人并不知道，这个被称为“展布频谱技术”（也称“码分扩频技术”）的技术理论在此后带给我们这个世界不可思议的变化，这个技术理论最终演变成我们今天的3G技术，让全世界走进移动互联时代。

1999年3G第一张牌照下发②，世界为之倾倒，欧洲运营商甚至愿意花1000亿欧元博一张牌照，然而每年不到10万人的增长和百亿元的巨亏，让3G泡沫在两年后即破裂。

一直到2007年，乔布斯发布第一代苹果手机iPhone，带来了移动终端的智能手机革命，3G才迎来一夜春风。一年之间，美国3G手机用户数量猛增80%，达到6420万③。

2009年1月，全球最受关注的电信市场——中国内地正式下发了3G牌照，移动、电信、联通分别拿到了TD—SCDMA、CDMA2000和WCDMA网络的运营资格。2009年5月，中国三大运营商正式放号，并推出3G商用服务。中国正式迈入3G移动互联时代④。

随着智能手机的普及，让3G时代信息交互的主要形式从文字升级为图片、语音乃至短视频，信息传播与交互更加丰富、高效和迅捷，使得互联网可以真正移动起来。又过了五年，移动互联技术愈加成熟，到今天，速率更快、连接更稳定的4G手机已经全面普及，移动端的视频读取及视频通话等已经很方便。未来，更值得期待的5G技术也呼之

① 1940年，海蒂·拉玛与安塞尔一同发明了能够抵挡电波干扰的军事通信系统，它就是“扩频通信技术”，也就是CDMA的前身。今天，这项技术还被广泛应用于卫星定位系统。比如GPS、航天飞机对地交流以及WiFi等领域。

② 1999年3月，芬兰以“选美”方式发放全球第一张3G牌照。

③ 美国市场调查公司comScore 2008年9月发布统计结果说，2007年6月至2008年6月，美国3G手机用户数量猛增80%，达到6420万，占移动通信用户总数的28.4%。

④ 工业和信息化部于2009年1月7日下午2：30在内部举办小型牌照发放仪式，确认国内3G牌照发放给三家运营商，为中国移动、中国电信和中国联通发放3张第三代移动通信（3G）牌照。由此，2009年成为中国的3G元年，中国正式进入第三代移动通信时代。

欲出。

互联网飞速发展，大数据、云计算、移动互联网、人工智能、可穿戴设备、机器人、虚拟现实、物联网、兴趣图谱、社交体系等各种新概念出现在各种媒体、讨论会或者展会上，互联网时代的每一天，都好像有全新的科技创意诞生。科技，犹如失控的野马群，在钢筋水泥的森林里狂奔，气势汹汹，难辨方向，影响着每一个人。

移动互联网是一个全新的时代。互联网解放了空间，移动互联网解放了时间。相对于 PC 互联网时代，移动互联网最大的区别就在于没有线上与线下之分，每一个消费者在移动智能终端的背后，都是永远在线的。

城市化促进了消费者的聚集和购买力的集中，催生了百货商店的繁荣；在工作压力增加、生活节奏加快的背景下，消费者对低价与便捷提出更高要求，带来了连锁商店的兴起；随着消费者自我服务意识的觉醒，超级市场的开架销售模式受到欢迎。零售业态从小店走向百货商店，走向连锁商店，再到超级市场，成本、效率、体验三要素持续提升。互联网电商出现后，零售的规模变得无限大，先是从线下走到线上，又开始从线上向线下延伸。

那么，当我们从 PC 时代进入移动互联时代，随着 3G、4G 的普及，5G 移动技术即将运用，这些又将对零售行业产生怎样的冲击和变革？

首先，消费者消费习惯产生明显的变化。据 AC 尼尔森[①] 2015 年中国消费者分析的结果，消费者行为特征已开始转变为：需求个性化，购买社交化、口碑化、娱乐化，购买多品牌化、一体化，对商品质量、服务、性价比的要求不断提高，购买多渠道化、移动化、碎片化，以及购

---

① 尼尔森指数是根据消费者对就业市场的信心、个人财务状况及消费意愿所组成一系列数据分析。

买及消费过程简单化、透明化、快速化。传统的4P营销（产品、价格、促销、地点）面临着挑战与革新。随着消费者行为产生明显变化，零售业如今必须提供非凡的客户体验。

其次，提升零售效率和消费体验可以通过技术运用实现。过去20年，互联网的普及为零售业数字化奠定了良好的基础，电子商务的快速发展沉淀了大量数据。再加上近几年来计算能力的飞跃和智能算法的突破，为零售业的下一步变革提供了成熟的条件。实际上，由云计算、大数据、物联网、人工智能、VR等新一代信息技术组成的“Retail Tech”①（零售技术）概念已在海外逐步兴起。随着5G时代来临，技术已经是新零售不可或缺的重要动力和支撑，新一轮信息化浪潮已经显现出重构零售生态的巨大影响力。

最后，物联网是整个新零售产业闭环的最后一节。物联网通过智能感知、识别技术与数据计算等技术，广泛应用于网络的融合中。新零售的业态与过去最大不同的是，不再是单点技术的应用，而是涉及全产业的技术应用；不再是某个维度的数据分析，而是建立在全产业链上的数字化信息采集、存储、分析和利用。只有通过物联网，才有可能进入新零售的世界。

在一个线下超市接入物联网的新零售场景，很可能是这样的：超市入口处的智能摄像头通过采集到的顾客面部特征来分析其年龄、性别、表情，为每张人脸建档，智能识别是否是第二次到来、是否是会员，匹配好过去的消费特征之后，可以提醒店员为重复到店的顾客提供个性化服务；通过监测在不同区域（如水产、日化、鲜果区等）的客户停留位置和停留时间，可形成直观的客流热力图，从而识别每个顾客感兴趣

① Retail Tech对传统零售行业生态重构，传统零售行业将通过线下与线上的融合，配合大数据的采集与应用，对客户进行个性、高效地服务，不再局限于强调产品的功能性，而更多的重视消费者体验。

的商品，同时提供商品摆放优化建议；所有采集到的信息（会员卡、客户特征、手机、社交信息等）可以关联到会员系统，形成 360°的用户画像视图，可以为商品的精准营销提供参考等。

基于万物互联的新零售

2016 年 10 月，在阿里巴巴举办的云栖大会上，马云提出“新零售”[①]，他认为，纯电商时代过去了，未来十年是新零售的时代，未来线上线下必须结合起来。

一时间，对于新零售业态、零售革命的讨论纷至沓来。在实践中，从阿里的盒马鲜生到京东的无人超市、无人便利店，从小米之家到苏宁无人店，技术和体验的创新将这一趋势越来越明显地展现了出来：拍照即可实现商品搜索和购物的应用，营造沉浸式购物体验的 AR、VR 技术，支持自动结账、刷脸付款，能够自动下单订购生鲜食品的智能冰箱……大家都在不约而同地探索未来零售的新标准。

马云指出，现在说的“电子商务”会成为传统概念，未来会是线下、线上、物流结合的“新零售”模式[②]。就像物流的本质不是快，而是降库存。只有线下、线上、物流真正结合，才能为企业带来更多收益。马云看到了时代发展的方向，感知到了消费升级给零售业带来的颠覆式创新。我们认为，电子商务不仅是传统概念，甚至会成为历史名词，所有我们所熟知的电子商务的玩法、规则、策略，都将在移动互联向物联网的转变过程中发生变化。

---

① 2016 年 10 月的阿里巴巴云栖大会上，阿里巴巴集团董事局主席马云在演讲中提出五个“新”，他说，“第一个是新零售，线上、线下以及物流的结合才会诞生新零售，新零售诞生后又会对纯电商和纯线下产生冲击。”

② 2016 年 10 月的阿里云栖大会上，马云在演讲中称，纯电商时代过去了，未来十年是新零售的时代，未来线上线下必须结合起来。物流本质是消灭库存。

当然，现阶段大家对于新零售的认识更多的是基于物联网。物联网①，顾名思义，就是物物相连的互联网，在移动互联网的基础上，通过物与物、物与人之间的连接，实现万物互联。物联网的基础和核心仍然是互联网，并且是基于移动5G技术下的移动互联网。

物联网是基础，新零售是实践。智能技术会驱动整个零售系统的资金、商品和信息流动不断优化。在供应端提高效率、降低成本；在需求端实现“比你懂你”“随处随想”“所见即得”的体验升级，未来零售基础设施会变得极其可塑化、智能化、协同化。

新零售的图景将依托于万物互联得以全面实现。智能手机等移动终端的普及，无线网络全面覆盖，商品数字化等技术的兴起和运用，消费者购物再无时间和地域的限制，开启了零售业线上线下虚实集成的新格局。

依托于万物互联的技术，实现零售的“虚”（电商）与“实”（实体）融合。传统零售商经历数字化转型，纷纷走到线上；而亚马逊、阿里等互联网企业，也迅速地通过各种方式布局线下。新零售模式，就是利用大数据、云计算、物联网、人工智能等技术，让商品和服务更加匹配有效的消费需求，让“场”多元化和智能化，让“货”找到“人”。

新零售的图景里，消费者体验的升级不仅仅是“便捷”，还有对消费者需求的理解（比你懂你）、连接（随处随想）和实现（所见即得）。最终，消费者可以随时、随处地满足随心的需求。成本和效率的升级也会更依赖智能技术，并且跨越企业的边界，在整个零售系统内实现资金、商品和信息流动的不断优化。

---

① 最初在1999年提出。即通过射频识别（RFID）（RFID + 互联网）、红外感应器、全球定位系统、激光扫描器、气体感应器等信息传感设备，按约定的协议，把任何物品与互联网连接起来，进行信息交换和通信，以实现智能化识别、定位、跟踪、监控和管理的一种网络。简言之，物联网就是“物物相连的互联网”。

我们现在即处于新零售的初期，这是一个技术蓬勃发展的时代，零售所必须经过的每一个环节，从支付到金融、从供应链到物流，都有可能被革新，被颠覆，其中蕴含着无限可能。如今，大家都感觉到了变化的节奏，纷纷提出新零售，争先恐后，都怕落下风。按照前文所界定的范围，我们现在正处于零售 3.0 的后期，力求向零售 4.0 跃升。在这样的阶段，我们可以看到几个典型的特征：

（1）电子商务已经发展成熟

线下的商业实体被“互联网 +”和“电子商务”化的进程已经基本结束。经过十余年的发展，电商从概念到形态已经基本普及到前所未有的广度和深度，依托于电商而发展起来的物流、支付、金融等，也都已出现稳定的供应体系，基本没有所谓的蓝海。

（2）线上红利期宣告结束

国外以亚马逊、Facebook、谷歌为代表，国内以阿里巴巴、腾讯、百度、京东、小米为代表的互联网公司也都各自将流量瓜分完毕，并且通过合纵连横来建立自己的生态圈，构筑护城河。

（3）线上线下开始全面融合

你中有我，我中有你，O2O 变成一个伪命题。从团购、打车、共享单车、短视频、外卖等每一个细分领域，经过惨烈的竞争，终将留下前一名或两名幸存者，互联网的“下半场”谁与争锋，大家拭目以待。

（4）消费者主权时代即将来临

零售行业内整体意识到获客成本高企，流量思维已经式微，面向存量的超级用户思维开始出现，如何运营老用户，比如何获取新用户更能成为企业领导者所面临的首要问题。当然，我们用了“即将”两个字，意味着消费者主权时代还是初步萌发，并未成为主流。虽然是由消费者更加理智的消费行为引导着消费升级，但既往的零售逻辑在新时代里依然大行其道，各种营销方式仍是大家关注的重点。

（5）新零售实践方兴未艾

商超巨头纷纷触网、互联网巨头纷纷下沉，更多的是通过资本并购达成紧密的合作关系，产品数据打通、客户资源对接、技术系统同步，新技术、新创意、新场景层出不穷，试错迭代，一切都围绕着提升消费体验而展开。无论阿里巴巴的新零售、京东的无界零售、苏宁的智慧零售，归结结底，都是围绕着如何提升消费体验、如何将技术运用到消费场景迭代和产品数据智能化之上。

新零售的问题与挑战

从行业角度看，新零售就是阿里首先发起，腾讯、百度、小米、京东、苏宁等巨头参与推动的一场运动，是技术推动零售变革的一次伟大实验。在新技术的支持下，新零售追求的目标是成本更低、效率更高、体验更好，是零售 3.0 向 4.0 的“惊险一跃”。马云认为未来中国 60% ~80% 的零售是新零售①，不去纠结具体的数量，至少说明，在他的心里，新零售是未来的主流。

我们相信在未来 5—10 年的时间里，新零售的实践与探索会一直持续，新的“场”、新的“货”、新的“物种”会层出不穷，生产者、品牌商、零售商、消费者纷纷参与，热闹异常。作为零售业从业者、观察者和研究者，我们则希望更进一步透过现象看本质，看看新零售能够解决什么问题，还可能面临哪些问题与挑战。例如：

首先，新零售仍然是大资本的“游戏”。新零售作为一股热点和潮流，各种理论层出不穷，各种实践都在尝试，这是一个高风险的试验场，无论是技术开发与运用，还是模式变革与创新，都需要大量资本的

---

① 2017 年 11 月 11 日，马云接受央视财经采访表示，新零售就是线上线下的结合，人货仓配的结合。他表示，未来中国 60% 到 80% 的零售都应该是新零售。

投入。从阿里的盒马鲜生到永辉的超级物种，从天猫小店到京东便利店，背后都是阿里巴巴、腾讯、京东等大资本的身影。新零售的变革由线上的电商巨头率先推动，少数先知先觉者亦步亦趋跟随而上，少数实体零售商如银泰百货、海澜之家、步步高、天虹等，在资本力量加持下也积极参与其中，但更多的生产者、品牌商、零售商、消费者等，仍处在迷惘、紧张、困惑之中，谨慎地围观。

其次，这场专注于“场”与“货”的技术竞赛，恰恰忽略了“人”。新零售的主要内容就是对“人、货、场”的重构，电商与实体的融合，先从“场”的融合开始，或大或小、或虚或实、或远或近，不同的消费场景快速切换，无缝对接，进而提升消费体验。5G 时代来临，新技术对于“货”的赋能也逐步开展起来，万物互联的时代里，依托大数据，“人”可以找到“物”，“物”可以找到“人”。然而，就本质而言，技术对零售行业的价值在于提升效率，在这个效率提升的过程中，实际上是减少了人在整个过程中的参与度。新零售变革中，作为消费者的“人”是作为被动接受者来考虑的，通过大数据、人工智能监测到“人”的行为轨迹，看似一切围绕着“人”的体验来展开，但没有太多企业去关注和研究“人”的真实需求。

再次，流量逻辑还是主流。电子商务快速发展所依托的就是流量逻辑，由互联网技术带来的流量红利，在竞争过程中逐渐集聚起来，形成少数几家垄断流量的头部电商平台。拥有足够的流量和流量的分配权，是电商巨头存在的基础。当线上流量红利期结束，他们自然地把眼光转向线下实体零售店，建立 O2O 线上线下双向融合的商业模式，电商流量往实体店导，实体店流量往电商导，形成一个基于流量互导的商业闭环，这就是新零售的基本逻辑。只要与“场”有关，流量逻辑屡试不爽，在过去数百年零售变革的过程中，“渠道为王”成了零售业者极为推崇的金科玉律。流量逻辑本没有错，只不过，如果零售行业全面以获取流量为核心的模式，在产品或服务的“品质”“内容”“体验”“品牌”“口碑”等方面，就乏善可陈了。很多时候，我们反而看到，在高速增长的过程中，萝卜快了不洗泥，难免顾此失彼。可以肯定的是，只要流量逻辑仍然存在，以消费者为本的逻辑就难以实现，消费者主权时代就不会真正来临。

最后，新零售与“中心化”相伴相随。互联网时代的竞争规则是“赢者通吃”，电子商务模式发展到今天，最受诟病的一点，就是所谓的“中心化”。以阿里、京东为代表的头部电商巨头基本垄断了线上交易市场，在以线上购物平台为核心的生态中，人流、资金流、物流、信息流全都高度集中在一起，构筑了几个“中心化”的巨无霸，在为数亿消费者提供便利的同时，诸多品牌商与千千万万的小卖家被迫裹挟其中，进退两难。在推进新零售革新的时候，这些互联网巨头仍是主角，虽然很多“场”也在更新和迭代，却依然无法改变“中心化”的固有结构。从某种程度上看，依托于大数据、云计算和人工智能等新技术，提升效率的“中心化”还在被强化。

当然，经过新零售、新技术的洗礼，零售行业也将迎来新的机遇：一是新技术对于零售每一个环节的渗透无处不在，以技术提升效率的做法达到极致，各种新技术、新工具唾手可得；二是通过大数据和云计算，新零售沉淀了海量的数据财富，这些关于商品、物流、金融、出行、消费者的大数据，将是每一个零售从业者可以挖掘的金矿；三是所有围绕着消费体验的技术升级，在以人为本和促进消费者权利觉醒方面，有了好的开局。

零售的进化不是跳跃式的而是渐进式的。在4.0新零售跃升到5.0自零售的过程中，消费者主权崛起是未来不可抗拒的趋势，技术运用是升级的必备条件，数据分析是实现升级的必由路径。如果说自零售是零售方式的最高级阶段，那么，从零售效率、交易成本、消费体验等各方面，都要超越新零售时代，新零售所努力推进的革新成果，就是自零售得以顺利实现的基础和起点。

中国是这一轮新零售革新运动的主场。

在互联网的故事里，社交、电商、支付、餐饮、出行，无论哪一个方面，中国都不曾缺席。其实，有不少发源于美国硅谷的新技术或商业模式，只有在中国运用和实践后才获得成功，因为这里有全球最大的市场和最多元的消费人群。“互联网 + 零售”的变革趋势和方向是有共识的，其成功与否，不在于理论有多超前、多正确，而在于多角度、大范围的试验。在过去三四十年里，中国零售业一直是模仿者和跟随者，很多人相信，这一次，我们拥有着前所未有的条件和机遇，世界零售史从来没有出现过的一种零售新模式或许会在中国诞生，而且很可能还代表着未来零售的方向。

第 3 章

零售5.0模式：自零售

我们定义，下一个时代是从物联网到人联网的时代。物联网时代是通过大数据、云计算和人工智能技术，让每一个产品变成有效的节点，以缩短甚至重构它与人之间的关系。而在人联网的时代里，每一个人都将成为至关重要的连接点，人与人之间的亲密关系将取代互联网上机器结点冷冰冰的关系。这是一个全新的时代，是消费者主权时代，或者说是用户主权时代。用户正在扮演越来越积极的角色，从被动接受和选择到主动影响和创造。通过日新月异的移动互联技术，用户可以非常方便地通过网络聚集在一起。他们形成社群，抓住一切机会与品牌互动：从内容创造、设计参与、决策参谋、体验分享到品牌传播。

到了人联网的新时代，去中心化的网状结构成为主流，现有的电子商务模式将被全面颠覆，用户的关系将被彻底重构，平台与商户、商品与市场、品牌与用户……旧的商业关系都将被升级、被有选择地扬弃，基于人与人的信任关系建立起来的商业关系，将成为核心。这时，对于品牌商而言，参与商业的关系从“一对多”变成了“多对多”，每一位用户，既是消费者，也是销售者，对于好的产品或服务，消费者会通过体验式分享，自己驱动下一阶段的销售。

这是零售模式的最高级阶段，我们称为“自零售”。

人人互联的网络

互联网给人们带来的最大改变，是社交关系的数字化和网络化。人们可以不交易，但几乎无法不交流，相对于电子商务对交易关系的迭代，人际关系一旦触网，其影响更加巨大和深远。

1993 年马化腾从计算机专业毕业后，进入深圳润迅通讯发展有限公司，开始做编程工程师，专注于寻呼机软件的开发，直至升任开发部主管。5 年后，他与同学张志东合资注册了深圳腾讯计算机系统有限公司。1999 年 2 月，腾讯开发出第一个“中国风味”的 QICQ，受到用户欢迎，后改名为 QQ，作为即时交互通信工具，为中国人创造了全新的沟通方式。现在，腾讯 QQ 月活跃用户超过 9 亿，几乎每天都保持着不下 2 亿用户的活跃度。

1994 年，24 岁的毕业生张小龙放弃了在他看来令人压抑的“铁饭碗”——一家电信机关单位，决心投入充满活力的互联网行业。17 年后，2011 年 10 月，这位调头离开电信管理部门的年轻人，带着他的“微信”回来了，微信迅速登上并长期占据中国移动互联网即时通信工具软件第一的位置。2018 年，微信的月活跃用户已经超过 10 亿，成为在华人地区拥有最多用户的应用。

腾讯商业帝国的基础，就是 QQ 和微信。QQ 主宰着互联网 PC 时代的社交关系，微信主宰着移动互联网的社交关系。腾讯从社交关系出发，在游戏、自媒体、出行、金融、电商等领域攻城略地，2017 年市值已超过 3000 亿美元。马化腾认为，互联网是主体经济的一部分，“互联网 +”将连接实体、产业、服务、个人、设备等一切基本要素，创造出一个“互联网 +”的生态体系。

在大洋彼岸的美国，也同样发生着基于社交关系的互联网创富故事。2004 年 2 月，还在哈佛大学主修计算机和心理学的二年级学生扎克伯格突发奇想，要建立一个网站作为哈佛大学学生交流的平台。只用了大概一个星期的时间，扎克伯格就建立起了这个名为 Facebook 的网站。意想不到的是，网站刚一开通就引发轰动，学生们利用这个免费平台掌握朋友的最新动态、与朋友聊天、搜寻新朋友。如今，它已成为世界上最重要的社交网站之一，扎克伯格成为最年轻的富豪。2017 年 7 月，成立 13 年后的 Facebook 的月活跃用户正式突破 20 亿，成为全球登录用户最多的社交应用。而且，Facebook 旗下的 WhatsApp① 和 Facebook Messenger② 均拥有超过 12 亿用户。

我们定义的人联网是一张人人互联的网络，具体说来，是以人为核心，移动互联网为基础，强调实时的互动、体验，虚实结合，实现价值交互的网络形态。人联网并不是从无到有的新东西。无论 QQ、微信，还是 Facebook，这些即时通信工具所沉淀下来的社交关系，已经初步构成了人际互联的网络，只不过目前人与人之间的交互，仍是以文字、语音、图片、视频等信息为主。

与互联网和物联网相比，人联网更重视人与人之间的交互，但不仅限于信息交互，更包涵产品、服务、体验等内容的价值交互。人联网最大的特征就在于，人人相连的社交关系是有价值分享的。人与人之间的关系，不仅仅是相识、相知，甚至是忠诚、互信的，是可以有价值分享途径的。有没有实现价值分享，是判断是不是人联网的重要标准。

扎克伯格曾经对于社交关系有一个非常精辟的定义，“下一个时代，将被今天的社交网络和赋予用户在联系上的深度所定义，我们的工作就是找到最好的方法让用户分享自己”。③ 就社交关系的内涵而言，其恰恰反映了人的内在的、本质的需求，那就是充分地分享自己。

从历史进程来看，在原始社会中，人类是群居动物，族群是一个基于充分分享、物物交换的社会群体，人一旦离开族群就无法存活，当时

① Whats App 是一款目前可供手机用户使用的、用于智能手机之间通讯的应用程序。

② Facebook Messenger 是桌面窗口聊天工具，允许客户进行聊天、接收通知并从电脑桌面上阅读新鲜事。

③ 兰迪·扎克伯格：《社交的本质：扎克伯格的商业秘密》，中信出版社 2016 年出版。

的价值分享是必须、是本能。随后，在人类逐渐进入基于私有产权的商业社会，物权意识觉醒，个人主义崛起，人们开始注重个人隐私和私人空间，社群成了可选的一种生活方式，价值分享功能被弱化。而进入到当前的移动互联网阶段，基于人人互联的网络，当连接变得随处可见的时候，价值分享的精神再次复苏，人们开始越来越多地乐于分享。而这时，与原始社会中一样，人们回归初心，彼此信任关系、情感联系再次成为连接的核心。

自零售，其核心逻辑与我们所熟悉的“自媒体”一样。过去的三五年间，随着微信、微博等互联网社交化平台迭代升级，传统的媒体发布形式被完全颠覆，每一个个体都是内容源，都可以发新闻、发信息。自媒体模式所带来的创业浪潮催生了一批自媒体大号——通常从三五个内容生产者开始，通过专业能力获得粉丝追随，在各自的领域里发挥着信息传播甚至主导舆论的功能。当然，自媒体传播的是新闻信息，自零售传播的是产品信息，不过，既然都是信息传输，路径都是相似的，也许有一天，产品信息也是新闻信息，广告即内容，界限就不存在了。

互联网将世界变成平的，物联网实现“万物互联”[①]，人联网则期待“连接一切”。人们逐渐通过将彼此的时间、地点和观点进行智能化匹配，来建立起一种基于社交需求的分享机制。人们是通过分享自己的实时动态，来展现自己的形象，表达自己的生存状态。如果这样的分享不只是心灵鸡汤与风花雪月，开始有了商品与服务的消费与体验等信息，人联网的时代就来临了。

---

① 万物互联（IoE）定义为将人、流程、数据和事物结合一起，使得网络连接变得更加相关，更有价值。万物互联将信息转化为行动，给企业、个人和国家创造新的功能，并带来更加丰富的体验和前所未有的经济发展机遇。

最好的零售方式

那么，人联网之间的价值分享是怎么实现的呢？

我们相信，在人联网时代，人们之间因信任产生的连接不会仅仅止步于简单的社交关系，若商品交易和价值交换可以通过人联网来实现，必将对零售形态和用户关系产生颠覆和重构。如果我们站在企业（生产商、品牌商、零售商等）的视角上看，人联网更具有现实价值。试想一下，如果某个品牌的正面信息，能够在微信、QQ、Facebook 等平台所构建的人际网络上积极分享，在社群间快速传播，一传十、十传百，这样的乘数级效应对于任何一个品牌来说，都意味着巨大的商业价值，是企业梦寐以求的。

当一个用户把自己消费体验在社交网站上进行分享的时候，每个人都成为零售关系当中的核心，当他自发地向好友分享商品或服务的体验时，他既是消费者也是销售者，他也就成为另一名自零售者。自零售是依托于人联网来进行的，依托人与人之间的信任关系、情感联系，实现零售关系中最直接的“人—货”相连。

自零售的实现，背后有两股力量：一是受惠于技术所提供的平台，成本低且足够便捷的交互方式，社交关系赋予人分享的本能，从分享新闻、动态信息到分享产品体验信息是能够很自然实现的，这是推力；二是来自于好产品、好品牌的传播需求，依托于人联网可以快速形成口碑效应，产品与服务的好口碑与用户分享行为是相互影响和相互激励的，这是拉力。

理想的状态是，在这样一推一拉之间，人联网的价值分享得以实现，自零售的商业价值得以实现。实际的情况是，体现由内而外的“推力”的有一些现实案例，以随机、偶发性为主；能体现由外而内的“拉力”的案例则明显不足，我们研究人联网和自零售，就是期待能够摸索出一套加强“拉力”的方法论来。

我们认为，自零售是最好的零售方式。

此前，所有的零售方式，“场”是不可或缺的，无论传统现代，无论线上线下，无论新的旧的，都是依赖于各种各样的“场”，零售的进化过程，实际上也是“场”的成本降低和效率提升的过程，即使在新零售的阶段，技术运用的主要阵地，仍然是“场”，部分地影响“货”，对“人”没有实际影响。这样，“货”和“人”之间始终隔着一个“场”。

这也就是说，零售无论如何进化，品牌（包括品牌商、生产商）和用户之间，始终有一个“X”在发挥着作用，B2C 其实是“B2X2C”，“C2X2C”，X 就像是一个“黑盒子”，来自于 B 端品牌的定位、内涵与品质，来自于 C 端的用户真实需求、意愿、偏好，在信息传递过程中，都要通过 X，不可避免地，部分被 X 所丢失、消磨、屏蔽掉了。

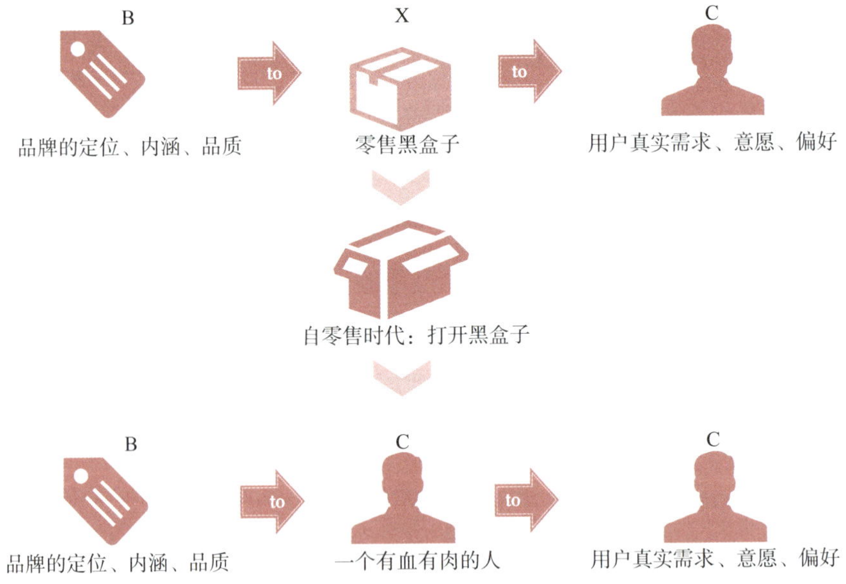

打开零售黑盒子

有且只有在自零售时代，品牌与用户中间的“黑盒子”才能被打开，X变成了一个个活生生的、有血有肉有感情的人，品牌可以直接感受到用户的喜怒哀乐，也可以向用户开放品牌的品质追求与生产理念。过往的所有营销方式都将比不上这样的“叩开用户的心门”的方式，渠道的作用被弱化，消费者主权时代来临，用户回到商业逻辑的核心。依靠人联网，品牌与用户之间频繁互动、互信，假以时日，必将互相成就。

自零售的高效源于：它在技术运用到极致的时候，向人性与本真的回归。过去，在技术运用仍有红利的时候，人们都倾向于通过技术革新来提升效率和降低成本，而无暇考虑其他。现在，人们对于技术运用得愈来愈好，恰恰构建了丰富的培育土壤，人联网、自零售将在技术这片肥沃的土壤中茁壮成长。

更具体地来看，对于品牌商而言，自零售还有如下的优越性：

首先，这是成本最低、效果最好的营销网络。相对于过往动不动就高达30%～50%的渠道成本，自零售的成本几乎为零。因为每一个自零售者首先是你的用户，当他为你推荐产品或服务的时候，不仅不花成本，反而是在创造价值。对于自零售者而言，把一个好的产品或服务，通过发达的社交网络转发和分享给好友，也没有发生实际的成本。当然，很多品牌商会通过产品折扣、尊享、返券、积分等方式对这种人际间的分享行为进行激励和回馈，这也不能视为成本，因为同样的动作在别的零售模式中也必不可少。

其次，这是一个“去中心化”[①] 的网络。人联网的最大特点就是真正实现了“去中心化”。依托于社交工具建立起来的网络，在社交关系中来看，仍是依托于这些运营平台，仍有中心化与控制的味道。当这样的人际关系升级为人联网，就意味着品牌商不再依赖任何渠道或平台，

① 去中心化（decentralization）是互联网发展过程中形成的社会关系形态和内容产生形态，是相对于“中心化”而言的新型网络内容生产过程。

流量逻辑被完全颠覆，去中心化的网络形成。依托这个网络，产品与服务信息的产生与传播不再受任何外力限制，唯一的限制在于产品与服务本身是否足够好，好到可以被分享、点赞与转发。

最后，这是一个用户数据化的网络。除了连接之外，社交网络贡献的另一个财富是数据。现在是一个大数据时代，每个人每时每刻都产生各种各样的数据，这些数据通过互联网平台得到沉淀。每一个品牌商，在人联网平台上，都可以建立以品牌为中心的社群网络，建立的前提是掌握足够的用户数据，并且科学研究和分析这些数据，得到可以指导实践的方法。本书后续的内容将会详述，只有通过数据分析，去真正地关注用户、研究用户、尊重用户，才是建立自零售网络的“高速公路”。

自零售时代刚刚开始

你也许会问，既然自零售这么好，为什么现在才刚刚出现？

最核心的原因是，过去未曾出现过如此高效的社会化评价体系和分享机制。

过去，即便当一个消费者很想分享自己曾经赞不绝口的消费体验时，他又能通过什么方式，分享给谁呢？恐怕只能分享给身边、人数有限的几个家人和朋友吧，如果是异地，电报、通信、电话、电邮或者专程跑一趟，都效率太低，太过麻烦。一旦这种分享成本高于体验，或者不能得到及时反馈的时候，分享链条自动熔断，到此为止。

而如今，互联网、特别是移动互联网的技术已经足够发达，自媒体时代已经来临，每一个个体都可以很便捷地发声，成为媒体的内容源，针对产品的消费体验，可以实时地在微信、微博、淘宝、贴吧、头条号等发声和传播，这样就把点评和分享的成本降低到几乎为零。针对品牌，用户可以运用无数类似的平台去做点评，或弹或赞，也可以在这些地方分享消费体验，好的做推荐，坏的就吐槽。未来，新零售发展到更高的阶段，物联网的各种技术运用还将给每一个工具赋予更加智能化的功能，每一个消费场景都有可能被还原，每一个产品和服务都将被追溯，设计、生产、成本、价格、品质、服务都将一一呈现在用户面前，无所遁形。

这个时代，消费者的主权得到全方位的释放，他可以有足够多的选项、量身定做的个性化解决方案和足够透明的信息，而同时，面对这样巨量的产品和服务信息，实际上也增加消费者思考的成本，他也将有可能陷入迷茫、疲劳甚至麻木，极其期望有自己所熟悉和信任的人来给予合理、善意的点评或建议。因此，人与人之间的信任关系变得越来越重要。

你也许还会问，自零售为什么一定会实现呢？

自零售现在仍然存在于理论构想之中，而且，在现实商业世界中，甚至还没有完整的案例出现。要回答这个问题，我们需要回归到人性和本真上看。一是，人是群居动物，遇见好东西就会乐于分享，并通过分享来获得快乐和成就感；二是，人常常有从众和攀比心理，互相模仿又互相较劲。这两个特点，自古以来就与商业发展相伴相生，体现在消费者行为上，就是每个人的消费选择非常容易受到别人的影响，特别是受到来自有信任关系的亲友的影响。只是过去由于技术所限，这样的影响是单向的、局部的、散点式的，可以供品牌营销运用的可能性很少，而现在，我们已经拥有了便捷的社会化分享平台和渠道，人际间的影响才更多呈现出交互式、集中式、爆发式的状态，品牌的口碑显得越来越重要。

物联网赋予产品生命，人联网赋予产品感情，人们因信任而相连，用心做交换。

零售进化到自零售，才算真正进入到“以人为本”的新阶段。在物联网时代，各项技术运用到了极致，物物相连、物人相连已经触手可及；而在自零售阶段，人人相连、人物相连开始占据主导地位，简单地看，它将会给以下每一个原则都带来根本性的变革：

怎么做产品

传统的生产方式，先生产后营销，做产品的时候并不知道用户在哪里。从新零售开始，现有的沟通工具可以部分地实现厂商与用户的信息交互，而到了自零售时代，不同的圈层、不同的社群得以成立，这样的交互变成快捷和普通的必选项。通过客户的积极参与，在产品设计和创意阶段就开放式地吸收和参考潜在用户的需求和建议，可以做到理想化的订单式生产。目前有很多网红大“V”，在做服装推荐的时候，就会把几种设计款式提前在核心客户群中进行分享并征询意见，通过这样的“测款”能够大概率地知道潜在用户的需求方向，从而避免封闭式、无目的地生产，做出来的产品更加适销对路。

怎么做营销

过去我们叫“推销”，推完之后，被动地等客户来，只有客户来购买了，销才实现。后来慢慢地升级到营销，对客户有了经营的思路，采用潜在客户易于接受的方式做品牌传播，软文、品牌植入、湿营销，等等，然而，因为缺乏与客户之间的有效沟通，依然只能被动等待。而到了自零售时代，在品牌推广上，被动等待变成了主动关怀。去中心化的网状结构里，每一个具体个人，既是消费者，也是销售者，每一次的品牌信息传播，都是一对一模式。一对一的交流可以很直接，很充分，提前甄别和判断消费需求，不仅能够把信息及时有效地传播到位，还能够实时地知道对方有没有反馈，把“推”变成“拉”，把潜在客户迅速拉近。每个参与者先是消费者，后是销售者，自己必须使用过，并且获得好的消费体验，从内心认可，才会继续推荐给别人，并可能给出有效的建议，这样的体验式分享，相对于原先冷冰冰的营销方式，变成一个个有温度的建议。

去哪里找客户

有人说“渠道为王”，即使到了互联网技术和电子商务高度发展至今，这一说法也部分正确。万达、银泰等购物城，亚马逊、阿里、京东等电商平台，沃尔玛、永辉、家乐福等商超，苹果体验店、小米之家等品牌连锁，7-11、全家、喜士多等便利店，在连接品牌与用户的环节上，依然充当了很重要的角色，并且很可能在一段时期里依然会存在，或部分迭代升级。经过网状结构的重组之后，在自零售的每一个结点——每个人，就是渠道。品牌商透过具体的个人去找到客户，运用高效的互联网工具，通过已经建立的信任关系，找到优质客户。反向地，客户也可以很便捷地通过“人—人”网络，找到品牌商。因此，信任在自零售的渠道上至关重要，每一次好的分享都将增加彼此的信任感，而对于不怀好意、别有用心的推荐，则机会最多只有一次。“人—人”渠道自身就具备优胜劣汰的功能，反向要求品牌商在运用自零售网络之前，要对产品和服务严格把关，好的口碑将可能以乘数级效应叠加，让人收获意想不到的结果。

如何提高人效

过去，我们考量零售效率，是把销售额除以人工，或者销售额除以营业面积，通过单个人或单位面积创造的营业额来判定效能的高低并做相应调整。在自零售阶段，效能的考量主要是看转发与推荐量，并且是带来成交量的转发与推荐。如果一个人向500个好友推荐了某个产品，形成了500次成交，这仅仅是基础成交量，应该进一步地看，500个好友中有多少人进行二级推荐，还是全部都推荐了，是否能继续形成几千甚至几万次的成交。因此，产品信息能被二次、三次继续转发和推荐才是很重要的事情。好的产品是前提，每一次体验后给出的个性化推荐也至关重要。

如何提高消费体验

我们目前的很多消费路径、消费场景是被设计的，有些商场，通过路线图的设计，最大限度地把客户留在商场里，引导消费；有些超市，在橱窗和货架摆放上别出心裁，吸引客户注意力；有些网络平台，通过先提价再打折的价格设计，让消费者以为有机可乘……有人甚至将如何引导消费，研究成了一门学科。我们认为，真正的消费路径不应该被设计，应该是在有消费需求的时候，商品或服务可以被及时发现，并准确满足。而这样的消费体验只有在一对一的交流中，基于熟悉和信任才能实现。自零售人作为推荐人，也成为教育和引导其他用户的人，通过分享自己体验弥补其他用户对于产品信息的不对称。这个时候，卖出去的不仅仅是产品，还有服务，甚至是服务先行，加上体验内容的互动，促成销售是一个自然而然的结果。走到新零售阶段，无论是哪个消费场景，基本上都能让消费者五官——嗅觉、视觉、听觉、味觉、触觉——得到比较好的体验，而自零售阶段，可以看作消费者的第六官体验，这种“感觉”兼顾到了感情和心理的满足，我们也可以称为“心零售”。① 人与人的相连，也有从陌生到熟悉的不同，而只有在信任和熟悉的基础上，心与心相连，才能够最快地实现自零售。

自零售时代的机会

这是一个烽烟四起、群雄逐鹿的时代，移动互联技术进入5G，零售巨头都准备好迎接新时代的到来，争先恐后地粉墨登场。最新科技快速地运用在从生产到销售的每一个环节，大数据、云计算在窥探用户需求上大显身手，自动化、智能化在构筑物联网的伟大图景中充当了急先锋。

这是一场马拉松式的长跑，问题在于，发令枪已响，比赛已经开始，大家的方向、赛道、终点却各不相同，裁决胜负的方式也许就在消费者一念之间。最大的看点是，在下一个五到十年的时间里，谁能获得

① 本书作者周宏明认为，零售无论新旧，只有用心去做服务，消费者才能够感知。

先机。

在这个注定载入历史的时刻里，我们当然不愿意做只能围观的看客。如果我们把基于物联网上的新零售当作奋斗目标的话，即便寡头垄断竞争的格局已经形成，我们仍可以作为普通的参与者，在互联网生态里找到自己的位置，在既定的技术路径上，生态已经构建完成，我们可以期待自己看清形势之后，即使无法领先，也不至落后；如果我们把基于人联网之上的自零售当作最有可能的终点的话，既然核心是去中心化，重点是人人相连，我们就应立即行动起来，提前布局，或许有弯道超车的机会。

在自零售的生态里，一般有三种角色：品牌商、自零售人、用户。品牌商（也包括生产商，为叙述方便，下文均以品牌商代称），身份比较明确，依然是优质产品或服务的提供者，坚守诚信且运营有道；自零售人和用户，都属于消费者群体，自零售人不仅消费，还分享自己的体验，成为销售者，而用户则是产品或服务的最终使用人。三者的关系看起来也很简单：品牌商—自零售人—用户，自零售人取代了传统的“场”，不仅充当了品牌商与用户的连接渠道，还是信息互动以及情感交流的纽带。

第一，用户的角色。对于用户来说，唯一需要考虑的是，好不好生成有趣的分享内容，善不善于表达自己的消费体验，愿不愿意向好友推荐好产品，要不要以此为创业契机并成为一个自零售人。其实，自零售的生态构筑完成之后，会有一批专业的自零售人以此为生乐此不疲，也会有很多非专业的用户，依然从事本职工作，只是偶尔向好友推荐产品消费体验。哪怕仅仅是作为用户，也未尝不是一件好事。如果你是用户，你会发现，你的需求越来越被好友所洞察，你会从好友的分享中获得更多乐趣，当你尝试从好友推荐中购买产品或服务时会发现，不仅价廉，更是优质。

第二，成为一个自零售人。就像已经出现的自媒体人一样，自零售人这个角色，一定是大趋势之中的弄潮儿。直到现在，人们在谈社交的时候，还是把社交看得比较纯粹，主张“亲兄弟明算账”，害怕商业味道一重，感情也会变味。他们能够把传统的社交关系运营得更佳稳固，产生价值，形成变现，这是多么伟大的一件事情。信任当然不能直接变现，如果是“出卖朋友去获得利益”，这样的事情与社会价值判断相悖，逻辑上不成立。自零售人的前提在于，每一个个体都在某个专业的领域成为意见领袖（KOL）[①]。如果你要成为自零售人，在好友的眼中，你是有专业精神的、是发烧友式的，他们在这个领域里有需求，首先会想到你，会听取你的意见。只有把人人相连的信任关系，变成顾问式的情感关系，才是自零售人的必由之路。

第三，品牌商的必修课。在零售行业转型剧变的前夜，品牌商是参与变革乃至推动变革最坚定地力量。如果在过去的零售业态中，品牌商不由自主，或者依托于商场超市，依赖于网站流量，或者费劲心力自建直营渠道，被人力和店租等成本困扰，那么，在自零售的时代，品牌商有机会打一场漂亮的翻身仗，把所有主动权都把握在自己手中。自零售人替代了传统的渠道方式，沟通更便捷，互动更及时，成本急剧降低，效果却出奇的好，这是每一个品牌商所梦寐以求的营销网络。然而，这样的网络却没有现成的，每个品牌商所依托的人联网都不一样，构建这样一个网络，是一个系统工程。

大家也许会问，还有一个角色呢——中间商或零售商，包括百货、超市、商场，以及线上购物商城等，在自零售的模式中，都去哪儿了？自零售的模式是去中心化的人联网络，而这些“场”都是中心化、流量思维的载体，在自零售之中将不复存在，有句广告语叫“没有中间商

---

① Key Opinion Leader，关键意见领袖，拥有更多、更准确的产品信息，且为相关群体所接受或信任，并对该群体的购买行为有较大影响力的人。

挣差价”，在自零售中将真正得以实现。当然，只要他们在现有的模式之中还有存在的价值，依然会一直存在下去。

“罗马不是一天建成的”，历史的演进是一个长期的过程，自零售也不会一蹴而就，其发展必定有一个渐进的过程。部分中间商或零售商还是有机会根据自己已有的用户资源，构筑某些品类的自零售网络，形成一张总体中心化、局部去中心化的兼具两种优势的营销网络，主导乃至于推动零售迭代升级时刻的到来。

因此，推进自零售生态的大部分任务都落到了品牌商身上。对品牌商而言，要构建自零售的营销网络，不仅仅是营销方式的改变，更是经营战略的升级。

本书接下来的部分，将围绕品牌商如何进行战略升级详细展开，以此重构用户关系，由于每一个步骤都以用户为核心，每一个动作都跟数据有关，我们将这个战略命名为“用户数据战略”，或者简称为“小数据战略”——这也是本书书名的由来。

第 4 章

大数据与小数据

维克托·迈尔·舍恩伯格[①]在《大数据时代》一书中指出："在大数据时代已经到来的时候，要用大数据思维去发掘大数据的潜在价值。"数据对于零售行业的重要性不言而喻。从采购、品类、上架、动销到补货、库存、物流，再到人流、场租、平效、人工、税费等几乎人货场组合的所有环节，都跟数据有关。在零售 1.0 时代，虽然零售规模不大、金额有限，专人记账就能基本满足需求；到了零售 2.0 的工业文明时代，零售行业相关的账目数据会通过一个专门的"会计""财务"团队来负责，财会也成为大学的一门专业课程，用来培养财务数据人才。

当时若想对市场情况进行研究，大都只能采用"抽样调查""问卷调查"等社会调查方式，在数据有限统计分析中，如何获取更多的、更准确的数据，如何通过有限的数据得出可靠的结论，并"以小见大"地进行决策参考，是每一个企业管理者都绕不开的课题。诸如市场容量、竞争对手分析、品牌忠诚度、商品设计与定价逻辑、影视节目收视率等这样的调查，除了企业内部自有的数据团队之外，还有诸多专业的数据公司在研究。从数据的来源看，抽样方式很随机，数据量很少，分析也常常是浅尝辄止，即便是这样，很多品牌商、零售商仍极大地受益于数据分析。

---

① 维克托·迈尔·舍恩伯格是十余年潜心研究数据科学的技术权威，是最早洞见大数据时代发展趋势的数据科学家之一，也是最受人尊敬的权威发言人之一。著有《大数据时代》。

电脑的发明和互联网的流行，让零售进入3.0的新时代，个人电脑快速普及，电子商务零售模式崛起，这个时候，数据的搜集和处理完全可以通过电脑来处理，人们能够处理的数据规模、能力、效率都有了质的飞跃。移动互联时代和物联网时代，开创了新零售时代，基于所谓SoLoMo的数据也大量涌现出来，不仅数据量有了增加，而且数据的广度、维度也有了提升，在这样的背景下，大数据作为一个现象开始成为大家关注的重点。

与大数据相对，还有一个小数据。大数据着眼于宏观、中观层面，更多是基于社会、公共、行业的视角，用于公共管理；而小数据围绕用户关系，聚焦于品牌、用户、消费等视角，用以指导企业的商业实践。

我们特别指出，大数据虽然重要，却不应该迷信，对于品牌商而言，不应该迎难而上、随波逐流，应当关注的是跟自身品牌和用户关系相关的“小数据”，通过小数据的战略思维，沉淀用户数据资产，重构用户关系，才是一件最值得花费时间和精力去完成的事情。每一个企业家，都应该尽快从大数据切换到小数据的思维中来，完成从“Big Data，Think Small”（大数据，想得少）到“Small Data，Think Big”（小数据，想得多）的转型过程。

大数据时代

大数据是一个修辞学意义上的词汇，在数据方面，“大”（big）是一个快速发展的术语，表达的不仅仅指存量“大”，更是增量也“大”。IBM[①] 最早将大数据的特征归纳为4个“V”：数据体量巨大（Volume）、数据类型繁多（Variety）、商业价值高（Value）、处理速度快（Velocity）。

① IBM（International Business Machines Corporation）国际商业机器公司或万国商业机器公司，简称IBM。总公司在纽约州阿蒙克市。1911年，托马斯·沃森创立于美国，是全球最大的信息技术和业务解决方案公司。

其实，在零售进化的数千年过程中，人们的商业行为曾被各种信息载体记录过。早期，龟壳、羊皮纸、竹简等都充当过信息载体，数据在描述与刻画世界时起到了至关重要的作用，记录下了漫长的传统商业文明形态；随着造纸术、印刷术的出现，信息化开始提速，信息载体变更为纸质图书，储存和传播更加方便，内容也有较大规模的跃升，但仍依托传统的介质和形态。直到计算机的出现，信息的储存从低密度的物理介质变更为高密度的电磁介质，互联网的到来，使信息的传播变得更快速和便捷。当前的大数据时代，其实是信息储存和传播的一个全新时代。

我们正在迎来一个数据爆炸的时代：大数据的起始计量单位至少是 PB（1024 个 TB）、EB（100 万个 TB）或 ZB（10 亿个 TB）。根据美国互联网数据中心统计，互联网上的数据每年增长 50%，每两年翻一番，而目前世界上 90% 以上的数据是最近几年才产生的。据英特尔预测，到 2020 年全球将总共拥有 44ZB（44 万亿 GB）的数据量。然而，无法持续产生价值的数据是没有意义的，大多数企业今天在运用数据时还面临三个方面困难：

（1）战略方面：仅有约 23% 的企业拥有明确的大数据相关战略，决定并知道如何将大数据分析有效地应用于企业运营，并建立相应的组织能力、流程和激励机制来赋能数据分析以支持决策。

（2）人才方面：仅有约 36% 的企业拥有专门的数据洞察团队，并拥有同时具备数据科学专业能力和商业敏感度的人才。

（3）数据资产方面：仅有约 19% 的企业拥有高质量、一致性较好、易于获取和应用的大数据。

当然，无论数据如何变化，它们是“金矿”还是“垃圾”，取决于企业是否了解自身拥有或能够获得的数据资产，并以此建立清晰的大数据战略，从而在战略、运营和销售层面产生价值。

互联网是大数据发展的前哨阵地，随着移动互联时代的发展，人们似乎都习惯了将自己的生活通过网络进行数据化，方便分享以及记录并回忆。像亚马逊、阿里巴巴、京东这样的购物平台，数十亿的货品、数亿人的访问、数千万人的购物行为、数百万的点对点物流，每天产生的数据量，都是天文数字。

从著名的未来学家阿尔文·托夫勒在《第三次浪潮》一书中将大数据热情地赞颂为“第三次浪潮的华彩乐章”开始，IT界就不断地为之倾倒。无独有偶，维克托·迈尔·舍恩伯格在《大数据时代》中用了很多案例来说明一个简单的道理：在大数据时代已经到来的时候要用大数据思维去发掘大数据的潜在价值。

2008年“大数据”这一术语开始在技术圈内出现，并有一些尝试性的大数据工具。2010年《科学》杂志上刊登的一篇文章指出，虽然人们出行的模式有很大不同，但我们大多数人是可以被预测的。这意味着我们能够根据个体之前的行为轨迹预测他或者她未来行踪的可能性，即93%的人类行为可预测，这项研究对大数据的研究工作赋予了现实意义。

2012年大数据的概念开始在国内流行，以阿里、腾讯和百度为首的互联网公司都成立专门的数据团队对大数据进行研发和运用。百度拥有用户搜索表征的需求数据，阿里巴巴拥有网站交易数据和用户信用数据，腾讯拥有用户关系数据和基于此产生的社交数据，这些数据在不同的维度，沉淀了与消费者相关的价值。

比如，针对消费者的研究，大数据可以实现对每个消费者有清楚的认知和跟踪，并对消费者进行精准画像。消费者的年龄、性别、家庭住址、收入水平等这些表面的信息，早已经通过注册阶段搜集完成，这些属于基础信息。真正有挑战的是通过数据信息对消费者的消费倾向和需求进行捕捉与判断。

当然，如果阿里、腾讯和百度能够相互开放和打通，将消费者的所有触网行为轨迹相互关联起来，把消费者正在看的新闻、刷的微博、刷的微信、收藏的购物链接、看的视频、玩的游戏等，所有这些数据都采集到一起，之后进行的分析和预测将更加及时和精准，必将改变我们现有的商业模式，甚至于普通人的生活方式。

而当物联网发展达到一定规模时，借助条形码、二维码、RFID 等标识产品，传感器、可穿戴设备、智能感知、视频采集、增强现实等技术可实现实时的信息采集和分析，这些数据能够支撑市场潜力的深度挖掘、精准的社会化营销以及对消费者行为进行捕捉和分析，实现依托于科技创新的新零售商业模式。

随着智能手机和移动互联网的普及，物联感知技术可谓迎来了发展的高峰期，除了地理位置信息被广泛地应用外，很多与感知相关的技术革新颇值得期待：比如，新型手机可通过运动频率直接检测燃烧脂肪量，牙齿传感器实时监控口腔活动及饮食状况，婴儿穿戴设备可用大数据去养育宝宝，Intel 正在研发的 3D 笔记本摄像头可追踪眼球读懂情绪，日本公司开发新型可监控用户心率的纺织材料，等等。而且，这种实时的采样是人无法抗拒的，你的点击、浏览、运动、地理信息等这些行为都在机器的眼皮底下发生，这就是物联网和大数据的魅力所在。

这些恐怕还远远不够，未来大数据的身影应该无处不在，因大数据而产生的变革浪潮将很快淹没地球的每一个角落。亚马逊的最终期望是："最成功的书籍推荐应该只有一本书，就是用户要买的下一本书。"① 谷歌也希望当用户在搜索时，最好的体验是搜索结果只包含用户所需要的内容，而同时还不需要用户给予谷歌太多的提示。

当然，数据的海量增长宏观上是好事，微观上却未必是。因为数据存在的价值，是帮助人们分析与决策。现在的情形是，人们现有分析方法的速度赶不上信息增长的速度，要说驾驭数据，谈何容易？因为如果我们无

① 亚马逊 CEO 杰夫·贝索斯提出要搜集用户行为数据、研究用户的购买习惯，亚马逊推荐引擎发明者格雷格·林登把这句话作为奋斗目标。

法分离数据中的有用信息与噪声，就很可能被噪声干扰，得到虚假信息而自己却不知情。人们说无数据则无真相，但有数据的时候，数据离真相还有多少距离，是无限接近还是有所偏离，也是值得重点关注的问题。

就零售业来说，大数据的流行，已经让所有平台商，无论线上线下，都开始重视和研究大数据了，研究的课题和重点大都运用于“场”和“货”的迭代升级，而始终是被忽略、被边缘化的是用户数据研究，对于“人”的研究是几乎所有品牌商和零售商的短板所在。其原因，一是对于人的研究、对于人性、心理、需求、偏好的研究，是利用外在的行为数据去分析人内在的主观和心理，相对于场景和商品的研究而言，其难度高了不止一个级别；二是就目前而言，数据的研究聚焦于场景迭代和商品智能，可以在降低成本、提高效率、优化体验等方面有很大的用武之地。

那么，对于品牌商来说，该如何紧跟大数据的潮流，找到属于自己的数据资产和财富呢？

小数据更重要

在理想的世界中，大数据是绝好的工具，可以改变品牌的影响力，带来竞争差异、节省成本、增加营收、愉悦买家、奖赏忠诚用户、将潜在客户转化为客户、增加品牌吸引力、打败竞争对手、开拓用户群并创造市场……但这一切看起来都很美好，但在真实商业世界的实践中，巨量的数据信息扑面而来，如果找不到科学的研究方法，人们一头栽进大数据之中，迅即迷失自己，无所适从，上述商业目标能够部分地实现一两处已经殊为不易。

由于商业竞争的残酷，零售平台的大数据研究都是各自为战，阿里的天猫消费数据不可能共享给京东，腾讯的微信社交数据也不可能开放给支付宝，微博平台、小米生态、美团点评、今日头条、滴滴出行、摩拜、饿了么等，都建立了自己的数据库管理，核心的客户数据都是各自的商业机密。因此，这些零售平台的大数据对于品牌商来说，除了提供通用的、必备的、基础的数据维度之外，并没有特别大的决策参考价值。很多品牌商在做重大决策的时候，还是会依赖于专业的数据公司，通过行业研究和抽样调查的手法，去做数据分析。

基于此，我们提出“小数据”战略：每个品牌商都应该积极行动起来，跳出大数据的迷思，关注自己的用户，关注自己的市场，搜集研究与自己的品牌、市场和用户相关的“小数据”。用小数据来管理生产和库存，用小数据建立自己的用户关系，做真正的精准营销，最终的目标是运用小数据战略来促进零售方式的升级和迭代，弯道赶超，不做新零售的局外人。

什么是小数据？简单说，跟用户有关系的数据就是小数据，一般包含的种类有：用户的行为数据、消费数据、地理位置数据、金融数据、社交数据等。比如，门店每天的人流量数据、老用户数据、消费数据，天猫、京东平台上自有品牌旗舰店的用户访问、浏览数据、收藏数据，微信、微博、美团点评、今日头条等社交化媒体中，关于品牌与产品的评论、转发、点赞等数据，以及每一个客服人员跟客户直接沟通的数据，都应该囊括进来，作为小数据的重要组成部分。

通过研究小数据，我们要实现以下几个目标：

第一，发现消费变化。通过小数据的管理和分析，我们可以首先找到用户群，看用户消费频次，用户产品标签的变化，用户对于价格敏感度的变化，用户消费能力的变化，通过这些，才能把数据的价值凸显出来，指导决策。通过把握小数据变化，及时把握住消费变化，甚至把用户的意见回溯到产品设计、生产等前期环节，通过真正的 C2M①，实现

① C2M 是英文 Customer - to - Manufactory（顾客对工厂）的缩写，而其中文简称为“客对厂”。

零售商梦寐以求的零库存、快周转。

第二，实现精准营销。通过管理和研究小数据，不仅把产品和服务分类，更可以把用户进行分类，把用户的需求和产品标签结合起来，按照社群思路进行深度运营，根据用户的真实需求去做营销设计。只要获取的数据足够多，沉淀的时间足够长，就可以通过数据分析实现千人千面、“一对一”营销①。阿里巴巴经过十年的观察和变化，理论上可以知道每一个人的需求变化，实现千人千面，一家企业经过两年三年的观察和积累，可以实现“一对一”营销与服务。

第三，建立稳定的用户关系。很多品牌商做产品、做服务、做营销都做得风生水起，但其中的大部分人从来没有考虑过自己的用户在哪里，没有考虑过如何跟用户建立联系，只有一小部分人意识到想去找到用户，建立联系，却苦于没有办法。传统的商业模型中，找用户建立联系，通常都是通过一对一的办法，漫长而艰难，效率也不高。直到互联网乃至移动互联网时代，我们才获得了更多的途径和方法。我们所提出的小数据战略，就是找到并建立稳定用户关系的办法之一。

当然，需要提出的一点是，大数据是一个通用名词，我们并非想用小数据去取代它。无论大数据还是小数据，其实都是对于互联网带给我们的数据资产的内容阐述，我们不宜将他们割裂开来看待。他们是一个硬币的两面，只是视角不同而已，本质内容是相似的，数据的形态也是一样的，特别是在一些中观和微观重合的领域，大数据和小数据其实也是一回事。

我们提出“小数据”战略，并不是将小数据和大数据严格对立起

① 一对一营销（One－To－One Marketing），亦称“121营销”“1－2－1营销”“1对1营销”等。是一种客户关系管理（CRM）战略，它为公司和个人间的互动沟通提供具有针对性的个性化方案。一对一营销的目标是提高短期商业推广活动及终身客户关系的投资回报率（ROI）。最终目标就是提升整体的客户忠诚度，并使客户的终生价值达到最大化。

来（实际上这样的对立也是不可能），也并非去否定和抹杀前人对于大数据在企业管理、消费研究方面的积极努力和研究，我们只希望提出一个独特的视角，让品牌商能够更方便地去理解和捕捉它所想要表达的关键信息。简言之，小数据就是用户数据，就是大数据关于用户研究的一个聚焦和落地而已，小数据事实上就是大数据的一个部分。从这个意义上看，既有的大数据的研究、管理和分析方法，也都完全适用于小数据的研究、管理和分析，它们的区别只是在于范围和规模。

大数据在宏观层面，帮助政府实现市场经济调控、公共卫生安全防范、灾难预警、社会舆论监督、帮助城市预防犯罪、实现智慧交通、提升紧急应急能力等方面，成效显著；在中观层面，研究行业发展趋势、技术变革前景、消费升级换代等方面，也行之有效；只是在微观层面，大数据在结合企业自身的品牌、建立用户关系等方面，难有建树。

个中缘由，也很简单。一方面，每个企业的具体情况千差万别，大数据的研究机构，最多在现有的平台上和数据模型中，给出通用的分析结果和建议，很难针对单个企业去定制化地深入研究，给出对策建议，这项工作必须由企业自身去完成；另一方面，巨量数据大都沉淀在平台上，企业自身获取的数据远远达不到大数据的体量，且对于大数据分解、分析的专业能力远远不够，还不如把现有的人力物力聚焦于自身最核心的用户数据身上，通过小数据重构用户关系。

相对于大数据，小数据具有以下几个特点：一是真实性高，每个数据背后都是一个活生生的人，他的所思所想、所作所为，在数据中体现出来，真实准确，可信度高；二是关联度高，不同种类的小数据，可以相互关联和印证，企业的小数据也可以跟行业的大数据相互比对和分析，通过这样多次的比对和关联，小数据的结果能够更可靠；三是实践性强，每一个小数据来自于消费者具体的行为、动作，小数据的研究结果，也都是可以在实践中检验，并根据实践情况进行调整，进而指导实践。因此，小数据是围绕用户关系展开研究，基于真实性、关联度高、实践性强等特点，有助于企业的运营管理。

如果把企业看作地球，用户看作太阳，小数据就像是太阳系，太阳系里的所有行星、卫星都跟你相关，研究它们的运转规律，就可以精确地推算出时间、空间的变换关系，可以提前做好准备，以获得更多的光和热；大数据则像是宇宙，虽然也有亿万级数的恒星，有的比太阳还大，但它们离你几千万、上亿光年之远，几乎无从建立连接。

大数据的营销方式，就像是在大海中捞鱼，东捞一把，西捞一把，通过投入市场预算，把捞网放大，把鱼群找到，把速度加快，但效果却很有限；小数据的营销方式，是在池塘里捞鱼，投入的市场预算是建立围栏，一边把围栏建得越来越大，一边让围栏中的鱼群越来越多，只要围栏筑得牢，养鱼养得好，每一条鱼都无处可逃。

综上，我们认为，小数据对于绝大部分企业更为重要。

小数据的生存法则

近 30 年来，在互联网行业谈的都只是通过网络卖产品或者做营销，其实还有更深层的东西——用户。互联网改变了商业规则，也彻底重构了用户关系。相对于传统的零售业态而言，互联网的出现解放了时间，移动互联网的出现进一步解放了空间，消费者无论何时何地，只要打开淘宝网、京东网等，都可以选购到同样规格、同样质量、同样价格的产品。这样的消费形态，在消费方式、技术运用以及消费体验上，相对传统的商场、超市、连锁店等来说，无异于一次深刻的认知革命。

然而，在这场所谓的“零售革命”之中，人们对于用户关系的把握和理解，并没有比传统的零售方式提高多少。移动互联网让交互更加便捷，让企业有各种工具和平台去方便地获得各类用户数据，这既是机遇，更是挑战。如何搜集、存储、研究这些用户数据成了所有企业决策者面临的一个全新的课题。

阿里巴巴通过旗下的中文站、国际站，以及淘宝、天猫、支付宝等平台积累了海量的产品数据、客户数据、交易数据，但早期的阿里指数等数据产品止步于为趋势判断提供参考，淘宝的千人千面也在营销方面浅尝辄止，大量的数据仍处于沉睡之中，并没有进行深度开发和利用。

腾讯公司从十几年前的QQ到如今的微信，积累了大量的用户社交数据，但也是在近年才开始进行一些开发和研究，不过这样的研究大部分仍基于生活方式、社交方式等，并没有往消费和零售方向深入，也没有为品牌商家提供有商业价值的研究成果。当然，这跟腾讯与生俱来的产品本质和社交属性相关，也与腾讯曾经在QQ购物、拍拍网这些电商尝试的失败有关。只要腾讯重新评估用户的社交关系对于零售和商业的核心价值，相关的数据研究将能够形成极有价值的输出。

即便如阿里、腾讯这样的头部公司，针对客户的大数据分析和挖掘仍有很长的路要走。我们看到，中国95%以上的生产商、品牌商、零售商，对于用户数据，或者无意识、无感觉，或者束手无策。

大数据的思考模式会让企业陷入纷繁复杂的数据库里不能自拔，迷失方向。在大数据的概念里，宏观的、公共的、行业的问题可以得到优先关注和解决，小数据的战略思维，则是帮着企业寻找到用户，重构用户关系。关注大数据可以了解企业的整体生存环境，但对于解决企业本身的问题并无直接的裨益，从大数据思维进入小数据思维，是一家公司真正融入互联网时代的标志。

未来无论采用什么样的零售形式，掌握了用户就可以战无不胜。因此，所有人都会很快意识到，有且只有用户数据资产才是每个企业家最重要的资产。每一个企业家，都应该尽快从大数据思维切换到小数据思维中来，完成从“Big Data，Think Small”（大数据，想得少）到“Small Data，Think Big”（小数据，想得多）的转型过程。

在新零售的生态中，我们看到，决定场景的是技术，当各种创新的技术运用于场景中，当线上线下相互融合的技术让消费场景迭代升级，所有这一切都能够在一定程度上提升消费体验；我们还看到，管理关系的是数据，用户关系越来越重要，要尽快跟用户建立连接，只能通过小数据战略，对用户关系进行科学管理。我们认为，在场景和关系之间，更重要的还是关系，无论场景和体验有多好，如果不跟用户建立稳定的关系，购物行为很可能只是单次的、随机的、割裂的，用户找不到你，你也找不到用户。

我们正经历从工业时代到信息时代史诗般宏伟的转型，用户越来越成为最核心的内容。小数据战略是在新零售竞争中重构用户关系的重要手段，为企业提供了弯道超车的可能性。小数据的潘多拉魔盒已经打开，又有多少人能窥探其中的秘密？

第一，把数据分析上升到企业战略的层面来考虑。数据分析是一个系统工程，不是心血来潮，不应一蹴而就，无论数据的搜集、存储、分析和模型输出，都需要持续不断的建设过程，很少能立竿见影，只有上升到企业战略的层面，才能明确方向、统筹资源、持之以恒，才能保证有好的结果产生。

第二，需要特别重视用户关系。在产品阶段，数据分析主要聚焦在设计、采购、制造、运输等环节，旨在降低成本和提升效率；在销售阶段，数据分析主要是聚焦在销售规划、设计引流、库存管理、物流统筹。当然，在这些环节运用数据都很有效，提升了各个环节的效率。但我们发现，在用户研究方面，企业关注度很低，数据分析很薄弱。

基于数据的分析和竞争已经是零售业的常态，毫不夸张地说，零售业的竞争一定程度上已经成为一种基于数据的竞争，小数据就是企业的财富和金矿，数据分析和挖掘能力就是企业的核心竞争力。在新零售的战争中，小数据战略就是出奇制胜的战略武器，有了它，可以迅速抢占竞争制高点。

第 5 章

我们所处的全新世界

零售进化过程中的每一次技术创新与运用，并不是无缘无故产生的，很多时候，源于外部商业世界的剧烈变化会倒逼技术的运用和革新。可以肯定的是，每一次技术革新和运用的背后一定伴随着效率提升和成本降低以及更好的消费体验。工业革命带来了大规模的工业化生产方式和城市化的生活方式，跨区贸易成为常态，促进零售方式向城市集中，百货大楼、品牌连锁店和超级市场相继出现，零售进化至 2.0 模式；互联网革命创造了全新的网络世界，电子商务平台部分取代线下购物场景，成为年轻一代生活方式的一部分，推动零售向 3.0 模式的电商时代进化；进一步地，等到移动互联时代来临，所有人、货和场都可以实时在线，线上线下各种购物场景开始融合，物联网技术的迭代和运用创造出前所未有的“新物种”① “新场景” “新业态”②，这就是现在正在发生的零售 4.0 模式——新零售浪潮。

我们真诚地欢迎这样的技术变革，但也要指出，技术创新所依赖的资金投入、研发周期和实践开拓，绝大部分要依靠大资本、大平台和大生态，所以，我们看到新零售的主导者是阿里、腾讯这样的大公司，而多数普通的单个品牌企业，都是被动卷入其中的，可以在技术运用方面

① 2017 年 8 月 5 日，场景实验室创始人吴声在“新物种爆炸 · 吴声场景课堂 2017”中提出新物种五大关键词，即意义覆盖、反经验、场景流、混合内容和设计力。

② 新业态是指基于不同产业间的组合、企业内部价值链和外部产业链环节的分化、融合、行业跨界整合以及嫁接信息及互联网技术所形成的新型企业、商业乃至产业的组织形态。

进行尝试。但同时，我们还是要反复强调，对品牌企业来说，无论零售模式如何迭代升级，对技术的创新和运用如何娴熟，关注和关心自己的用户体验、分析和研究自己的用户数据、迭代和升级自己的用户关系，才是重中之重。我们在反复倡导，每一个企业家，都应该要有小数据战略思维，利用用户数据去重构用户关系；我们也将提出，基于用户数据和用户关系的具体操作办法：伍厘米（5CM）理论。提出这套理论和打法之前，我们有必要先花点时间看看自己所处的商业世界。

新的时空观念

网红经济、自媒体、知识收费、新零售、科技金融、区块链……新的商业时代里，连续涌现出的技术热点，引发了一波又一波的趋势，蕴含着无限的新商机。我们无论选择自主创业，还是打工挣钱，都应该识势而动、顺势而为。当然，我们也许很难用一句话去形容我们所处的商业时代。就零售行业来说，相对于过去，最大的特点是我们已经拥有了全新的时空观念：互联网解放了空间，移动互联网解放了时间。这一观念已经发生并彻底重构了零售三要素——人、货、场的关系。

首先，互联网解放了空间。在互联网出现之前，人与货之间的连接，只能通过线下的场来实现，各种场景的门店，在消费环节中，充当着关键的中间人的角色。这些场根据大小、规模、区位，以及是否有品牌形象等因素，发挥着不同的功能和作用。那些处于城市 CBD① 闹市区的、规模较大、拥有较好品牌形象的门店，构成了品牌附加值高如奢侈品、烟酒、汽车等商品与用户的连接；那些处于偏远地区、人烟稀少的门店，辐射能力有限，价廉物美的生活必需品、日用品等与用户的连

① 中央商务区（Central Business District，CBD）指一个国家或大城市里主要商务活动进行的地区。

接。同样地，人们采购生活必需品，不会到 CBD 去找，采购奢侈品也不会到偏远的门店中去找，长久以来形成的门店分类，已经成为每个人的生活常识，影响着消费行为。因此，经典的营销理论，会把不同商品和服务的零售门店该如何选择，作为一个重要的课题加以研究。

直到互联网出现，这一切开始发生剧烈的改变。电子商务作为一种全新的模式快速出现，冲击并改变着人们的购物方式，大家发现，无论是大洋彼岸的海鲜、奶粉，还是家门口的水果、蔬菜，几乎所有商品的搜索、比价、下单、付款，只要在电脑前动动鼠标就可以搞定。只要连上网络，传统的商业场景就会被打破和取代，货完全可以通过网络实现与人之间的连接，网络几乎是扁平的、无边界的、无成本的，零售传统上因空间而产生的差异化迅速降低为零。同时，从品牌企业看来，你的工厂无论在哪里，获得的信息都是对称的、透明的，网络上的零售渠道也是开放和透明的，商家直接面对着每一个用户，也直接面临来自于同类产品的比价和竞争，无处躲藏。互联网将传统的购物场景进行颠覆再造，解放了空间，抹平了差异。

其次，移动互联网解放了时间。从个人电脑端所构建的电子商务生态上看，虽然零售业态已经打破了传统门店上班开门、下班关门的运营模式，商品页面展示可以做到 24 小时实时在线，但人们购物还是需要高度依赖电脑和网络，在时间、空间中仍有一定限制。有人说笑，“大家总不能抱着电脑到处走吧？”事实上，我们知道，这是完全可以的。随着移动互联网的兴起，每个人随身携带的智能手机，就是一部微型电脑，功能更强大，使用更方便。手机随身携带，解放了时间，没有上线下线的区别，每个人都实时在线。这一切，真正把时间和空间的限制全部打破，无论何时何地，都可以很方便快捷地与心仪的商品实现连接，实时的消费需求都可以迅速得到满足，这在过去是完全无法想象的。

当然，这样的时空观念转换，是一个长期逐步发展和迭代的过程，并非一朝一夕完成的，就目前而言，无论是传统的还是新兴的、无论线下的还是线上的，各类商业模式、消费场景和生态在一定程度上仍处于共同发展的关系中。而我们更应当注意到，在移动互联网时代，对于每个品牌企业来说，技术已经从根本上颠覆和抹平了时空的差异，人与人的连接、人与货的连接，部分地取代了场的功能，而且这样的连接，成本很低、效率很高。我们要考虑的是，在新的时空观念下，如何实现品牌与用户的快速连接与价值沉淀。

信息传播的新变化

看一个商业时代中信息传递的速度快慢、距离远近和准确与否，通常可以判定其商业的发达程度。农业时代，人与人之间、村镇之间的短距离信息传递靠口口相传，一传十十传百，长距离靠写书信，由飞鸽传书，或通过专门的邮差来发送，而城与城、国与国之间基本靠有组织的信息传递系统，如驿站传书、烽火报信等方式，这不仅成本很高、耗时较长，传递效率也较低。中国是世界上最早建立有组织传递信息系统的国家之一，一旦边关军情紧急，“八百里加急”的驿站传书就能发挥巨大作用。工业时代，以及后来的电气时代，使得电话、传真、电报等有线通信传输以及对讲机、移动电话、收音机等无线通信方式快速出现，极大地提升了效率，传输距离也有了质的提升，跨越国家、跨越洲际的信息传输也很方便。互联网时代，信息传递进入到数字通信传输的时代，只要连接上互联网，短信息可以通过实时交互完成瞬时传递，长信息可以通过电子邮件实时送达，地球成了一个“村”，信息传输效率达到极致，距离不再是问题，信息缺失也丝毫不存在。

传统的信息传递方式成本较高，因此，在社会层面上有价值的信息，大都被政府及其附属部门垄断，在商业层面上有价值的信息，常常被大企业和大财团优先占据。公众获取信息的需求，由广播、电视、图书、报纸、杂志等专业化的媒体来满足，媒体从业人员在信息传播上的专业努力和持之以恒，常常倡导和秉持“第三方”公正的价值立场，逐渐形成影响力、公信力和权威性。当然，这样的价值立场并非绝对中立公正，事实上，无论何种媒体，或者受到资本和财团的左右，或者受到来自政府的监管。无论怎样，在媒体出现之后，我们逐渐形成了中心化的、自上而下、权威发布的媒体形态。

而这一切，在互联网出现之后，慢慢地发生着改变。2000 年以来，门户网站、社区、论坛、博客、QQ 空间等相继出现，部分地取代了传统媒体信息发布和传播的功能，出现很多新的媒体形态；2010 年前后，随着智能手机的普及，“移动 + 互联网①”开始改变人们的生活方式，微博、微信、短视频、直播等形态的出现，推动自媒体成为新的信息传播方式，加速打破信息不对称，彻底改变了信息传播的方式。具体有三个方面改变：

（1）发布主体：从权威部门变成了个人

现在，我们已经拥有了各种新型的信息传播方式，微信朋友圈、抖音短视频、淘宝直播间等，每一个人，都可以随时随地、随心所欲地发布信息，在各自的朋友圈、粉丝圈层和兴趣社群中传播，每一个人都成为信息源和内容源，那些专业化、流程化的媒体编辑和出版发布的形式，在“移动 + 互联网”技术的革新下，部分地被新媒体、自媒体所取代。

（2）传播速度：从按天算变成了按秒算

我们看到，移动互联网也让信息的传播速度在不断加快，图书编辑出版按年计算，杂志编辑出版按月计算，电视、报纸、收音机发布新闻按天计算，门户网站发布消息按照小时计算，现在，新媒体、自媒体的

---

① 指互联网的技术、平台、商业模式和应用与移动通信技术结合。

信息发布和传播，可以按秒计算，可以与受众实现无缝对接、实时到达。

(3) 传播逻辑：从垂直变成了全方位

过去我们所依赖的媒体形态，是中心化的、以垂直的、自上而下的方式传播信息，如今，这样的传播逻辑发生了彻底改变，新的、自发的传播方式开始出现，去中心化的、自下而上、粉丝社群、圈层传播等构成了全方位的、更加丰富多元的信息传播逻辑。

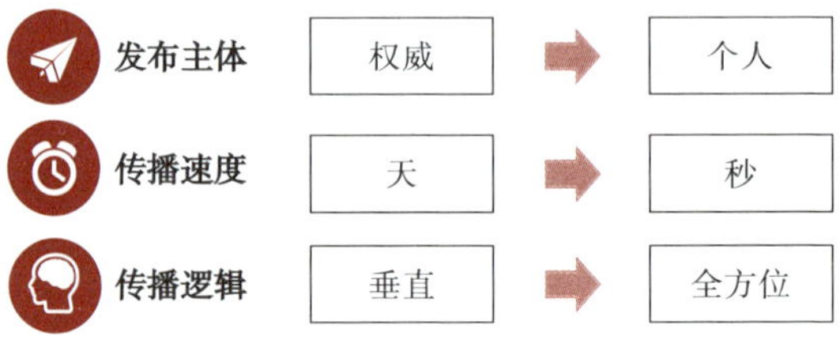

信息传递渠道的变化

当然，新媒体也好、自媒体也好，对于传统媒体的信息传播，更多的是补充作用，并非是完全地取而代之。不少媒体如人民日报、新华社、南方周末等，一旦利用了新的媒体渠道和工具，依赖他们的专业水准，还是能够快速占据信息传播和发布的制高点，公信力、权威性、影响力依然存在，他们的主流地位无可撼动。我们之所以关注信息传播渠道和方式的变化，是为了让我们在做用户关系和品牌营销的时候，要善于发现并利用适合于自身的品牌传播渠道和方式，而相关的数据分析和研究，将为这样的选择提供科学的、理性的决策，与此同时，这些新媒体、自媒体的渠道，如果充分加以利用，也可以让每一个品牌更加快捷有效地与用户取得连接。

自媒体的传播逻辑

互联网出现之后，一些新的媒体形态开始出现。门户网站时代，社区、论坛成了大家交流信息的聚集点，博客成了个人发布观点和意见的平台，只不过这样的载体在传播信息上比较低效，也有较大的局限性。严格意义上看，真正的新媒体形态，应该从微博的诞生开始。

最早也是最著名的微博是美国的Twitter。2006年3月，博客技术先驱blogger创始人埃文·威廉姆斯（Evan Williams）创建的新兴公司Obvious[①]推出了微博服务。在最初阶段，这项服务只是用于向好友的手机发送文本信息。

2009年8月，中国门户网站新浪推出“新浪微博”内测版，成为门户网站中第一家提供微博服务的门户网站，微博正式进入中文上网主流人群视野。随着微博在网民中的日益流行，在微博中诞生的各种网络热词也迅速走红网络，微博效应正在逐渐形成。截至2018年3月，微博月活跃用户数已增至4.11亿[②]。

微博提供了这样一个平台，你既可以作为观众，在微博上浏览你感兴趣的信息；也可以作为发布者，在微博上发布内容供别人浏览，发布的内容一般较短，限制在140个字内，微博由此得名；也可以发布图片、分享视频等，碎片化的信息传播方式成为主要特点。微博最大的特点就是：发布信息快速，传播速度快。微博就像是互联网上的公共舆论场，很快就涌现出一大批KOL（Key Opinion Leader，关键意见领袖），相关的新闻信息若得到这些KOL的转发，则能迅速引爆网络。由此，很多品牌企业也开始关注和利用这样的传播渠道，纷纷在微博上注册品牌官方号，及时为品牌在公告舆论场发声。

2010年，微信诞生，成为移动端“一对一”实时交互的主要工具。2012年8月，微信公众号上线，可以实现消息推送、品牌传播、分享

---

① 2006年，新兴公司Obvious创建。它是由博客技术先驱埃文·威廉姆斯（Evan Williams）发起的，主要是为Twitter网站推出大围脖服务。在最初阶段，这项服务只是用于向好友的手机发送文本信息。

② 2018年3月，微博发布2018年第一季度财报。

等“一对多”的媒体性行为活动，它与微信朋友圈一起，正式催生了一个全新的自媒体形态。

首先，自媒体的传播力量，是来源于长尾理论基础，在这个生态中，人人都是内容源、新闻源，以普通用户为主，以个性化的表达为主，通过朋友间的相互推荐和转发来传播，没有时空、形式的限制，图片、文字、短视频，想发就发，并在各自的交际圈和社群中产生影响力。

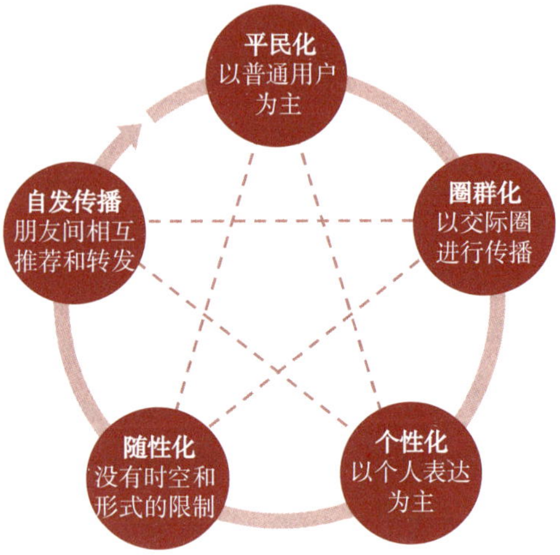

自媒体概念

其次，在自媒体的传播逻辑里，依赖的不再是传统意义上的互联网，而是依托于移动互联网构筑完成的人联网，在这张人人相连的网络中，无论是新闻事件还是品牌故事，无论是文字图片还是音频视频，无论是好消息还是坏消息，只要是符合人际传播规律的信息，一定会以几何级数般的速率高速传播。

最后，信息的传播在一定意义上，是失控的。自媒体已经实现了信息传播的去中心化，信息一旦开始在网状结构、去中心化、裂变式的人联网上进行传播，无论是内容源还是每一个传播节点，都几乎无法对传播进行有效控制，传播的路径是随机的，传播的渠道是去中心化的，传播的受众是不明确的。因此，这样的传播方式，倒逼品牌企业要高度重视自身的口碑，重视用户意见，坚持为用户提供超越期望的产品和服务，当然，也要时刻监测好网络舆论，一旦有意外情况发生，提前介入并加以妥善解决，才不至于让事态扩大、失控和恶化。

我们要注意，在人人都是媒体的生态中，碎片化的信息传播是主流，用户关系和品牌传播的逻辑，也会发生相应改变，如何善于使用新媒体和自媒体的渠道，与用户建立关系连接，如何运用全新的渠道建立和积累品牌在互联网上的口碑，都是值得认真对待和研究的课题。

碎片化的购物体验

在新的时空观念下，“移动 + 互联网” 的技术变革，让信息传播有了新的逻辑，让信息传播碎片化，也让购物体验碎片化。随着消费者获取信息的形式变得多渠道、多样化，商品和品牌信息的传播也变得更加透明、开放和迅速，新媒体、自媒体等形式在信息传播过程中又进行深度渗透，直至改变消费者的购物体验，这一切使得碎片化的购物方式成为新的零售方式之一。

依托超越时空的移动互联网，拥有了永远在线的智能手机，每个人都可以实时联网获取信息或进行购物。早上起床，在乘坐地铁、巴士、计程车通勤途中，可以看新闻、看商品信息；午休时间可以跟同事闲聊最近的消费信息，通过同事转发的链接下单购买；下班后，可以去线下商场逛逛，看到合适的商品扫码支付；睡觉前，上微博刷微信，找到自己喜欢的东西留下点赞或评论；出差赶飞机、坐高铁也可以顺手买买买。传统的消费场景已经完全被革新了，越来越多的消费行为是在碎片化时间里，不知不觉地完成的。

其实，这背后的逻辑有三个方面：

（1）碎片化的购物体验更符合人的需求

从根本上说，人的需求是感性的、随机的、善变的和难以琢磨的，对于每个具体的人来说，消费需求的产生和消失，几乎没有什么规律可循。常常是看到别人有，自己就想买，下完单又后悔；有时候刚刚想买，过一会儿就不要了。过去我们购物，无论是从线下的商场还是线上的电子商城，从需求产生到匹配商品，从品质价格的比对到下单购买，都有一定的等待时间，而在等待的这段时间里，消费行为或许就会发生变化。而这种碎片化的信息，能够让需求在产生的时候，就实时地转化成行为，完成购买，不用花时间等待。

（2）消费体验可以提升到极致

人都是有惰性的，不愿意费神去思考和选择，最好能获得“饭来张口、衣来伸手”的消费体验。这种碎片化的信息传播，能让消费者更实时地匹配好自身需求的产生与消失，全方位无死角地满足，“渴了就喝、饿了就吃、冷了就穿、困了就睡”。人们每天生活在不同的角色之中，移动互联技术和智能手机的普及，让消费者在任何时间、任何地点，都可以与满足需求的商品实现快速的链接。只要具备消费能力消费者真的可以“想要就要、马上就要”。

（3）场景革命将带来新的消费习惯

为了提升消费体验，以技术驱动的新零售浪潮方兴未艾，技术革新广泛运用在融合线上线下优势和构筑不同消费场景上。这些不仅拉近了消费者与货品的连接，提升了零售的效率，而且提升了消费体验。如今，消费者的碎片化时间被各类信息所填充，碎片化的消费习惯很快就会养成。这个时候，我们已经看到，广告即内容、内容即广告，品牌企业应当摒弃生硬的广告推销方式，而在品牌故事的文化包装和传播上下大力气，以好的内容驱动点赞和转发，实现裂变式传播。

网络已经像阳光、水、空气和电一样，成为每一个现代人生活中不可或缺的东西。从碎片化阅读、碎片化社交到碎片化购物，其背后反映出来的都是人们生活方式正在发生的深刻改变，新技术既是颠覆者，也是布道者，创造新的场景，带来新的体验，把虚拟的网络世界跟现实的商业世界无缝相连，人们可以随心所欲地进行频道切换。通过碎片化购物养成的消费经验和习惯，必将对零售行业产生巨大的冲击。

"互联网 +"时代企业的"五新"

马云在提出"新零售"概念之后，又提出"五新"战略，包括新零售、新制造、新技术、新金融和新资源，指出这一战略"必定是未来，思想落后将被淘汰"①，阿里巴巴内部还特别成立了"五新委员会"，由专门的团队负责对这"五新"战略进行研究和落地执行。马云对于时代发展和宏观趋势的判断和把握非常准确，尽管有不少人对于"五新"战略提出不同的看法，我们还是认可马云的基本判断："它们将对未来产生方方面面的冲击"。②

这"五新"战略是基于宏观经济发展趋势做出的判断，包含了不同行业、不同领域、不同企业等方方面面，每一个"新"都包含了很丰富的内容。对于具体的品牌企业来说，关注跟自己所在行业、所在领域相关的"新"就可以了，并非要求面面俱到，事实上也不可能面面俱到。我们这里要借用马云"五新"的说法，看一看在新的时代和新的技术趋势中，零售企业也要有的"五新"，它们是新思维、新关系、新业态、新媒体、新零售，而企业的"五新"说到底，核心就在于创新。

新思维，互联网的思维。如果一个老板考虑的首要问题，是如何通

① 2016 年 10 月 13 日，阿里巴巴集团董事局主席马云在无锡的云商大会的重要讲话上提出。

② 阿里巴巴集团董事局主席马云出席杭州云栖大会时提出，未来 30 年是人类社会天翻地覆的 30 年，世界的变化将远远超出想象，"电子商务"这个词很快会被淘汰，有五个新的发展将会深刻地影响世界。

过大量投放广告，找名人代言，做系列品牌活动，甚至连产品品质都懒得去关心，就希望去驱动企业的销售，这是前工业化时代的传统思维；或者，一个老板关注的重心仍然停留在产品如何规模化生产，如何降低成本，如何以低价去获得市场的思路上，这仍是工业化思维。在互联网时代，既要打造出品质过硬的产品，也要做好品牌的人际传播，“两手都要抓，两手都要硬”,[①] 缺一不可。

新关系，跟用户做朋友。如果一个老板连“用户是谁、用户在哪里”都不清楚，是无法适应新时代的，必将被淘汰。很多企业从来没有重视过用户关系，过去是因为我们跟用户建立关系的渠道有限、成本很高，找不到用户或许情有可原，而现在，互联网提供给我们足够多的工具和应用，让我们可以通过分析用户数据，实现与用户的连接，再不行动起来，就太可惜了。我们要跟用户做朋友，要从无到有、由浅入深地构建与用户的新关系。

新业态，未来的经济体。未来没有线上企业、没有线下企业，没有电商企业，也没有实体企业，所有企业都将连接上网，线上线下深度融合，电商和实体深度融合，互联网的思想、互联网的技术将无处不在，所有生存下来的企业，都将具备互联网的基因，这就是未来的经济体。

新媒体，好内容的生产力。新的媒体形态，不仅改变了信息发布渠道和人际传播方式，也构建了一个全新的传播碎片化信息的可能，引领碎片化的购物需求。当然，如何做到“广告即内容、内容即广告”，在品牌传播上如何发挥好广告的生产力，仍是值得研究的课题。

新零售，技术革新提升零售体验。我们经过反复观察，新零售就目前来说，仍是大家讨论和实践的热点，随着物联网技术的运用和普及，在消费场景的构建和消费体验的提升上，仍有很大空间。

---

① 最初见于 1992 年邓小平南方谈话，要坚持两手抓，一手抓改革开放，一手抓打击各种犯罪活动。这两只手都要硬。但后来在不同的历史时期，不同的工作重点，有不同的诠释。

我们说的这五个“新”，虽然跟马云的“五新”战略不一样，但是围绕企业自身的运营来说，逻辑也是相通的：零售行业的参与者们，只有具备了这五个“新”，才能在马云的“五新”战略和趋势中不至于掉队，不至于被时代所抛弃。

零售企业的“五新”之间，也是相互影响、相辅相成的，如果没有新思维，基本上不可能构建新关系、新业态，也玩不转新媒体，只能当新零售的看客。贯穿“五新”其间的一个重要元素是数据，只有运用数据思维，才是真正的新思维，用数据重构用户关系、建设新业态、玩转新媒体、参与新零售等才会成为可能。

在本书后面的内容中，我们将围绕“如何运用数据重构用户关系”这个“新关系”的命题，结合具体的案例分析，从理论到实践进行分章节阐述。牵一发而动全身，我想这样的新关系构建起来，企业的其他“五新”也能顺理成章逐步完成。

我们正处一个前所未有的全新商业世界：所有人都已经拥有了全新的时空观念，新媒体、自媒体大量出现，构建了一个全新的信息传播方式，去中心化的人际关系的裂变式传播成为可能，人们逐渐拥有了碎片化的购物经验，这些都将对零售的进化和变革产生巨大的冲击和影响。我们非常幸运，能够站在这样一个充满着不确定性的时代，我们拥有全新的技术和工具，也面临着无数的机会。新零售方兴未艾，机遇与挑战并存，企业必须迭代更新自己的战略思维，尝试运用数据分析等工具，重构用户关系。

你是作为新零售的弄潮儿，全身心投入，还是作为看客，碌碌无为，全在一念之间。

第 6 章

用户关系与价值连接

尽管很多企业家的产品和服务做得都不错，但面对“用户在哪里”“用户是谁”这两个很简单的问题，他们却回答不上来，根本的原因在于对用户缺少关注和研究，即使有所关注，也找不到合适的研究方法。现在，大家越来越达成的共识是用户至关重要，但我们应该如何关注用户和研究用户关系呢?

零售行业中，消费者、客户、用户，这三个词的含义相近，在人货场的分类中，都是用于指代“人”，不过侧重点有所不同。消费者，是相对厂商而言，与品牌商、零售商相对应，从消费行为的属性来描述“人”；客户，是相对产品和服务而言，零售行业应以客为尊，客户是服务对象的尊称；用户，顾名思义，是产品或服务的拥有者和使用者，侧重于使用行为和消费体验。为了避免混乱，我们在书中统一选择“用户”来指代所有消费者和客户群体，只要对品牌有识别度、认可度，有消费意愿、消费行为、消费体验的客群，都是我们所要关注的用户。这与消费者、客户含义相近，只是更强调从消费体验的角度上来看用户，所以一些研究文献表述的“消费者关系”① “客户数据”② 等，与本书中的“用户关系”“用户数据”所指代的内容基本

① 所谓消费者关系是指企业与其产品和服务的现实的和潜在的消费者之间所结成的社会联系。

② 客户数据库中收录及索引了企事业机构的基本信息、供求内容、Email、经理人联系电话等详细信息，是中文在线最大的经自主加工/核实、具备完整数据格式、提供每月动态更新的客户名录数据库。

相同，并无本质的区别。

用户从哪里来

对于品牌商来说，用户群体按照用户关系的亲疏，从陌生、认识、信赖到依赖，我们可以简单地将其分成粉丝、会员、客户、员工四个类别，我们将用户关系画成一个“同心圆环”示意图，核心是品牌，第一内环是员工，第二环是客户，第三环是会员，最外环是粉丝。这个示意图与我们在前几章所讨论的“漏斗型”模型图相对应，另一个是强调数量上的转化，一个是强调关系的远近，这样的对比和讨论在后续章节中会多次出现。

在讲课或调研的时候，很多企业家会发问：“我已经有一群粉丝资源，但是不知道怎么用。”我很明白他们的矛盾心理：不管吧，有点可惜，毕竟你获得一个新用户都要花个十块八块的；组建个团队来负责运营吧，增加成本不说，活跃度很一般，还没啥效果。长此以往，老板也逐渐失去信心，或者干脆遗忘，毕竟在老板的日程表上，已经忙得不可开交，还有很多更重要的事情需要去处理。

所谓粉丝资源，可能是公众号粉丝，可能是微信群、QQ 群加过的人，也可能是实体店拉来的，经过长年积累而得，十万、几十万不算多，万八千的也不算少。这样的资源，说它没用，好像也不合适，毕竟人家冲着你的品牌价值来，而且关注了品牌，兴趣点肯定是有的，否则，人家早就取消关注退群了，我们将心比心，也应该好好珍惜才是。可是，想要珍惜和运营这样的粉丝，想做些转化，想卖货，又该怎么办呢？

如果我们从用户关系上看这个问题，用户已经通过关注或加群的行为向品牌商来表态我认可品牌，愿意关注你的品牌动态，愿意接受来自于品牌的信息，这是多么难能可贵的事情呀！这是建立用户关系的第一步，任何忽略、忽视和低估这一关系的行为，都是极为可惜的。建立用户关系，首先要做的有两件事情：第一，对用户进行分类；第二，把用户关系强化。

将近 30 年前，互联网和电子商务刚刚兴起，首先触电的品牌商、零售商都抓住了流量红利期①。如今，电子商务普及，流量红利逐渐消失，线上线下的新用户成本逐渐增加，再坚持所谓的流量思维，或为不明，或为不智。据估计，开发新用户的成本是维护老用户成本的 5 ~ 10 倍，在竞争激烈的鞋服行业，获取一个新用户的成本甚至高达 300 ~ 500 元，这虽然可能有夸张的成分，也可能是个别现象，但获取新用户的成本直线增加是不争的事实。反过来看，老用户维护，不仅成本低，而且见效快。

很多时候，品牌企业不是找不到用户，而是没有花时间和精力去重视，去寻找。对于品牌企业来说，用户连接是互联网时代赋予的最佳红利。在线下传统零售行业阶段，即便是有人想跟品牌建立联系，也不知道从何做起。不要说粉丝，就是已经购买产品并且分享过消费体验的会员和客户，都很少能够有办法和手段找到品牌企业并建立联系，形成互动。互联网解放了空间，移动互联网解放了时间，通过时空的解放，每一个用户都可以利用随身携带的智能终端，在微博、微信、点评、天猫等社交化媒体平台上，方便地搜寻到品牌的官方旗舰店、官方微博号、官方微信号，而且这样的连接，都是极为便捷并免费的。

因此，选择权逐渐从品牌商转移到普通用户，消费主权时代开始来临，用户可以自由选择、“用脚投票”，关注或取关、加群或退群，这些几乎都是用户一念之间的事情。因此，我们认为，品牌企

① 其核心就是红利期，具体指访问流量中新用户不断增加，用户平均消费额不断增加的意思。

业应该比以往任何时候都更重视用户，要用尽一切努力重构用户关系。

四种程度不同的用户关系

首先，我们要把用户进行分类。参见“同心圆环图”，按照关系亲疏的标准，我们可以把用户群分为四类：

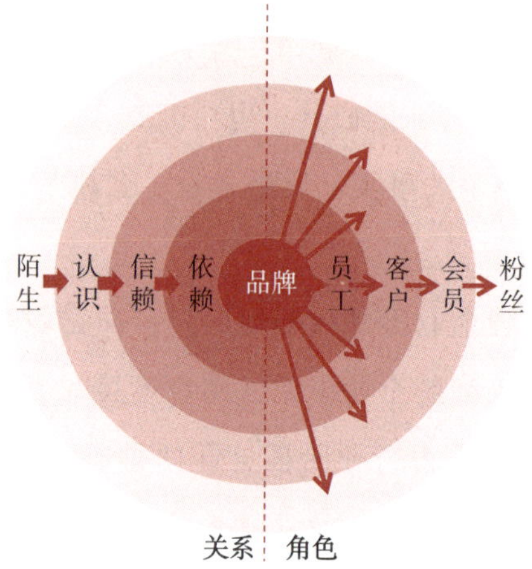

用户关系的同心圆环

（1）员工：依赖关系

员工是品牌忠诚度最高的用户，不仅自己使用产品和服务，认可产品与服务，还把自己的职业理想和薪资收入都与这个品牌进行绑定，员工对于品牌是一种超越信任的依赖关系，一荣俱荣，一损俱损。品牌企业与员工之间的联系最直接，关系最紧密，不仅仅是雇佣关系，也应该是一种价值合作关系。关于品牌和产品的所有信息，员工都应该第一时间了解和掌握，对于品牌的口碑和传播，员工应该第一个冲上去坚守和捍卫。

对品牌企业来说，首先应该善待企业员工，因为他们对品牌最忠诚、最依赖，也是品牌传播的起点，同时，可以设计一些激励措施，鼓励所有员工，在他的朋友圈里传播他所认可的品牌理念，传播他所了解的品牌信息。如果连员工这种具有依赖关系的用户你都无法利用好、维护好，谈何维护其他更疏远的用户?! 对于员工来说，你选择依赖这个企业品牌，把职业理想和薪资收入都与这个品牌绑定，就应该时时处处去坚守和捍卫品牌形象，为品牌传播出力。每一个员工，都应该是品牌企业的产品体验师，通过消费体验来获取关于产品的信息，提供改进的建议和意见。原来有很多人以为，品牌传播应由专门的部门来做，跟生产、财务、采购等部门的人员无关，这其实是一种大大的误解，在自媒体时代，每一个人都可以发声，品牌传播人人有责，人人都是品牌代言人。如果你一方面依赖着品牌企业挣钱，另一方面又不认可这个品牌，从来不消费或不使用自己企业的产品，不愿意为品牌代言做任何的努力，那属于资源错配，作为员工的你就应该果断地离开，选择另一个认可的品牌企业去工作。

然而，资源和人力错配的情况，依然存在。我在调研的时候，会碰到一些经理人朋友，交流中偶尔会说到产品情况，"我们公司的产品性能还不如某品牌"，"产品价格太高了，我们自己是不买的" "谁买谁傻" ……诸如此类，我就会想，品牌企业花着大价钱去做广告、做营销，结果自己的员工对本企业产品都不认可、说坏话，这是管理上出了大问题，明显不合逻辑！所以，我给企业家朋友的第一个建议是，品牌要往外走，先搞定你的员工，首先要让你的员工来为品牌代言。

还有另一类"员工"也很重要。他们游离于外部，虽然跟品牌企业并没有直接的雇佣关系，却对品牌企业产生了一定的依赖关系。他们是品牌最忠诚的用户，既是消费者也是销售者，他们持续消费产品和服务之后，不仅愿意给出积极的点赞和点评，还愿意通过各种途径把消费体验分享给好友，并且促进了实际成交。一般来看，每个企业应该都有一批这样的“员工”，或多或少，他们能持续购买和消费品牌商品，围绕在品牌企业周围，不愿离开。他们就是本书前面所定义的“自零售人”，他们跟“员工”一样，为品牌代言，为企业挣钱。品牌企业应该想尽一切办法，找到这样的人并运营起来，为他们提供更好的产品与服务。不过，很多品牌企业虽然也知道这样的“员工”的存在，却不知道他们是谁、他们在哪里，也没有办法跟这些用户主动建立连接，就像海市蜃楼一般，可望而不可即。

我们运用小数据战略的思维方式，就是通过用户数据管理工具，对用户进行分类、贴标签，从而完成从 1CM 到 5CM 整个过程的迭代升级，所有的一切，都是围绕如何找到这批超级用户（自零售人），并跟他们建立真正的连接，形成实时互动。有人定义这批人为“超级用户”，他们是品牌所赖以生存的最大的资产。我们的看法，超级用户就是不拿工资的员工，品牌企业对员工有多好，就应该对超级用户有多好，品牌企业对员工提供哪些福利，同样也应该最大限度地开放给超级用户。每一个超级用户就是品牌企业事实上的代言人，只要运营好这批超级用户，就可以快速、高效地让他们为企业赚钱，自零售的基础自然而然就有了。

综上所述，对品牌有依赖关系的员工和超级用户是离品牌最近的一批人。品牌营销的第一步，始终围绕着这批人展开。他们的意见就是品牌企业最应该听取的意见，他们对于品牌的态度就是品牌应该持有的态度。

（2）客户：信赖关系

当用户对品牌产生了信任感与忠诚度，他们就不会轻易离开。我们把消费或者使用过产品的用户，称为客户。客户相信品牌能满足他们的需求，并产生了付钱购买或消费体验的行为，每个品牌，要实现生存，都要有销售，都要有客户群体。零售的过程，既是货品在场中找到人的过程，也是人在场中找到货的过程。货要找到需要它的人，过程很难，成本很高，无论通过营销、推广、铺货等哪种方式，都是费钱又费力的事情；而人要找到想要的货，也同样不简单，比性能、比价格、比服务、比品牌，一旦确定了自己的选择，人们会相信自己的选择，除非有特别意外的情况发生，人们在下次选择货品的时候，会优先考虑曾经的选择。经济学里有个名词——路径依赖，讲的就是人们一旦进入某条路径，就可能对这条路径产生依赖，惯性的力量会使这一选择不断地自我强化。我们把路径依赖用于分析零售行业中人们对货品的选择，也同样可以看到，用户一旦忠诚于某个品牌，也会有天然的路径依赖，在没有意外的情况下，用户倾向于持续保持这种选择。

意外是怎么产生的呢？或者是产品、体验严重低于预期，或者是更有吸引力的竞品出现了，或者是其他别的什么原因。可以说，客户的需求总是多变的，难以琢磨的。事实上，很多品牌的客户群体，在没有运营、没有得到维护的情况下渐渐流失。我们看到不少品牌企业都有的奇怪现象：一边是通过营销和广告费尽心机地开拓市场，获取新客户；一边是老客户慢慢地沉默、沉睡和流失，这个过程是矛盾的，也是很可笑的。如果品牌商能跟客户建立联系，实现互动，那么，使客户沉默、沉睡和流失的原因一问便知。知道原因之后，也可以及时采取相应的对策，去激活、叫醒和挽回老客户。

运营和维护客户群体，一定要有创新思维。通过用户数据的分析，我们可以把客户群体分类，更精准地进行营销，按需定制个性化的服务。运营老客户，要持续满足甚至超出客户期望，让每一个客户获得存在感、价值感和尊重感。首先是存在感，让每一个客户都了解到品牌企业很重视他，希望与他可以实时互动，有问题能及时得到反馈和尊重；其次是价值感，如果客户愿意主动提出他的意见或建议，这样的客户需要更加珍惜，要通过赠送积分、优惠券、小礼品等方式让他觉得自己的努力是有价值的；最后是尊重感，客户的建议和意见，好的就应该吸收，融入产品或服务中去，并且要及时告知客户他的意见被采纳，让他感觉到被尊重。只要客户在品牌的运营中，能时时感受到存在感、价值感和尊重感，他又怎么舍得离开？

当然，我们运营老客户的目的，不应仅仅止步于让老客户持续购买产品，我们还希望通过一些措施和办法，让这些客户进阶为超级用户、进阶为“员工”，让他们自愿为产品和品牌来代言，愿意把自己的消费体验通过自己的社会关系网分享出去，转化出更多新的客户。

（3）会员：认识关系

当粉丝通过在品牌的软件端（APP、微信、小程序、天猫旗舰店、线下专卖店等）注册、提交真实的信息，如姓名、性别、家庭背景、教育背景等基础信息，向品牌企业表明自己的态度，就转化为会员，这也是最有可能实现消费成为客户的群体。企业通常最重视这个群体，因为他们跟未来的销售高度相关。从粉丝到会员，是关系由弱转强的起点，这种态度是品牌企业最希望看到和实现的。需要指出的是，这种认识关系是相互的，会员认识品牌企业，也表明了进一步认识和消费的态度，品牌企业也要认识会员，研究会员的需求，及时、积极地给予回应，也要通过各种可能的方式表达欢迎和鼓励的态度。

当然，会员对于品牌的这种认识关系，还没有达到信任、信赖甚至依赖的程度。很有可能的一种情况是，会员对于品牌的信息掌握得不够全面，对于品牌的核心诉求和价值定位，对于产品和服务还没有建立足够的信心，也许只有在会员对于品牌的价值认可超过了价格的敏感度，才会进阶到购买和体验行为。所以，品牌企业应该在取信会员上努力地想一些办法，设计一些进阶策略。

不少企业家朋友对于会员的认识，还停留在销售业绩的创造上，认为如果一个粉丝注册了会员，却不去购买，实现销售，简直是没事添乱的做法，有还不如没有呢。其实这种思维是最要不得的，会员已经表明了愿意与品牌进一步建立关系的态度，只是还缺少一个触发机制，可能是时机不合适、需求未到达，也可能是价格等，这个时候，通过小数据的需求挖掘，品牌企业应该设计出一些进阶的激励方式来，比如赠送打折券、积分等，适时地、精准地推送品牌促销信息、产品信息等，就可以成功实现会员转化成为客户。

相对而言，把会员转化为客户的成本，比把粉丝转化为客户的成本低得多，原因就在于会员对品牌意愿的表达是主动的，粉丝对品牌意愿的表达是被动的。品牌企业针对会员需要做的事情，首先是做好连接和互动，通过交互，实时了解会员的真实需求，再根据需求进行个性化的营销和推荐；其次，要设计一些不同于普通粉丝的促销策略，体现品牌的价值和诉求，加强吸引力；最后，要树立榜样，用客户去吸引会员、说服购买并转化为新用户。

（4）粉丝：陌生关系

中国市场那么大，在任何一个细分领域，都有不止一个品牌提供产品和服务，竞争激烈是常态。在茫茫人海中，一部分人对你的品牌感兴趣，愿意关注你、认识你，这其实也是一件非常美好的事情。传统的营销手法，无论是报纸、杂志的软文、户外大屏海报，还是电视、电影上的广告，其最重要的作用，就是树立正面的、积极的品牌形象，刷存在感，让客户记住你，成为你的粉丝，有需求的时候，首先会想到你的品牌。这是“漏斗型”模型图中，最上层开口的“品牌宽度”①，开口越大，说明粉丝越多。品牌企业通过市场活动和营销打法，通过投入众多的资金和资源，投入人力、物力，其目的就是尽可能地把品牌宽度扩大，使其在市场竞争中能够占据的市场份额更大，拥有的粉丝更多。

粉丝跟品牌之间是弱关系，是最初的关系，很多企业家朋友却认为这一层是最重要的关系。芸芸众生之中，亿万种品牌商品与亿万个潜在用户进行匹配，存在无限的可能性，在产品生产过剩的基本面上，人与品牌从毫无关系到弱关系、有关系，是从零到一的过程，至关重要。当然，我们仍然定义这层关系为陌生关系，粉丝对品牌可能有浅层次的了解，对产品或服务的需求还未真正显现出来，粉丝跟品牌之间还需进一步连接，才有可能产生实际的价值。

面对粉丝，很多品牌企业并没有准备好，他们一般面临几个主要问题：其一，从来没有用户关系的概念，一门心思做生产，粉丝在哪里、有多少，根本不关心；其二，忽略了粉丝，忽视了他们的诉求，也没想跟他们建立连接关系；其三，粉丝来源于多种渠道，不同层次，品牌企业未加分析，盲目运营，厚此薄彼，不欢而散。

粉丝与品牌之间关系的建立，或者是因为某个代言人而知道了品牌，或者是同事好友的一句简单推荐，或者是看了某个电影后对某个品牌留下了印象，或者是刚好路过品牌专卖店，对其整体的设计风格很喜欢，或者是扫码参与抽奖等活动，……无论是哪种原因，无论多有主观性、偶然性、随机性，粉丝都是最新鲜的用户，是要好好运营也能够转化为用户。因为粉丝行为的结果就是，他期待以某种方式与品牌建立联系：或者是关注了品牌微信号，下载了品牌 APP，或者是主动或被动加

① 品牌宽度（Brand - width）就是企业品牌下产品的变动幅度。品牌宽度是衡量原产品与品牌延伸产品相关性的重要标准。品牌宽度窄的品牌，该品牌下所覆盖的产品类型就少，产品相关性要高。

入品牌营销的微信群、QQ 群，为某次品牌营销软文、活动点赞、转发，等等。无论是哪种动作，粉丝的行为表明了一个态度，他愿意跟品牌建立某种联系。品牌企业要做的事情：第一步，尽可能地发现并保存好粉丝数据，最好能建立专门的数据库，把所有来源打通、整合，这也是我们前文提到的小数据；第二步，对粉丝数据进行分析分类，信息尽量完整，贴上标签，作为精准营销的基础；第三步，要善待粉丝、优待粉丝，通过一些运营方式和激励手法，把粉丝运营起来，建立起品牌信心，鼓励进阶并转化成注册会员。

综上所述，无论关系是陌生还是熟悉，是信任还是依赖，无论是谁，只要有与品牌建立起联系的意愿和行为，我们就认定其为用户群体。我们通过对"依赖—信赖—认识—陌生"这样的用户关系进行分析，把用户群体细分为员工（含超级用户）、客户、会员、粉丝这四类，每一层关系所匹配的用户权益和营销打法，都有所不同，用户关系的进阶过程是：粉丝—会员—客户—员工，特别是与品牌呈现依赖关系的员工和超级用户，最容易成为自零售的群体。

促进用户进阶的三个法则

在我所关注的企业中，最善于发现并运营用户关系的公司就是小米科技。这家由"互联网老兵"雷军于 2010 年创立的公司，在用户关系的运营上，可以说是一家史无前例的公司。先有了小米论坛的百万发烧友，再有小米公司。从研发、设计、生产到营销，全部都围绕米粉（小米粉丝的简称，即用户）来开展。雷军所广为传颂的互联网七字诀——专注、口碑、极致、快，在小米手机的营销打法上一度形成了摧枯拉朽之势，其中的"口碑"即是通过米粉之间口口相传而来，小米对于品牌口碑的重视程度，远远超越了其他企业。

在小米成立之初，雷军制定了三条"军规"，其中最重要的一条就是“与米粉交朋友”。在小米内部，无论是产品、技术、营销、运营、销售，都把米粉当作第一原动力。小米公司是2010年4月6日成立的，自2012年开始，雷军把这一天命名为米粉节，每年都会在这一天举办粉丝的盛大狂欢，举行对米粉的答谢活动。经过耕耘和积累，小米建立了一个粉丝矩阵：小米论坛700多万粉丝、小米微博600万粉丝、雷军等小米合伙人700万粉丝、小米微信100万粉丝，总计沉淀了超过2000万的粉丝，这群人是小米系列产品的忠实用户，也正是他们撑起了小米的千亿估值。

早在第一款小米手机面市之前，小米团队满世界泡论坛，找用户，几个人注册了上百个账户，天天在一些知名论坛里灌水发广告。好不容易拉来了1000人，从中选出100人作为“发烧友”[①]，实时互动，鼓励他们参与到MIUI[②]的设计、研发中来，并根据每周迭代的版本提出反馈意见。这100人可以说是小米粉丝文化的源头，通过人际口口相传，第二个星期200人、第三个星期400人、第五个星期800人，一点点成长至今。在2013年4月9日的米粉节上，小米特别发布了一部微电影《100个梦想的赞助商》，专门感谢最早一批100位铁杆粉丝，把他们的名字一一投影到大屏幕上，对他们表达了感谢，那一刻，很多人泪流满面。

罗振宇在2018跨年演讲时说，小米之家线下店的平效达到了27万元人民币，相当于4.5个优衣库、6个海底捞，6.7家星巴克，仅次于苹果。[③] 其原因是，小米这么多年建立的品牌，能够让用户相信：小米的产品或许不是世界一流，但绝对是性价比超高，进了小米之家，可以

---

① “发烧友”这个叫法源自于中国香港，是香港人对早期的“音响器材爱好者”的称呼。但是后来慢慢演变成泛指对某些事物具有特别爱好的人群的统称。

② MIUI是小米公司旗下基于Android系统深度优化、定制、开发的第三方手机操作系统，也是小米的第一个产品。

③ 2017年12月31日20：30，罗振宇跨年演讲主题《时间的朋友》。

闭着眼睛选东西，因为一定不会买错或者买贵了。

不过，最近我也看到，小米有回归传统营销的举措：投入巨额资金做营销，例如，投入1.8亿元成为《奇葩说》的唯一冠名赞助商，投入巨资赞助《中国有嘻哈》《我们的侣行》等；小米也开启了明星代言模式，吴秀波、刘诗诗、刘昊然、梁朝伟、吴亦凡等相继成为其代言人；以及在城市做大型户外广告牌等。这些举措究竟是加大品牌曝光度的权宜之计还是整体战略调整，小米在用户关系的运营上究竟是进步了还是退步了，还有待进一步观察。

“得用户者得天下”[①]，运营好用户关系，虽然未必人人都能像小米那样快速成长为科技巨头公司，却一定能在细分领域做得比不重视用户关系的竞争对手好。根据我多年来的观察，归纳了促进用户关系进阶的三条法则：

第一条法则：由近及远

用户关系分类中，关系越近，交互越频繁，沟通越顺畅，效果越明显。因此，品牌营销的优先级、营销资源的投放重点，都应当由近及远，按照员工、客户、会员、粉丝再到其他的排序来实施。首先，与品牌离得最近的是员工和超级用户，一个品牌是不是真的好，就要看看员工是否真的认可它、体验它、分享它并为它代言。因此，对于品牌企业来说，每一位员工都是产品的首席体验师，尊重员工、服务员工，本是企业生存和发展的应有之义。超级用户虽然游离在公司之外，没有直接的雇佣关系，但所有的权益，应当与员工一致或相近。只有这批人认可的品牌才有价值，才存在继续营销推广的可能。如果企业员工都在说品牌企业的坏话，品牌营销的基础都不在，做多错多，还不如不做。

---

① “得用户者得天下”是“互联网+”思维的一个大前提，也就是说发挥群策群力的作用能够解决众多问题。

由近及远法则还要求亲疏有别，对员工和超级用户应该最好，对客户非常好，对会员很好，对粉丝好，对其他人一般就可以了。从好、很好、非常好到最好，体现在机制设计上要亲疏有别，比如，折扣越来越低，服务越来越好，促销力度越来越大，产品福利越来越吸引人，从而激励粉丝向会员进阶，会员向客户进阶，客户向员工和超级用户进阶。

我发现，不少企业家刚好相反。他们两只眼睛只盯着潜在的、待开发的新市场、新用户，盯着流量和转化率，花费巨资做营销、做广告也在所不惜。这种营销打法，面对的是关系链条最远的、甚至是毫无关系的客群，盲目地去大海捞鱼，沟通成本极高而效果最差，我一直都想不通，他们为何乐此不疲？他们对粉丝、会员、客户都毫不在乎，似乎想当然地认为这批人已经被我圈进来了，应该不会离开。他们对于自己的员工，更加无感和苛刻，高高在上地俯视，只有劳资关系，听不到任何中肯的意见……他们不知道的是，员工的一句抱怨，就会消失一个用户，如果员工、客户、会员和粉丝，很少的一部分人一起在自媒体上发出负面信息，就可以把几千万、上亿资金精心策划出来的营销效果化为乌有，过去这样的案例多不胜数。

第二条法则，互相尊重

雷军说“与米粉交朋友”，马云说“客户第一、员工第二、股东第三”，都是对于互相尊重法则的异曲同工的表达。品牌企业既不宜高高在上对用户进行“管理”，也不用低声下气地去恳求用户留下来，大家相互平等，保持平视就好。相对而言，比较突出的是高高在上的问题。品牌企业如果没有真实地去运营过用户关系，一般会认为粉丝、会员、客户这些人都是主动贴上来的，他们有求于我，爱理不理也没关系。特别是有一些直接面对用户的，如售后服务部门，在处理用户退货、换货、投诉、退款等售后问题的时候，高高在上，欺软怕硬，是不尊重用户的重灾区。售后问题可大可小，因为处理不当，由小事最终酿成公关危机的案例也是举不胜举。不少企业在这个问题上认识不清，屡屡犯错，挽回的成本是很高的。因此，要把用户当朋友，大家相互平等，互相尊重。

互相尊重的另一层意思就是用户也应当尊重品牌方。普通人成为用户，是以行动向品牌表过态的，基本的尊重都会有的。当然，随着用户群体不断扩大，也难免有一些投机分子混迹其间，那些专门对品牌说三道四、刻意贬低，对于一些予取予求、贪得无厌的人，一些以负面信息敲诈勒索的人，无论曾经的关系有多深，都应该果断清除掉，不能让他去影响别的用户。

第三条法则，价值连接

用户与品牌的关系，要持续不断地互动和维系，能不能让用户实现真正的价值连接是至关重要的。倒不是说，这样的价值连接能有多大，用户会有多在乎，而是说，通过给用户真正的实惠，让他拥有存在感、价值感和崇高感。常规的做法是在用户体系里，品牌不仅为用户提供良好的产品和服务，还希望用户“以我为荣”。

现在，几乎所有的互联网公司都在酝酿自己的超级会员机制，腾讯视频 VIP、阿里超级会员、京东 PLUS、携程会员，都在芸芸众生中识别出自己的用户。用户愿意为品牌付费，就应该享有更多、更好的权益：会员价就应该比一般价低，VIP 就应该享受更好的服务，超级用户就应该最先获得新产品和新体验等。道理很简单，成本也不高，但不是每个品牌企业都能够真正做到。

此外，所谓的“大数据杀熟”现象屡见不鲜，一些互联网公司利用数据分析，在监测到用户行为轨迹、需求变化后，设计出高溢价的产品，精准地推送给超级用户，并实现成交。有网友曝出，某旅游电商通过数据监测，发现他经常商务出差，他定的机票和酒店，就比别人贵些；也有网友披露，某网上商城，通过数据分析，发现他经常购买某类商品，虽然他是PLUS会员，但当他再次购买的时候，就比别人贵，就比原来贵……当然，机票贵个几十块钱，人家该出差还是会出差，商品贵个几块钱，只要需求还在，该买的还是会买，但这种让用户感到被忽视、被忽悠甚至于被欺骗的感觉，是伤害用户感情的，是极为不妥的。无论品牌企业本身知名度多高，碰到这种情况，用户一旦有替代性选择，会毫不犹豫地离你而去。

通过“由近及远”“互相尊重”“价值连接”这三条基本法则，加上一些实际可以设计好的激励措施，品牌跟用户的关系从陌生到熟悉、从熟悉到信赖、从信赖到依赖，关系越来越紧密，还可以一步步地把粉丝转化为会员，把会员转化为客户，把客户转化为超级用户，甚至转化为员工，最终的目标是再把超级用户和员工培养成自零售，让用户为品牌代言，让用户获得更多用户。

亚马逊早在2005年就推出Prime会员服务，布局付费会员体系。当时79美元（2014年后改为99美元）的会员年费，包括任意金额免美国境内运费，出库后美国境内2日送达等会员权益，这在物流系统远没有如今发达、物流成本极高的美国对用户颇具吸引力。亚马逊不断扩张的产品和服务都被纳入Prime会员体系，不仅让会员权益更加丰富，更重要的是形成了庞大的用户数据分析处理能力，运用技术创新建立了更加紧密的用户关系。

所有人都认为这是一个必然让亚马逊亏本的生意，但结果让人大跌眼镜。摩根士丹利①的调研报告预测，大约40%的Prime会员每年会在亚马逊上花费超过1000美元，相对应地，花费超过1000美元的非会员

---

① 摩根士丹利（Morgan Stanley，NYSE：MS），财经界俗称“大摩”，是一家成立于美国纽约的国际金融服务公司。2018年7月19日，《财富》世界500强排行榜发布，摩根士丹利位列第249位。

只有 8% 而已。报告还发现，Prime 会员购物次数是非会员的 4.6 倍。而美国市场研究公司 CIR2015 年发布的报告显示，亚马逊 Prime 会员每年在亚马逊上平均消费 1500 美元，而非 Prime 会员平均每年的消费额只有 625 美元，两者之间有超过两倍的差距。2016 年亚马逊的总营收为 1360 亿美元，而订阅服务的营收已经达到 64 亿美元，订阅服务的 90% 来自 Prime 会员费用。2017 年，亚马逊 Prime 会员订单量全年超过了 50 亿件，亚马逊股价超过 1000 美元，市值接近 6000 亿美元。

新零售方兴未艾，移动互联技术赋予用户关系全新内涵，品牌企业应该顺势而为，一切围绕用户关系展开。我们相信，亚马逊的故事一定会在中国市场上以某种方式重现。

第 7 章

实战：伍厘米理论

零售的终极追求，是消费者想要什么就给他什么。道理很简单，做起来却不容易。如何能真正把握住消费者的需求呢？这是零售行业自诞生以来，大家就开始思考和琢磨的问题。在农业经济时代，手工作坊居多，零售商面对的消费者不多，大多是知根知底的父老乡亲，通过一对一的充分交流，很容易知道消费者的真实需求，并及时调整市场行为；后来，工业经济时代，大规模工业化生产出现，城市聚居人群出现，零售商所面对的消费者急剧增多，针对消费者需求的第三方市场调研公司开始出现，抽样调查成为主要方法；到了互联网时代，消费者群体更加庞大，以抽样调查等方式来研究消费需求的办法也面临着瓶颈，新型的连接技术和数据分析工具，可以直接从消费者的行为轨迹中分析出真实的需求，让品牌商、零售商直接面对消费者重新成为一种可能。

不过，对于如何把握市场需求、重视用户需求的重要性，大家的认识并非高度一致。

一种观点认为，“酒香不怕巷子深”，专注于产品就够了。市场经济的根本是社会化大生产和专业化分工，既然术业有专攻，作为生产者，把该做好的事情做好就够了，有了好的产品加上好的品牌形象，消费者自然会蜂拥而至。我们认为，观点本身并没有错，对于极少数有价值追求和匠人匠心的人来说，专心致志地做好一件件产品就够了，消费者自己会找上门来。但是，对于在商业市场上打拼的企业家朋友来说，坚持这样的观点就有些偏颇了，说得好听点是偏保守，说得难听点是闭门造车，殊不知，在商品极大丰富的时代里，在每一个细分市场，市场竞争都极为惨烈，稍有不慎就万劫不复。你可以不理会游离在外的消费者，但已经完成购买行为，成为用户的这群人，他们的意见一定要重视。产品好不好谁说了算？品牌好不好谁说了算？有且只有用户说了才算！只有尊重并了解用户的需求和意见，才能留住老用户、吸引新用户，才能逐渐发展壮大。

另一种观点正好相反，“做买卖就要看吆喝，谁的声音大，谁就能成功”。这些人充分认识到互联网营销的重要性，千方百计获取互联网流量，大手笔营造各种概念，投入巨资做品牌、做广告，在各种媒体上想尽一切办法获取曝光度，迅速攫取流量，通过转化率拉动销售。他们的目的就是完成销售，最重视的是转化率，很少关注产品本身，或者说产品本身的意义就在于“性价比”，没有品牌概念，也很少关注用户的声音。销售一旦完成，他们的关注度就迅速切换到下一批新的流量上去。互联网电子商务前十年的发展中，他们充分享受到了流量红利，创造了一个又一个销售奇迹，他们的运营经验也被总结成各种各样的方法论，供后来者顶礼膜拜。只不过，流量红利一旦消失，他们的麻烦就来了。我们认为，销售行为的背后，如果没有留住用户，即便获得了巨大的盈利，也远远谈不上成功。

综上所述，既不能不“吆喝”，又不能“瞎吆喝”，那么，我们该如何把握市场需求和用户关系呢？

消费者需要什么

100 多年前，福特公司的创始人亨利·福特先生到市场上去调研，他问所遇到的每一个人：“您需要一个什么样的交通工具？”几乎所有人的回答都是：“我需要一匹更快的马”。在那个时代，马车是大众最主要的交通工具，马作为马车的动力，大家自然想要能够跑得更快的马，而人们对新生事物“汽车”并不熟悉。福特并没有像普通人一样，转身去寻找更快的马，而是继续追问，以便准确把握“更快的马”需求背后的实际意义。

福特：“你为什么需要一匹更快的马？”

消费者：“因为可以跑得更快。”

福特：“你为什么需要跑得更快？”

消费者：“因为这样我就可以更早到达目的地。”

福特：“所以，你需要一匹更快的马的用意是？”

消费者：“用更短的时间、更快地到达目的地。”

由此，他意识到，人们想要“更快的马”，目的是“更快地到达目的地”，而汽车刚好能让人们更快地到达目的地，在很大程度上是满足人们对更高效率的需求。问题就在于，能否以更低的成本和更高的效率来生产汽车，从而快速替代马车并成为人们出行的首选工具。后来的故事大家都知道了，福特首先发明了工业流水线的生产方式，把汽车的成本降低到普通家庭能够承担的限度以内，开创和引领了一个全新的汽车时代。

无独有偶，市场营销大师科特勒①在《营销管理》中，把市场需求细分为“需要”“欲望”“需求”三个不同的定义：“需要”是指人们生理上、精神上或社会活动中所产生的一种无明确指向性的满足欲，就如饥饿了想寻找“食物”，但并未指向“包子”“米饭”还是“面条”；而当这一指向得到明确，“需要”就变成了“欲望”，比如，“我想吃牛排”“我想去旅行”；而对企业而言，这种欲望又分为两种，一种叫“潜在的需求”，人们想要但没有购买能力，只有那种“现实的需求”，

① “现代营销学之父”，任美国西北大学凯洛格管理学院终身教授，是美国西北大学凯洛格管理学院国际市场学 S. C. 强生荣誉教授。

即有购买能力的“欲望”才是有意义的，才真正能构成对企业产品的“需求”。

人们想“更快到达目的地”就是一种需要，背后的动因可能是要见某个人或者着急处理某件事情，人们把这种需要明确成欲望——“想要一匹更快的马”。一般人的考虑会围绕着如何“寻找或培育出一匹更快的马”，而在科特勒的营销世界里，人们真正需要的并非是“一匹更快的马”，而是要“更快到达目的地”。这两种思路有什么本质区别呢？

如果只认为人们“需要”的是“一匹更快的马”，大家充其量只能在“寻找或培育一匹跑得更快的马”的事情上动脑筋，“更快的马”固然能部分满足人们快速到达目的地的需要，但并没有摆脱传统观念，限制了技术创新的可能，马跑得再快也有生理极限；如果认为人们的需要是“更快到达目的地”，就有可能创造出比马更快、更好、更便宜的交通工具，从而使汽车得以出现并占据了有利的竞争地位。所以，从本质上看，消费者购买的是对某种需要的满足，而不仅仅是产品。

过去数百年间，人们在琢磨“消费者到底需要什么”这件事情上，想出了很多办法，开创出了许多经典的市场营销理论，依托于这些理论和打法，人们能够在一定程度上了解和把握消费者的需求，当然，由于抽样调查研究的局限性，也难免有以偏概全、南辕北辙的事件发生。直到互联网的出现，这一切才发生了巨大的改变。

简单地说，在互联网时代，消费者的“需要”“欲望”“需求”都转化成了具体的行为，人们在互联网世界里的访问、搜索、点击、收藏、下单、付款、点赞、点评、转发等每一个动作背后，都有行为轨迹和数据信息的沉淀，通过对这些行为和数据分析，我们能够准确判断出每一个消费者心理的偏好和纠结，如果能够进一步地与消费者进行“一对一”的交流，所有的需要和意见都可以全面和准确地把握。换句话说，时代变了，玩法也变了，消费者究竟需要什么，让数据来告诉你。

互联网技术可以将传统的抽样调查方式迭代升级，先通过用户数据的分析把握用户画像和需求挖掘，再辅以必要的“一对一”用户访谈，这样得到的市场需求将更加精准并更加有效。

用户的基本需求

讨论市场需求或消费者需求的时候，我们建议，先要重视和研究用户的需求。我们定义的用户，是那些对你的产品感兴趣，甚至是已经花钱购买产品的粉丝、客户群体。他们是已经与品牌企业建立连接的群体，他们对于产品和品牌的意见和建议才是品牌企业最应该首先听取和重视的。

相对于仍未建立关系的外部市场，用户群体依托于品牌而存在，是距离品牌最近、关系最好的群体，他们的意见和建议，也一定可以通过各种途径传递到决策层。只不过，要看品牌管理者够不够重视，有没有花时间去听取和研究罢了。

2013 年，淘宝网用户研究团队针对女性消费者的网购需求进行了定性和定量研究。研究发现，女性消费者网购时，往往是有购物的想法却没有明确的商品目标，她们在浏览购物网站的过程中，最初只是随便逛逛，但最后却总是“满载而归”，这种情景在女性消费者的购物过程中出现的比例超过五成。①

依托互联网沉淀下来的巨量点击、搜索、收藏、点评等数据，淘宝网用户研究团队每年都会从各个角度对用户进行定性和定量研究，根据这些研究成果，淘宝网围绕女性用户，从栏目导航到详情页提示，从穿戴搭配到主题元素的设计，都进行了优化或改造，快速提升了购物体

---

① 尹志博，陈娜．女性消费者：随意浏览背后的规则［J］．销售与市场（评论版），2014（5）．

验，直到现在，淘宝依然是女性购物的首选平台之一。

那么，用户需求有没有规律可循呢？如果没有足够多的用户数据，怎么分析用户需求呢？在我们看来，用户需求千差万别，从用户数据中建模和分析，可以得出相应结论。用户的基本需求主要有三个方面，这些甚至在数据分析之前，都必须了解清楚，并加以解决。

（1）“记得我是谁”：识别用户身份

纵有千言万语，也不如还记得你。尊重用户，听取用户意见的头一条，就是要认识用户，最好能记得用户。过去我们想记住用户，要么用脑子凭记忆力，要么用笔头做笔记，不论是记忆量还是准确性，都有一定问题。现在我们可以利用数据库，所有用户进来首先进行身份识别，是新客户还是老客户，什么时候有过购买行为，买的是什么产品，什么价格，有什么偏好，全都一目了然。能不能被品牌企业记住，对于用户来说，在心理上是关系远近的重要标准。记住用户，既是一个基础条件，更是一种营销能力，只有记住用户，用户才会记得品牌，才谈得上尊重，进一步地精准营销。

（2）“别浪费我的时间”：降低交易成本

从用户有了消费需求，到下单购买，再到消费完成，满足需求，有一个时间过程。从原则上看，这段时间越短越好。用户下单付款之前的考虑和抉择，以及收到货品之后的消费与否，都是用户自己私人掌握的时间，似乎都与品牌企业无关，品牌企业能够改进或者优化的时间，只有下单付款到送货上门这段时间，具体来说，也就只能提升物流效率和压缩物流的时间了。其实不然，如何提前把握用户需求，推荐给用户想要的，如何把商品交易界面做得更友好，让用户更容易完成订购与下单也有很多环节可以优化。

（3）“我购物，我快乐”：个性化服务

在零售业内，如何提升消费体验是永恒的命题。记得用户、节约用户的时间，其实也都是提升消费体验的办法。在掌握用户数据的基础上，还有一条非常有效的提升消费体验的方法，那就是提供量身定制的产品与服务。现在是追求消费品质的时代，每一个人都想要张扬个性，与众不同。若品牌企业在标准化、规模化大生产的基础上，在产品的个性化上再做些文章，不仅能让用户得到尊重，还能让用户产生依赖，是提升用户忠诚度的不二法门。如何提供个性化的服务？前提是你要知道用户，了解用户，懂得用户的消费偏好，而这些都是来源于用户数据。

以上三点是用户需求的一般规律。在不同行业、不同产品的体现上不尽相同。重视用户关系并非是互联网时代的新鲜事，我想先给大家分享一个我亲身经历的故事。

台北的太平洋 SOGO 百货算是当地人气很旺的购物地标，9 楼专门卖男装，我的好几件衬衫、外套都是在这里购买的。也许是因为去的次数多了，2012 年去逛商场的时候，偶然就被一个专柜的服务员认出来了，在打包结账的时候，她很有礼貌地让我留下了电话号码。

随后的 2013 年底，农历春节前一个月，她打电话给我，说“先生新年好，我们商场春节大促期间，我给您选了 3 件衬衫、2 条裤子，您近期有回台北的时候，过来看一看，喜欢就带上，都以最优惠的员工价结算哦。”第一次听到这样的建议，有点意外，也有点好奇，有人关心，感觉还是蛮好的。半个月后，我回台北，特意挑了个时间，过去看了看，虽然没有全部符合我的需求，我也顺手留下了 2 件衬衫、1 条裤子。

与她闲聊得知，这个陈姓服务员，自十八九岁进入百货大楼，做零售已经三十多年。十年前，她开始对自己的客户分析分类，她给我展示了一个厚厚的笔记本，上面密密麻麻地记录了一条条用户信息，哪里的谁，在什么时间购买了什么产品，花了多少钱，甚至于有什么特征，如长得高、戴眼镜、喜欢什么颜色、带了手链等细节信息都一一记录在案。而且，每个客户还标注了不同的颜色，最重要用红色、次重要用黄色、不重要用绿色，等等，大部分客户都留有手机号码。

通过多次接触，她与我建立起了联系。她不断地沉淀数据，优化我的标签，开始琢磨我的需求，知道我想要买什么，大胆推测我想要在什么时候买，并在适时给出一个贴心的促销信息，通过这种我与她信任关系，我会很容易地接受她的推荐。

很显然，在她那里，我不是唯一的用户。根据她自己整理和记录数据的笔记本，她每年年终大促前后，都会给重要客户发短信、微信或者打电话，根据自己掌握的有限信息，选购一些衬衫、外套和裤子，一一推荐给客户。通过这样并不算很精准的方式，90%以上的推荐都会获得成交，她能够轻松地完成自己的销售业绩，并数年成为年度销售冠军（Topsales）。

随后几年间，每到年终大促期间，她都会给我打电话推荐，我有时间都会过去看看，甚至慢慢形成了一种习惯。在某种意义上，我对于这个商场的认可和忠诚度，都是来源于这个尊重客户的服务员，来源于她维系客户的一个有心的安排。

超级用户与一般用户

研究用户关系，也要对用户状态有所了解，不同的用户状态采用不同的策略方法去运营和维护。一个新用户的生命周期，一般包含有意向、成交、活跃、复购、忠诚、休眠、流失等若干个不同环节和阶段。很多人会比较在乎用户的“成交”，一直通过各种方式提升转化率、成交率，而我们的建议是，重点维护活跃期的用户，想方设法提升复购率、忠诚度。

重视“成交率”[①] 还是重视“复购率”[②]，两者之间在运营理念上是有本质区别的。

重视成交率还是流量思维，工业化时期的打法，其基本逻辑是想法子拉大“漏斗模型”的开口，办法无非就是加大市场投入，增加品牌曝光量，或者直接去导流，购买线上线下的各种流量。运营理念的重心是促进转化率，一旦交易完成就大功告成，后续事宜不管不顾。这种打法在互联网的红利期，发挥过一定成效，如今流量红利结束，效果越来越差，运营越来越难。

重视“复购率”，才是真正的用户运营的思维。首次购买完成，我们对用户服务才刚刚开始，通过数据去识别用户身份、精准营销、给出个性化体验等，都是针对留住用户、促进复购这一目标，通过运营用户来延长用户生命周期，整体提升用户价值。如果用户以复购的行为表明了对品牌的忠诚度，应该是值得弹冠相庆的一件盛事，说明这个用户已成长为超级用户，没有意外的话将不会离你而去，甚至会成为品牌的代言人和自发的口碑传播者，可以设想，用户未来将会越来越有价值。

在品牌企业拥有较高的用户留存率之后，就可以把用户进行大致分类，把最重要的一批超级用户找出来。什么样的用户才是超级用户呢？那些总体消费金额较高、倾向于购买高价位产品、服务成本较低、终身价值较高的用户，就是超级用户。过去的经验表明，在超级用户和一般用户之间，也遵循着“二八定律”：即 20% 的超级用户创造了 80% 的品牌利润，而另外 20% 的利润，是由一般用户和新用户共同创造的。

超级用户还有一个选择标准，他不仅自己“非常满意”，愿意复购

---

① 单位时间内的成交笔数除以单位时间段内的进店人数，就等于成交比率，简称成交率，又叫商品成交率、销售成交率。

② 消费者对该品牌产品或者服务的重复购买次数，重复购买率越多，则反映出消费者对品牌的忠诚度就越高，反之则越低。

来“继续使用”，还愿意在自己的朋友圈“推荐他人”来使用产品，这类反复消费，并自愿在社交平台、朋友圈进行体验分享的用户，毫无疑问也是值得品牌企业高度重视的超级用户。因为他的分享很可能会带来新的用户。通过分享带来新用户，就是我们定义的自零售者，此时，他兼具消费者和销售者两种身份和功能，是品牌企业的“编外员工”。“一生二、二生三、三生万物”①，每一个超级用户都是自零售的种子用户，通过老用户获取新用户，在移动互联网时代，他们所能够带来的效果超乎你的想象。

所以说，我们有什么理由不好好服务自己的超级用户呢？

回到前述用户运营的思维，我们应该怎么进行超级用户的关系管理呢？第一，必须像对待亲人般接待每一位用户，他通过数据反馈给你的一举一动一颦一笑，都应该记在心里，并适时给出反馈；第二，每一个用户都要求被独一无二地对待，依托用户数据给用户画像和偏好分析，实现个性化服务的难度并不高；第三，用户正在以社群的方式聚集和交流，品牌企业应该主动提供平台和机会，以社群化的方式实现用户之间的连接，增加用户对品牌的黏性；第四，持续创造新的服务，用户追求新鲜感，只有通过持续创新，创造新产品、新服务和新体验，才能让老用户不断保持新鲜感，历久弥新。

当然，做什么事情都不可能万无一失、十全十美。通过这样的关系管理，我们能够实现基本的超级用户保有量。当然，一些老用户还是会因为这样那样的原因离开，但更多的新的用户也会持续加入进来。我们的基本原则是，让用户更加“有利可图”，这个“利”不是价格，而是价值，不只是直观的消费行为，更是内在的消费体验。

---

① 出自老子的《道德经》第四十二章，是老子的宇宙生成论。

伍厘米理论

1982 年，美国苹果公司 Mac 团队的成员认为，他们应该做些市场研究，以便了解消费者想要什么。但苹果公司创始人乔布斯给出了否定回答，“消费者并不知道他们想要什么”，并将这句话作为一生的信仰，贯彻到他对苹果公司的运营管理过程中。后来，面对记者，乔布斯又说：“有人可能会说，给消费者他们想要的。但那不是我的方式，我们的工作是在那之前找出他们想要什么……我们的任务是找出那些尚未在纸上出现过的东西。”①

乔布斯一心想要改变世界，他是一个完美主义者，对于科技产品与艺术的融合有着极致的追求。他创造了当代最伟大的企业，他的苹果手机开创了智能手机新时代，加快了移动互联时代的到来，彻底改变了人类的生活方式。想要引领这个时代，首先必须超越这个时代，乔布斯就是超越这个时代的天才企业家，他活在自己的内心世界里，从心里去寻找和发现什么样的产品是最完美的，并通过极致的工艺呈现出来。苹果智能手机这种革命性的产品，是无论做多少社会调查都无法得到的结果。

然而，乔布斯只有一个，像乔布斯这样的伟大天才也极少。他的每一次变革性的发明，也是无数次偶然事件的结果，他的成功无法复制。如果你一心想去改变世界，可以向自己的内心去寻找，如果你想让自己的企业经营得更好，就应该向外去寻求，放低身段，倾听消费者、倾听用户的声音。

在传统的零售世界里，哪怕我们想去听消费者的声音，我们也没有办法建立连接，我们听不到。如今，互联网的新技术为我们提供了各种工具，我们可以很方便地搜集用户数据，去研究用户。事实上，数据比你更了解用户。我们在前一章系统地谈了大数据和小数据，谈了数据战

---

① 出自《史蒂夫·乔布斯传》，沃尔特·艾萨克森著，中信出版社（2011 版）。

略的重要意义，谈了用户关系和超级用户的巨大价值，那么，究竟该如何去获取、分析用户数据呢？究竟该如何用数据去重构用户关系呢？我们从本章内容开始，对此一一予以回答。

为了确保用户数据战略的有效实施，我们提出一个用户数据分析的“5CM”理论（或称“伍厘米理论”），包含五个“CM”，即 Customer Management、Customer Marketing、Customer Mining、Customer Measurement、Member gets member。说是理论，其实更是一种基于营销实务的做法是对传统营销模型的迭代和升级，从用户数据的角度，将品牌营销和用户关系进行颠覆性重构。同时，这也是我将近 30 年互联网与零售工作经验和多年企业教练咨询的一个工作总结，这套理论也曾用于指导多个企业的实践，被证明行之有效。品牌企业若要参与新零售，推动零售升级迭代，甚至实现自零售，必然需要这样一套打法。伍厘米理论的最大特点就是数据分析是工具，核心始终是人，是用户。

这不是唯一的路径，但就我目力所及，很可能是最优路径。对于品牌商或零售商而言，践行用户关系数据战略，就是要一步步地实现这五个“CM”。具体地，包含以下五个方面：

1CM——用户画像管理（Customer Management）

这是用户研究最基础的工作，这一步需要完成用户数据的搜集和管理平台的构建，搞清楚你的用户在哪里、有多少等基本问题，以及用户群体在性别、年龄、区域、行业等方面有什么特质，这些研究在很大程度上能够为你的精准营销提供决策依据。1CM 完成的主要任务，是尽可能多地运用各种技术工具，获取有效的用户数据，进行用户画像。

2CM——用户精准营销（Customer Marketing）

在 1CM 的基础上，2CM 要求对用户数据更精准地把握，有针对性地把用户数据库进行标签分类，充分运用互联网工具，不断尝试并找到适合于自身产品或服务的分类方式，以不同的类别代表不同的社群，以社群运营的思路来运营用户。

3CM——用户需求挖掘（Customer Mining）

3CM 是数据的智能化你的数据必须要有智慧的赋能。数据的智能化，其实大家都在不断地研究，纷纷建立数据模型，不仅针对现有情况进行分析，更基于人工智能技术，对未来进行预测，预测时间、地点、内容、风险，个性化营销将成为主流，实现从一类人的社群营销升级成为“一对一”的精准营销。

4CM——品牌洞察（Customer Measurement）

通过用户的口碑数据，来重新洞察和定义企业的品牌价值，不仅仅针对具体的某个产品、某项服务，而是全面的品牌形象评估，通过收集社交网站上的用户口碑数据，看知名度、美誉度、忠诚度好不好，好在哪里，坏在哪里，背后的原因又是什么。

5CM——自零售（Member Gets Member，MGM）

这应该是零售努力实现的终极状态，用户已经高度认可品牌，品牌与用户可以无缝对接，不用经过任何第三方渠道，品牌与用户间的信息传播最高效，用户愿意基于信任向朋友推荐品牌，通过老用户去获取新用户，形成良性循环。

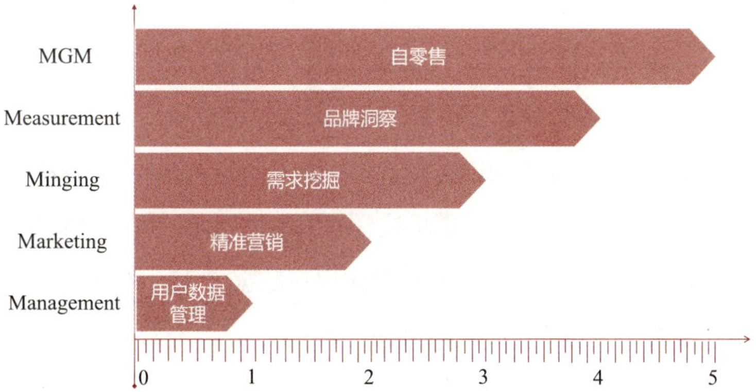

伍厘米理论

“伍厘米理论”中的“伍”字，我们特别选用了包含人字旁的字形，表明人的作用至关重要。接下来，我们会站在品牌商、零售商的角度，逐一对每个“CM”展开分析，从最初的用户画像管理到最后的自零售，用户关系的每一级都是递进关系。

特别是从2CM到3CM，这个升级路径比较容易混淆，其区分的标准在于：2CM精准营销还是一个“推”的动作，面对的还是一群人，推的时候并不知道有多少人在某个时间段有这样的需求，追求的是转化率；而3CM需求挖掘则更像是“拉”的动作，精准到“一对一”，对数据智能分析之后，了解到某时某地某个用户刚好有某种需求，给他的产品或服务信息就恰恰是满足用户这种需求的。

如果以“伍厘米理论”去看零售行业的客户关系，我们会发现，大部分的品牌商还停留在需要严重补课的1CM、2CM阶段，少部分努力尝试往3CM的阶段去布局，极少数开始考虑4CM品牌口碑洞察管理，实现5CM自零售的几乎没有。相对于传统零售商，互联网企业在数据的获取和储存方面拥有天然的优势，一些数据平台，如微信和微博的社交数据、天猫和京东的交易数据、大众点评的餐饮数据、滴滴的出行数据、携程的酒店数据等，已经储存并部分共享，对于品牌商来说，不是缺少数据，而是在海量数据面前，缺少分析办法。

其实，“伍厘米理论”是一种数据思维，就像曾经的互联网思维一样，无论是否要参与新零售变革与转型，无论是否要做自零售，“伍厘米理论”都是零售行业从业者必备的思考方式之一。只要有永续经营的打算，谁都要考虑自己的用户有多少、在哪里这样的根本性问题，每一个从业者都可以拿着这个理论模型，比对一下自己在用户数据方面，做到了哪个阶段。如果连1CM都不具备，就应该深刻地反思一下自己的经营战略了。

第 8 章

用户数据管理
（1CM）

“以用户为中心”，提高用户满意度，培养、维持客户忠诚度，在今天的互联网时代显得日益重要。成功的企业一定是尊重市场、尊重用户的企业，成功的企业家，一定是关注市场、关注用户数据的企业家。在前互联网时代，尊重用户、关注用户数据的企业和企业家能够在市场竞争中脱颖而出，在新零售时代，移动互联的技术已经有了颠覆性的改观，我们对于用户数据的重视，怎么强调都不为过。

零售最大的挑战就在于：交易的行为很可能是随机的，交易完成，关系也结束。品牌商虽然卖了产品，获取了利润，却不知道消费者是谁、他在哪里，他下一次的需求会在何时、以何种方式发生。尽管如此，很多精明的生意人，仍能够通过努力，在一定程度内把握好用户关系。

回归到实践层面，在用户数据管理方面做得好的企业并不多。一种情况是，很多企业完全没有用户数据的概念，一切都要从零开始，那么，这个时候，1CM 是最基础的工作，其任务就是建立起一个 CRM 系统（客户关系管理，Customer Relationship Management）①。利用相应的信息技术以及互联网技术来协调企业与顾客间在销售、营销和服务上的

① 客户关系管理系统（CRM）是以客户数据的管理为核心，利用信息科学技术，实现市场营销、销售、服务等活动自动化，并建立一个客户信息的收集、管理、分析、利用的系统，帮助企业实现以客户为中心的管理模式。客户关系管理既是一种管理理念，也是一种软件技术。

交互，通过这个系统去改善企业与客户之间的关系，在内部建立全业务数据平台，实现数据整合，作为用户数据研究和分析的基础。

另一种情况是，随着互联网技术的普及，有不少企业已经建立并运营了 CRM 系统，投入人力、物力，花费时间精力，也希望通过这个系统来优化用户数据的管理，能够为企业增加收入、优化赢利能力、提高客户满意度。初衷很好，但在实际运营的时候，容易发生偏差，常常会出现两种情况：一是高层领导不重视，部门之间协调难度大，收集不到真实的数据；二是数据团队不专业，拿到原始数据后，却不知如何建模、如何分析，得不到有参考价值的结论。如果投入资金和资源之后，用户数据分析收不到实效，很多企业家朋友就会丧失信心，这个 CRM 系统也形同鸡肋，那就着实可惜了。

每一个企业家都应该有数据思维，每一个企业都应该有数据战略，重点关注与企业自身相关的小数据——用户数据，“Small Data，Think Big”，我们提出用伍厘米理论，从小数据里挖掘大的价值，一切都要从 1CM 的基础开始。

数据思维与数据资产

互联网技术的一个重要特征，就是推动数据时代的来临。

李嘉诚近年来积极投资全球创新科技，他于 2014 年接受《星期日泰晤士报》时谈及，数据及人才将会主导未来经济的发展，带来颠覆式的改革。他强调，新科技会为我们带来新商机，亦会改变世界。他又指出，自己很享受与年轻创业者的交流，这有助跳脱固有思维。

2015 年，马云在云栖大会上说，“第一次技术革命是体能的释放，是让人的力量更大，第二次技术革命是对能源的利用，使得人可以走得更遥远，而这一次技术革命是 IT 时代走向 DT 时代，我们其实正在进入一个新‘能源’的时代，这个时代的核心资源已经不是石油，而是数据。”他所说的DT时代，就是大数据时代。从IT（Information Technology，信息技术）时代到DT（Data Technology，数据处理技术）时代，代表了互联网技术的又一次浪潮，标志着新一轮信息革命的到来。

大数据，可以说是史上第一次将各行各业的用户、方案提供商、服务商、运营商以及整个生态链上游厂商，融入一个大的环境中，无论是企业级市场还是消费级市场，抑或政府公共服务，都正要或将要与大数据发生千丝万缕的联系。我们一直在提醒所有的企业家，所有的零售商和品牌商，互联网时代来临了，在具体的企业经营中，一定要有数据思维。在互联网时代，数据只会越来越多，越来越重要。特别是零售行业中的数据，消费级市场的数据，已经沉淀了很多。人的数据、货的数据、场的数据，种类繁多且规模巨大，大数据几乎成了一种无可避免的商业现象。

当然，我们建议企业家朋友不要简单盲目地去关注大数据，因为大数据跟政府和平台关联度较高，跟企业本身关联度不高，而且数据之多、规模之大也容易让人陷入茫然和无助的地步，容易陷入“Big Data，Think Small”（大数据，想得少）的境地；我们建议大家更多地关注与企业自身经营相关的数据，特别是品牌企业自己的用户数据，我们把它命名为“小数据”，每个企业都应该有自己的小数据管理，不同的小数据代表着不同的品牌用户和客群，除了企业本身，别人不会对小数据感兴趣，因此，只有企业本身能够去搜集、整理、分析和研究小数据，把小数据的分析结论与行业大数据、宏观大数据相对应、相印证，再得出可以指导商业实践的科学意见，这才是我们所倡导的“Small Data，Think Big”（小数据，想得多）的理念。

传统商业时代，要了解市场和消费者的情况，只能采用随机抽样调研和分析的方法，以小见大地做推理和演绎，而到了互联网大数据时代，样本就是全体数据，我们要善于分析和处理数据，在数据中发现问题，挖掘更多的知识。就中国市场而言，经过几年的积累，一般大部分大中型的企事业单位已经建立了比较基础的信息化系统，但绝大多数中小企业、民营企业对这一领域的投入很纠结，基础也比较薄弱。

未来，一切以数据说话，互联网最终将变成智能的数据网。用户数据是企业最有价值的资产，小数据成为企业的核心竞争力，用户在网络上一般会产生信息、行为、关系三个层面的数据，这些数据的沉淀、获取和挖掘，有助于企业进行预测和决策。拥有了基础的用户数据库，首先要进行数据整理，分门别类转化成数据仓库，再进行数据挖掘，形成有用的知识，用以指导企业经营实践。

连锁店著名品牌 7－11 是由日本人创立的，早在 20 世纪 90 年代，我去日本旅行的时候就注意到，日本 7－11 的收银机跟别的零售店里不一样，它的右边特别增加了双排按钮，一排蓝色和一排粉色的按钮，每排 5 个，这是顾客年龄层的识别按钮，10、20、30、40、50，用颜色区分性别，蓝色代表男顾客，粉色代表女顾客，店员在结账时扫描商品条形码，输入收取的金额，再目测一下顾客的年龄层和性别，按下相应的按钮后，收银机才能打开完成收银作业。

当时互联网并不发达，7－11 只好通过这样简单直接的方式来搜集数据，其实，这样的数据并不是很精确，分析结论，也只能告诉你诸如“某家门店 20 岁的男性经常购买香烟和啤酒”“某个门店纸尿布卖得特别多，都被 30 岁的女性所购买”等等指向性不够精确的结论。然而，通过这些结论，7－11 的管理层在做商店布局和商品配置的时候，还是可以从中有所借鉴的，因此，他们要求每个门店的收银员，首先做好数据搜集工作。

这一点在当时给我很大的触动，20 多年前 7－11 就已经高度重视并且在想方设法地做数据搜集和研究了，具备了这样的数据思维，后来 7－11 能够风靡全球也就理所应当了。在传统零售商业时代里，这是零售商高度重视数据收集的一个经典案例。当然，后来出现互联网，有了会员制，出现了移动支付，有了人脸识别，7－11 搜集数据有了更高效、更快捷和更准确的方式，收银机上的双排按钮也逐渐消失了。

用户数据的来源

现在有很多市场调研公司可以提供用户调研、用户数据采集等专业服务，这些服务虽然还有一定价值，但也有两个较大的问题：一是他们采集的数据大都是宏观数据、行业数据，这些属于企业外部大数据的范畴，可以作为参考；二是若请外部机构来做企业定制化的数据搜集，深入研究品牌企业的用户数据，付出的费用和时间成本不低不说，企业自身的数据保密性也无从谈起。

我们反复强调，企业应该重点关注小数据，每个企业拥有的小数据完全不同，自己不搜集就没有人搜集，自己不研究就没有人研究。那么，对于品牌企业而言，该如何拿到用户数据？

传统时代的调研方式，常用的都是问卷调查、电话抽样、随机采访等，在一些场合还是可以发挥作用，比如，在品牌专卖门店里，员工用 APP 向用户采集行为数据的时候，还是可以用“问答式”去跟用户交谈，采集信息。题目有：①您热爱旅行吗？②您最近去了哪里旅行？③您平时的休闲活动是什么？④您平时获取资讯的途径是什么？⑤您每天都有喝咖啡的习惯吗？什么咖啡？⑥您多久没逛街了？⑦您平时健身吗？频率是？……

这种随机的、抽样的办法，是传统商业时代中一种无奈，当时没有更好的途径、办法或技术工具与用户进行沟通和接触，如果我们进入到互联网时代，还采用这样的办法，那就是思想滞后，因为互联网赋予了我们大量的、高效的工具，让我们可以对用户进行更直接和更准确的接触。

我们举两个案例。

第一个，PRADA 试衣间的数据。PRADA 的店铺里每件衣服上都有 RFID 码①，每当一个顾客拿起一件衣服进试衣间挑选，RFID 会被自动识别，数据会实时传至 PRADA 总部。每隔一段时间，数据量足够多时，分析的维度就包括：在哪个城市？哪家旗舰店？什么时间？试衣时长？是否购买……一系列的问题，这样的数据，都是来自消费者的行为数据，基本上不存在局部或失真的问题，依据这些数据分析出来的结论，是经得起市场检验的。如果某款衣服试衣多而销量低，就要分析究竟是什么问题，是价格问题还是材质问题，是偶然性问题还是普遍性问题，并针对性地提出解决方案；如果某款衣服试衣也低，销量更低，那么很可能是款式设计出现问题，也可以直接作出淘汰的决策。

第二个，NIKE 定制商品的数据。NIKE 在自己的官网上开放了定制服务的专区。用户可以按照自己的偏好，打造完全个性化的、自己专属的鞋子。第一步，秀出你的个性鞋底，耐磨橡胶外底提供炫酷半透明选项，亦有纯色方案任你挑选；第二步，挑选你的面料，选择色调如斑斓彩虹的人造革或 Fleece 面料②，搭配精致蛇纹印花，抑或在鞋头添加元年款网眼布/氯丁橡胶面料，打造穿越时空的经典设计；第三步，定制专属鞋跟，三款鞋跟绑带任你自由搭配，其中包括半透明选项。最后，还可以添加个性信息，比如个性化签名等，缔造专属寓意。这样的定制化专区，不仅给用户提供了个性化的选项，同时也是在搜集有效的用户偏好数据，为定制化生产提供决策参考。把定制量最多和最少的鞋底、面料、鞋跟等数据，同步传输给 NIKE 的设计部门，结合最新的流行趋

---

① Radio Frequency Identification，射频识别技术，是物联网的关键技术附着于可跟踪物品上。

② 卫衣布是针织布的一种，英文为 French terry，拉毛后叫 fleece。该类针织布多采用位移式垫纱纺织而成，故叫位移布或卫衣布。

势和元素，让打造爆款鞋的概率大大增加。NIKE通过这样的数据研究，陆续推出了“城市定制款”系列，大获成功。

以上只是新技术在品牌营销角度的两个具体应用而已，不同的品牌根据所在的行业领域和自身的特性，都可以相应地应用智能化技术来搜集数据。被新技术改变最快也最大的，首推大型购物商场。在新零售的推动下，很多互联网技术开始渗透进商场，无线WiFi成为标配，比如北京西单大悦城、杭州银泰百货等商场，商场每层楼的导视屏、广告品和指示牌，都可以配备智能化的设备，在为顾客提供导购服务、营销服务和互动体验的同时，也搜集了实时的人流量数据。

在很多发达城市的餐饮店，自助点餐推广得很快，顾客到店后，直接掏出手机，用微信或支付宝扫描桌子上的二维码，自己选择菜品并实时下单。点餐页面除了凉菜、热菜、主食、酒水这样的传统分类之外，还有“特色菜”“推荐菜”“适合小孩”以及“下单最多的菜式排行榜”这样的推荐栏，给用户适当的建议，又给予足够的自由选择空间。每一个用户在自助点餐的时候，后台就可以实时搜集关于菜式受欢迎程度的数据，并定期对菜式进行相应调整。二维码的运用还有“专享优惠”“扫码有奖”等方式，产品的完整信息也放上二维码，制作成“智能标签”，总之，根据不同产品、不同企业、不同行业，效果不一而足，都可以低成本去积极尝试，快速迭代。

此外，微信“摇一摇”也被很多品牌用来做营销，摇一摇是“周边”入口，商家能精准定位用户在商店附近的位置，为手持智能手机的消费者提供基于位置的相关促销和优惠信息，实现在适当时间和地点向消费者推送所需信息，这既是用户数据的搜集方式，也是一个精准营销手段。

我们建议，在1CM阶段，品牌企业应当用尽一切办法，尽可能多的去搜集各类用户数据和信息，集中导入统一的DMP（Data Management Platform，数据管理平台）。因此，开始着手进行用户数据管理的时候，必须要有一套 CRM 系统，并且要由企业最高决策层，从企业战略的角度，重新重视用户数据管理这件事情：第一步，建立全业务数据平台，实现数据整合；第二步，建立统一标准，实现数据共享；第三步，建立统一的管理机制，实现数据规范化管理。通过把业务系统、运营系统、财务系统、人事系统等跟 CRM 系统全面对接和打通，形成企业内部的“小数据平台”。建立这样的数据库，是考验耐心的基础工作，很多时候还让人觉得费时费力。不过，通过一段时间，你会发现这一切都是值得的，在这个小数据平台上沉淀下来的客户数据，一定会变成企业最重要的数据资产，其价值连城。

如何搜集用户数据

对消费类品牌来说，还是需要一个体系化的数据建设过程。对此，我们的建议是，马上行动起来，做好这三件事：

（1）构建自己的企业 APP

这是搜集客户数据关键的一环。很多人或许认为，APP 只是一个流量入口，当你无法通过广告投入获取流量的时候，就是没有价值的，这其实忽略了 APP 作为用户管理工具的可能。在流量红利结束之后，流量竞争愈加激烈，平台可以在站内留住客户，但一般不允许向外导流。此时，自己建设一个用户数据库就显得至关重要，APP 可以成为一个便捷有效的客户端工具。目前，简单的 APP 制作成本在十几万元到二十万元，一般的企业都能够承受，而且，技术已经很成熟，运营的稳定性也比较好。

（2）进驻电商平台

就目前而言，对于品牌企业最有效的数据资源，还当属天猫、京东等电商平台，通过开店进驻，其后台的数据管家在某种意义上是可以进行一些客户品类和价值分析的。同时，可以直接掌握客户的收货地址、电话等数据，也是价值万金的。通过开店来接触客户，尽可能地获取信息，这可以作为辅助手段，一些分析方法可以与其他的数据源打通，进行综合考量，有助于做出更准确的判断。

（3）全媒体进驻

作为企业品牌传播的阵地，官方网站、网店、官方微博、官方微信、微店、小程序等，甚至包括今日头条号、百度百家号、抖音、快手等热点应用，企业都可以同步上线或进驻，全面分享这些社交平台的流量和用户。进驻这些平台，一方面可以为品牌传播形成合力，助力品牌知名度和美誉度的提升；另一方面，刷存在感，搜集用户数据，实时与用户进行互动。

当然，还可以通过第三方公司抓取用户数据。如今，做数据分析和研究的第三方机构很多，细分到各行业的每一个环节、每一个侧面。如果考虑到自身无暇顾及，那么可以聘请专业的数据分析机构，针对市场和用户进行宏观数据和行业的大数据分析，再把外部的大数据跟企业内部的小数据进行对比验证，不断修正自己对于用户数据准确度的把握，这也是一个不错的办法，但成本可能高一些。

这些做法的实际运用效果都很好。假设一家服装品牌商，已经按照我们的建议，开发了品牌的 APP，那么接下来，不仅在网站上、手机上，可以通过各类的促销方式吸引客户主动输入有价值的信息，收集和留存数据，更主要的是还可以通过遍布各处的线下服装专卖店进行数据收集。每一个专卖店都应该指派专人，把进店客户的情形进行信息的分类登记，外形、穿着打扮、配饰、行为轨迹、特别关注、在店时长、购买与否，等等，对于一些购买意向明显的客户，还可以设计一些简单的问题，请店员前去简单交谈，获得一些更为深入的关于身份、生活状态、消费倾向、地址电话等类似信息，这些信息都可以通过手机或 iPad

进行实时录入，并及时在后台的数据库共享。

这样做的话，APP 不仅是流量入口，更是一个服务窗口、一个用户数据入口，还是一个管理平台。同时，品牌商的天猫店、微博、微信、小程序等端口，也在实时地收集和获取用户数据，最终涓涓细流，汇集在一起，形成用户数据库。特别是企业的微博、微信号等社交化媒体中，还可以搜集到一些点赞、评价，这些是最为直观的用户数据，很有价值。

通过多种方式搜集，一段时间之后你会发现，用户数据的品种和规模开始增加，研究起来并不简单。大致地看，有三类数据要重点关注和搜集：用户属性数据、用户行为数据、用户活动数据。

第一类，用户属性数据，我们简称为“死数据”。这些数据刻画了用户的基本属性，是基本不会变化的数据信息。比如，性别、身高、年龄、教育程度、职业、婚姻状况等基本信息，又如，手机号、微信号、会员号、家庭住址、单位地址、微博号、QQ 号、电子邮箱等联系方式，这些数据通过交易账单、活动登记、注册资料、物流信息、售后服务等方式注入我们的数据平台，作为用户基本信息而存在，是最容易获取的部分。

第二类，用户行为数据，我们简称为“活数据”。这些数据刻画了用户的行为轨迹，是用户在互联网上沉淀的活动历史信息。比如，搜索轨迹、访问历史、收藏商品、购物时间段、购买品牌、购买价格等购物习惯数据，又如，咨询记录、邮件往来、投诉情况、评论记录、电话录音等沟通互动数据，通过交易记录、后台销售数据、发货数据、退货及投诉等方式注入我们的数据平台，作为用户行为和购物偏好数据的历史信息，很有价值。

第三类，用户活动数据，我们简称为“鲜数据”。这些数据是实时发生的，是能够反映出实时的用户活动，甚至推导出购物需求的数据，比如，用户实时的访问数据，在品牌广告前停留时间，在品牌营销文章阅读背后的评论、点赞和转发，等等，这些数据最难搜集起来，但最有价值，因为它们很可能蕴含着用户的实时需求。

“死数据”“活数据”“鲜数据”这三类数据统一导入数据管理平台，加以清洗、去除噪声、相互关联之后，形成品牌企业基于自身的“小数据仓库”，在商业实践中，是相互打通和共同发挥作用的。举个例子，若某个顾客走进门店，你通过人脸识别，获得了她的身份和购买历史，就应该适时推荐最适合她的产品，并给出一定的优惠条件，用个性化的服务体现她的尊贵，促成消费的概率将大大增加，同时，此次交易情况的数据信息也叠加到原有的数据库中，对于该用户的信息掌握能更加准确和细致。

总之，有用户数据仓库在手，结合用户数据结论的参考，所有的市场费用、品牌营销才能收到实效，我们做的精准营销、个性化服务以及培养并留住超级用户的所有动作才不会走样变形，打造品牌形象和提升用户体验才不是一句空话。

用户画像：学会贴标签

单个渠道来源获得的某个用户的信息具有一定的随机性、偶然性，如果假以时日，积累了较大量的用户信息，价值就会慢慢显现出来。那么，你也许会问，这么多来源，这么多维度，这么多品种的数据，哪些才是最关键、最值得重视的呢？

有了一定量的用户数据之后，只是完成了第一步工作，我们需要进一步地对数据进行分析研究，得到用户画像之后，才算完成 1CM 阶段的任务。我们建议，对用户数据进行分类打标签，对每一个用户都进行形象的标签化。我们认为，标签是某一类用户特征的符号表达，每个标签都规定了我们观察、认识和描述用户的一个角度，通过标签对用户进行细分，识别用户的兴趣爱好、购物偏好等特征，当然，用户画像是一个整体，各个维度不孤立，标签之间有联系，可转化。

面对纷繁复杂的原始数据，我们要通过分类和打标签的形式去解读用户。一般来看，有四类标签是可以指导实践的。其一是人口属性标签，用户的性别、年龄、行业、活动区域等；其二是消费指标标签，是否有小孩，是否有宠物，喜欢参加什么类型的聚会等；其三是业务标签，会员价值高还是低，会员卡级别是金卡还是银卡；其四是营销标签，喜爱什么风格，感兴趣的款式是什么，消费档次处于低中高等。

打标签的方法有很多，其目标就在于利用多种建模方式构建消费者标签，核心模型为消费偏好分析模型。一个行之有效的方法是将商品或者品牌标签反打到消费者，根据消费者每次的消费行为积累不同标签权重，依赖权重进行标签标定，动态生成精准的用户标签。若某个用户在消费某品牌商品超过 N 元，或者在某品牌商品前停留了超过 20 分钟，就可以归纳出他的特征偏好、品牌偏好和相应的消费档次来。

我们看到的比较常规的方式是把整体用户群体按照年龄、性别、地域、收入水平等显而易见的标签进行分类，这叫人口属性标签，这样的做法在一定意义上能够对用户画像提供更加准确的参考，但对于洞察用户的实际需求和向用户推荐产品或服务的核心价值并无多少助力。

还有一种常见的方式，是业务标签，是根据用户过去的付费水平进行分类，比如付费超过一定额度，就可以视为 VIP，在后续的服务中享受优惠折扣或额外服务，这一方式在金融、电信、航空等公共领域运用得特别普遍。可以说，在老客户的运营和维护方面的确收到一些效果，但是，整体而言，这样的做法简单粗暴了些，客户过去的付费能力并不等于未来的付费意愿，在针对 VIP 客户的服务上，投入更多、成本更高，却因为折扣优惠而收费更低，相应的成本很可能是转嫁在新客户身上，因此，在新客户挖掘方面常常显得力不从心，其原因正在于此。

通过充分利用互联网的工具，结合产品和服务的核心内容，按照用户的兴趣点将用户分成不同的社群，使这些社群中的用户能够相互交流、相互影响，这样的分类涉及消费指标标签和营销标签，明确这两点才是最具有价值的。

比如，做户外用品的品牌商，按照不同的旅游方式，把客户区分为“自驾游”“穷游”“跟团游”；按照不同的旅游目的地，分成“国内游”“日韩旅行”“欧美旅行”等各种分类方式，在不同的社群中实时推送相关的旅游路线和价格信息，鼓励社群中的用户实时交流和相互交流，根据不同的出行需求，可以实时植入不同的户外产品信息。

又如，做减肥健康的品牌商，可以按照客户的偏好，建立“跑步”“健身”“美食”“营养”等为标签的社群，这些标签都指向健身减肥和体重管理，平时在群里推荐的都是相关的科学知识，再将自身的品牌理念和产品信息巧妙植入，可以起到潜移默化的宣传作用。

我们建议以用户的兴趣点为维度对用户进行分类，这种方式并非以过去看到的用户的某个特质来简单分类，而是基于兴趣与需求是可以相互转化的这一点，对用户兴趣点的把握，其实就是把握住了用户未来的潜在需求方向，把握住了用户未来的购买力。我们建议，这样的社群应该是开放和透明的，要按照社群运营的思路来做，鼓励用户之间、好友之间实时互动和交流，更重要的不是转化率，而是社群的活跃度。

运用打标签的办法，我们可以掌握用户的精准画像。比如，通过上述标签综合分析，我们可以拥有这样的用户画像：李女士，36岁，金融行业，活跃于北京市朝阳区，有小孩，无宠物，常参加高端商务聚会，金卡会员，高价值会员，喜爱英伦风，对时尚短靴和平底单鞋感兴趣，属于高消费档次人群。又如，张先生，32岁，互联网行业，活跃于杭州城西银泰，最近三个月在京东消费超过20000元，已婚，有小孩，追求时尚品牌，喜好数码产品，对手表和西装感兴趣，属于中高档消费人群。有了这些信息，对于精准营销和需求挖掘，就有了很扎实的数据基础。

以标签的形式解读客户

我们认为，1CM 阶段搜集和分类的用户数据，是任何一个品牌企业必须要构建完成的基础设施。更进一步，品牌企业内部要将数据汇总在一个综合的数据管理平台上，要满足三个要求：一是用户数据模块化，实现接口、部件、子系统、整体架构的全方位标准化和模块化，达到基础设施高利用率、低消耗、易于管理的目标；二是用户数据要有效整合，借助数据智能化项目推进，打破各个业务部门、各级经营部门数据使用的瓶颈，在决策层实现最大限度的数据共享；三是架构升级扩展。扩展现有平台的 Hadoop + Hive 架构，Hadoop 是一个能够对大量数据进行分布式处理的软件框架，以一种可靠、高效、可伸缩的方式进行数据处理，Hive 是建立在 Hadoop 上的数据仓库基础构架，这种组合架构提供了一系列的工具，用来进行数据存储、查询和分析，增加数据流式计算和实时处理的能力。

同时，结合标签化的用户分类，我们还可以根据用户的活跃度，设计不同的营销方法，实现所谓的“千人千面”。我们建议，在用户活跃期，促销力度可以稍微低一点，以会员专享和积分兑换等方式，提醒会员福利；在用户静默期，促销力度可以中等，以会员专属优惠，全年微折扣优惠券等，增加客户黏性；在用户沉睡期，采用较高的促销力度，以双倍会员积分促销，低门槛提升转化，实现用户叫醒，激活生命周期。在我们掌握足够多的用户标签化信息之后，对于用户的消费偏好能够大致把握后，就可以进行精准营销的动作了。

数据比你更懂用户

需要指出的是，通过各种渠道过来的用户，跟品牌的关系远近亲疏各有不同。很多品牌企业通过导流和营销等各种手段，积累了很多粉丝，但粉丝关注和取关都很容易，这只是一种弱联系。我们在第六章中指出过，品牌商要进一步地引导用户迭代升级：第一步，通过引导下载APP，完成注册，表明他的身份，并认可品牌的态度和主张，粉丝成为会员；第二步，送一些小礼品、试用装，给一些折扣优惠等，让部分会员实现购买，转化为客户；最后一步，可以通过积分鼓励的方式，鼓励客户在消费之后，继续在社交化平台中去点评、点赞，继续把消费体验分享出来，完成这些动作之后，客户才真正转化为超级用户。我们要清楚，超级用户是具有一定品牌忠诚度的客户，那些能够主动在人联网里点评、点赞和转发的用户，是企业需要最为珍惜的“超级用户”。通过“粉丝—会员—客户—超级用户/员工”这样的路径，品牌企业可以完成用户数据的初步积累。

当然，我们所搜集和处理的用户数据，通过分类、设置标签进行用户画像，其目的都是用于指导营销决策，实现更精准的营销。这里有两点需要特别注意：第一，不触碰用户隐私，若有涉及用户隐私的部分，与消费偏好、品牌营销无关的坚决不碰，若有些界限上比较模糊的部分，也应该把涉及用户个人的真实身份信息，如姓名、电话、身份证号、家庭住址等隐私信息，在采集之初就进行过滤，避免隐私数据泄露；第二，珍惜用户数据资产，我们投入人力、物力构建数据库，经过一段时间沉淀下来的用户数据，是企业最值得珍惜的数据资产，不能轻易外泄，这一点应该在决策层达成共识，若企业已经有相关的保密制度，用户数据资产应该是最高的保密级别。用户数据所蕴含的潜在价值不可限量，“数据比你更了解用户”。

到这个阶段，我们算是基本完成了1CM的阶段，还需要一定的时间去试错迭代和精细化打磨。我们可以针对这些原始数据，进行研究梳理和分类分级，打上标签，定义用户群。同一个标签下建社群，为下一级“2CM”的精准营销做好准备。

需要强调的一点是，传统的营销方式，电视、报刊、户外广告、网络流量广告、自媒体广告、品牌活动等方式，只要通过数据分析的验证，在这个阶段也是很有用处的。它们的最大作用是提升了品牌知名度和影响力，不断打开“漏斗型”模型图最上层“开口”的宽度，从全渠道吸引更多粉丝的关注和购买。

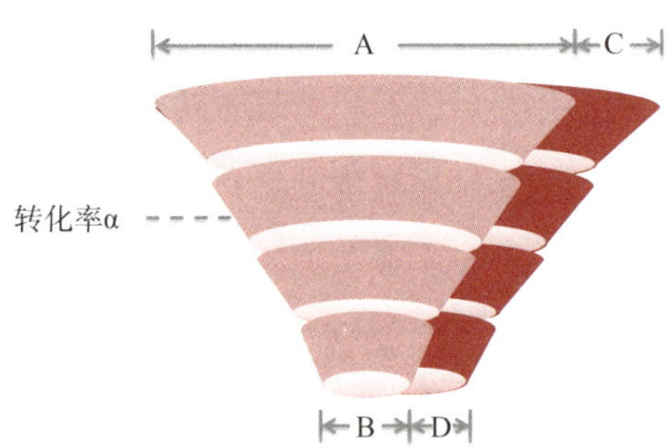

“漏斗型”模型的“开口”宽度被打开

过去在没有用户数据研究的时候，品牌企业做广告、做活动，一般都是凭感觉、凭经验，哪怕想要监测广告效果，还需要经过第三方调查公司采用数据抽样的调查方式得出，这样的结论恐怕离客观和准确还有较大差距。很多企业家朋友，面对每年日益增长的市场费用、品牌费用，既难受又无奈，常常是左右为难。就像下赌注一样，出手不一定赢，可不出手却必输无疑。一个企业家朋友曾对我说，每年花出去上千万元市场费用，不知道哪些注定被沉没掉，毫无效果，可是如果不花这些钱，或者少花一点钱，又害怕市场被竞争对手占据。现在，如果企业已经构建了1CM的用户数据库体系，那么不同的营销方式和打法，都会精准体现在后台用户数据库的搜集进度和流量变化上来，企业完全可以据此采用分阶段、分领域、分媒介的不同营销打法，去实时监测用户数据记录的效果变化，寻找到效果最好、最经济的营销打法，持续不断地坚持下去。我们要说，在移动互联网时代已经到来的时候，我们要用小数据思维去发掘用户数据的潜在价值。你要永远坚信，数据比你更了解用户。

过去的商业经验表明，一家企业经过1—3年可以完成1CM，沉淀到可以足够分析和决策的数据体量。当然，我们在此简述的是用户数据管理的基础原则和做法，在实际运用过程中，根据不同行业、不同地域、不同品类以及不同发展规模等，企业都应该有不同的做法和表现。值得反复强调的一点是，万丈高楼始于垒土，千里之行始于足下，我们要充分利用移动互联网技术去收集用户数据，这是精准营销的前提和基础，也是你想玩转新零售的基础。如果没有这一点，无论你的产品设计得再好、成本控制得再好、供应链运营得再好，都只能在一个有限的范围、有限的区域、有限的时间中发挥作用，有且只有抓住用户，服务用户，才能在“互联网+”的时代里游刃有余。

第 9 章

精准营销
（2CM）

在1CM阶段的工作内容中，我们实现了全面搭建客户数据库，业务板块无缝链接数据共享的任务，并通过标签化的方式对用户数据进行分级分类，在此基础上，我们要继续通过精准营销与个性化服务，实现数据智能商业化。精准营销的任务是利用数据分析工具，从用户数据库出发，将海量的网络商品资源信息与海量的用户需求精准匹配起来。我们认为，商业变革从精准营销开始。

为什么大家会觉得，跟欧美、日韩等地相比，国内的销售体验和服务体验很落后？因为大家讲的服务、讲的体验，跟消费者内心所想要的也许并不一样。一些服务机构，门口要求有漂亮的前台或迎宾人员，要求她们见到客户要微笑，还要求微笑的时候露出8颗牙齿，还通过咬筷子之类的方式来训练细节……其实这些学的都是表面，并没有看到用户管理的实质，即管理用户的真实需求。

比如以服务见长的海底捞，过去也是餐饮零售服务业的典型案例，一本《海底捞你学不会》把海底捞员工的服务意识提高到人性的、道德的高度，其实现在回过去看，可能是另外一种景象。数年前，我也是海底捞的常客，尝试过几次之后，现在已经很少去了，原因在于海底捞提供很多服务并不是我想要的，而我想要的核心服务内容却并没有达到我的期望、让我惊喜。

海底捞中很多被夸张的服务细节，在提高客户体验上，其实并不高效。比如，擦皮鞋、修指甲、儿童乐园、提供眼镜布……这些服务的提供，都是面向所有用户的，没有进行有效分类。对于不穿皮鞋的客户来说，擦皮鞋这项服务毫无意义，对于男性客户来说，修指甲也是完全与需求无关的，不带儿童的顾客不会注意到有儿童乐园，不戴眼镜的顾客用不上眼镜布……关键在于，每新增一项服务的背后就意味着有新增的成本，而这些成本最终都平摊在每一个走进门店消费的顾客身上，也就是说，不穿皮鞋的客户要为少数人享受的擦皮鞋服务额外付出费用，不修指甲的客户要为少数人享用的修指甲服务额外付出费用，从深层逻辑上来看，对未享受到服务的顾客是不公平的。

当然，这样的费用转嫁，是在用户不知觉地情形下，以整体服务付费的方式来实现的。但长此以往，你真的认为用户会感受不到吗？就火锅服务这个核心内容而言，这或者是通过提升价格，或者是通过降低口味、食材等方面的体验来实现的。事实证明，正是这样不加区别的对待，海底捞给大多数用户留下的印象是“味道一般、服务还行、费用较贵”的印象，当用户为了追求极致口味、精选食材的时候，必然会离开海底捞。随着小龙坎、巴奴火锅、辣府等一批竞争者的出现，海底捞不是学不会，而是已经没人学了。当然，如果把海底捞做这些附加服务的行为看成是一种营销行为，则它在过去几年间也算成功过。如今，消费主权意识逐渐觉醒，消费者越来越理性，再继续这些营销打法也早已经不合时宜，难言成功。

从伍厘米理论来看，海底捞还远远没有数据意识，很可能连 1CM 的工作都没有实现，它作为连锁餐饮界的标杆企业，红红火火那么多年，当前也成功上市，若对自己的用户仍一无所知，不说悲惨，至少是一件很遗憾的事情。“没有人会为了想擦个皮鞋或修个指甲去吃海底捞”，这个简单的道理对于很多企业一样适用：只有洞察了用户的真实需求、核心需求，围绕这些需求而开展的服务才有价值，才能实现精准营销，始终留住客户。

互联网市场现状

自工业革命以来，专业化分工提升了工作效率，社会化大生产方式成为流行的趋势，规模经济成为大家普遍追求的目标，逐渐扭转了市场供不应求的局面，世界各地的人们先后进入了产品极为丰富的商业时代。零售3.0时代里，“人”与“货”的连接，只有通过“场”才能实现，这些大大小小的、不同类型的“场”，分布在人群聚集的城市、乡镇，为民众的生活需求提供各种各样的消费品。

产品足够丰富，供给超过需求的时候，营销就变得很有必要，早期的营销比较简单粗暴，主要为实现产品告知的功能，我们常常视其为推销，目的就是实现销售。后来，人们才慢慢把品牌经营的理念加进去，成为营销，重点在于塑造品牌形象。这些推销和营销的动作，或者在“场”里举办，或者围绕着“场”展开。当然，这样的“场”在发挥连接功能的时候，仍受到时间和空间的约束，在既定的营业时间里，辐射周边既定范围之内的居民。因此，民众一般都是在营业时间里，就近的商店中去购买既定范围内的各类商品，并养成了既定的消费习惯。类似“人找不到货、货找不到人”的供需结构性失衡的情况仍部分存在，但不明显，大家也不认为是一个严重的问题。

进入互联网时代，情况完全变了。互联网解放了空间，移动互联网解放了时间，中心化的趋势最为明显。互联网把所有商品数字化、信息化，集中呈现在一个网站之中，也把数以亿计的消费者吸引到网络上来。由阿里巴巴于2003年创立的淘宝网，是中国电子商务的先行者，拥有近5亿的注册用户，每天有超过6000万的固定访客，每天的在线商品数已经超过了8亿件，平均每分钟售出4.8万件商品。当海量的商品资讯和海量的受众集中在一起，这个时候会出现两种情况：一是，商品找人和人找商品同时发生，即便是通过关键词检索，也同样面临着数百上千个产品连接，比价格、比评分、比销量成为常用的辅助手段，货品品质本身究竟如何，消费者在收到货品之前，几乎无从判断；二是，平台拥有了绝对的流量分配权，当它重点推荐某种产品，这种产品一定会卖得好，人与货能不能相连，几乎全在于平台。

数字化带来信息过载，资讯爆炸，我们经常看到的是，网络商家找不到目标受众，或自以为找到了所有用户，目标受众找不到合适的商品，或不知道还有更好的产品在市场上，供需结构性失衡的局面更加严重。广告投入很盲目，换回大量无效的流量，商品品牌不被信任。如何扭转这样的被动局面呢？我们需要一场彻彻底底的商业变革，实现精准营销，通过精准匹配，提升效率，人能找到货，货也能找到人。如何实现精准营销？答案就是依靠数据。

其实，互联网巨头公司早已依托自己的数据库从不同角度进行了各种尝试。

阿里巴巴

阿里通过旗下的阿里巴巴沉淀了 B2B 的数据，淘宝网沉淀了 C2C 的数据，天猫商城沉淀了 B2C 的数据，这些数据不仅有用户属性数据，还有用户行为数据，即点击、搜索、访问、收藏、点评等数据，另外还通过支付宝沉淀了最为珍贵的用户交易数据。或许是数据量过于庞大和繁杂，阿里数据团队早期也只是通过搜索数据简单建模分析，推出阿里指数、淘宝指数等数据产品，直到近年来移动端兴起，阿里数据团队才开始以“千人千面”① 为目标，进行数据深度研究和精准匹配。基本原理是从用户的行为轨迹中发现需求，给出个性化的商品推荐。

百度

百度的数据以搜索数据为主。其对于数据的分析主要基于根据历史

① “千人千面”是淘宝在 2013 年提出的新的排名算法，在程序员口中叫作“推荐算法”。

搜索和浏览行为的周期和频次，历史点击及访问过的链接和页面，以及当下的搜索关键词和浏览行为来推断用户的需求。其数据的特点在于数量庞大，类型较为单一，以及与网民当下的需求较为贴近，比较前端。将百度移动端的数据综合进来，大致可以分析出用户的兴趣定向、关键词定向、到访定向和地域定向等维度。用户用某个关键词进行搜索，必然体现出一定需求，在关键词搜索优化等方面，百度已经积累了很丰富的经验。

腾讯

与拥有搜索数据的百度及拥有交易数据的阿里相比，腾讯的数据来源主要来自腾讯微信产品的社交数据，以及基于 QQ 账号的用户关系数据。其数据内容包括用户发表的朋友圈内容、用户社交关系等显性的数据，以及用户浏览、用户点击等隐性的数据。简而言之，腾讯拥有的是基于社交和兴趣图谱的用户数据。同时，与百度和阿里相比，腾讯拥有的产品线更为全面，依靠 QQ 账户可以打通腾讯各产品平台间的数据，更完整、更全面的整合用户数据，有针对性地实现个性化营销。比如，广点通是腾讯向外部开发者和电商网站推出的社交精准效果广告平台。其数据来源主要是 QQ 空间及 QQ 平台，特点在于构建以人为核心的数据体系模型，通过对用户性别、地域等基础属性以及关系数据、社交数据的分析，构建用户的兴趣图谱，实现用户细分。

BAT① 通过各自的数据平台和维度，积累了相应的数据处理方法，也有偏向于宏观和中观的数据研究成果和产品。然而，对于品牌企业来说，这还远远不够，这三个数据平台和更多的数据平台，如京东、苏宁的交易数据，微博、今日头条的社交数据，抖音、快手等直播数据都应该加以利用，通过它们找到自己的精准用户。对于那些具体的用户来

① BAT，B = 百度、A = 阿里巴巴、T = 腾讯，是中国互联网公司百度公司（Baidu）、阿里巴巴集团（Alibaba）、腾讯公司（Tencent）三大互联网公司首字母的缩写。

说，无论交易数据、搜索数据还是社交数据，都是实时在产生的，若能将其打通，相互印证，则用户画像将更加清晰，精准营销才不是一句空话。

精准营销策略

从 1CM 中搜集而来的各种用户数据，要在 2CM 进行建模和分析。从 1CM 到 2CM 的观念升级，正是把握用户真实需求、核心需求的关键一步。精准营销需要完成的任务有：①确保有效流量；②实名会员分众；③了解受众行为；④掌握受众需要；⑤推荐匹配商品；⑥刺激消费购买；⑦形成二次够买可能；⑧大幅提高购买转换率。这些步骤背后，都要有相应的用户数据分析的逻辑和结论。

“无数据，不营销。”精准营销，重点在于“精” “准”二字。“精”是通过数据把用户的画像搞清楚，把需求摸透彻；“准”是所有的营销动作，都是跟用户需求相关，是有针对性的、是个性化的，是可实施的。精而不准、准而不精，都算不上是真正的精准营销。因此，所有的精准营销都要依赖数据提前识别出用户的需求，再匹配相应的营销动作，没有数据分析作为支持，所有的营销都不是精准营销。

1998 年的《哈佛商业评论》上刊登了一个经典的营销案例：沃尔玛的“啤酒与尿布”。

20 世纪 90 年代，沃尔玛超市管理人员分析销售数据时，发现了一个十分令人难以理解的商业现象：在日常的生活中，“啤酒”与“尿布”这两件看上去风马牛不相及的商品，经常会一起出现在美国消费者的同一个购物篮中。

这个独特的销售现象引起了沃尔玛管理人员的注意。经过一系列的后续调查证实，“啤酒 + 尿布”的现象往往发生在年轻的父亲身上。这是因为在有婴儿的美国家庭中，通常是由母亲在家中照看婴儿，由年轻的父亲负责去超市购买尿布。年轻的父亲在购买尿布的同时，往往会顺便为自己购买一些啤酒。

年轻父亲这样的消费心理自然就导致了啤酒、尿布这两件看上去不相干的商品经常被同时购买。若在某超级市场只能购买到尿布和啤酒其中一件商品，通常顾客有可能会放弃在该超市购物，直到可以在同一家超市同时买到啤酒和尿布两件商品为止。沃尔玛立即着手把啤酒与尿布摆放在相同的区域，让人非常方便地找到尿布和啤酒这两件商品，并让其较快地完成购物。这样一个小小的陈列细节上的改变让沃尔玛获得了满意的商品销售收入。

其后，为了证明“啤酒 + 尿布”销售的可行性，美国学者艾格拉沃（Agrawal）在1993年从数学及计算机算法角度提出了商品关联关系的计算方法——Aprior算法，即通过分析购物篮中的商品集合，找到商品之间关联关系的关联算法，根据商品之间的关系，分析顾客的购买行为。在此基础之上，从20世纪90年代开始，沃尔玛尝试将艾格拉沃提出的Aprior算法引入POS机数据分析中，此举大获成功。

我们营销的策略有很多，交叉营销、向上营销、延伸销售都是比较常用的办法，是否做到了精准，则要看是拍脑袋决策，还是依赖数据决策。

交叉销售（Cross – selling），指的是借助用户关系管理系统，在同一个客户身上开发更多销售其他商品或服务的机会。沃尔玛“啤酒与尿布”的故事就是典型的交叉销售，而交叉销售对用户数据库的依赖是很深的。经典的交叉营销案例还有：漫画出版公司授权电影片公司、玩具商、电玩商拍片及生产周边玩具商品。例如，星际大战、钢铁侠、美国队长、蜘蛛侠、神奇四侠等等。

向上销售（Up – selling），指的是向已购买某种商品的客户进行追加销售其他更高档次（或价格）的商品或服务。基于顾客终身价值的理念，使用数据库营销的技术与工具，如：直邮、电子邮件、短信、电话等提升客单价。例如，一个顾客对价格促销比较敏感，又喜好红酒，那么在他到超市的时候，推送红酒促销信息给他，他原本要买啤酒，最后还加买了红酒。其他的应用场景如保险公司电话销售，先卖一次性的简易险或是意外险，当用户关系建立、用户对保险公司有所信任后，再卖按年度缴费的人寿险、财产险；汽车 4S 店的店员，在用户购买汽车后，推荐客户换更高档次的轮胎或是音响系统等都属这一范畴。

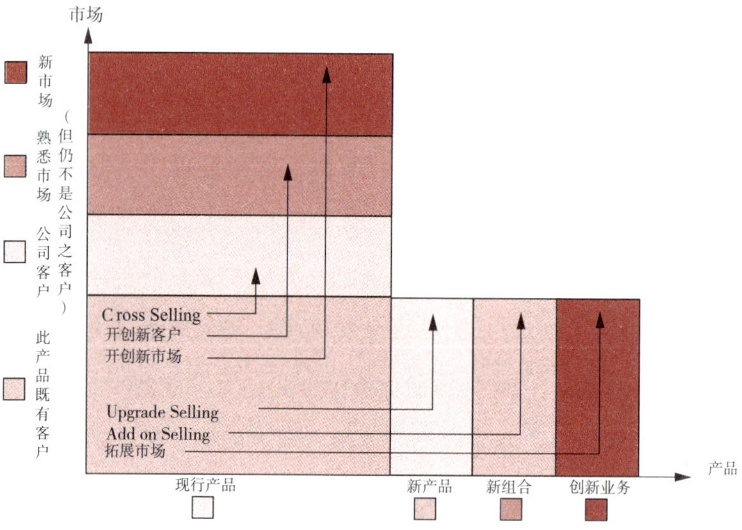

交叉/向上营销策略

延伸销售（Extended selling），指的是对已购买客户进行分析，找出还有什么商品或服务会是客户需要的。并推送商品信息。从数据库进行比对分析，从用户采购过 A 商品的历史记录中发掘出购买 B 商品的可能性。日常生活中的案例，如卖童装时推销儿童学习教材；购房者买房之后，会收到装潢公司、家具商的促销信息，等等。

根据不同行业、不同商品，不同的品牌商都会采用不同的营销打法。日本的超市以 7 - 11 便利店为典型，7 - 11 便利店营业面积都很小，一般只有 100～250 平方米，商品品种 3000～10000 种，是典型的“螺蛳壳里做道场”[①]。日本 7－11 便利店里多采用交叉销售的办法，如荞麦冷面与纳豆、鱼肉香肠与面包、酸奶与盒饭等，但是这都不是重点，他们所关注的是分析所有影响商品销售的关联因素，比如天气、温度、时间、事件、客户群体等，这些因素我们称为商品相关性因素。比如，气温由 28℃上升到 30℃，对碳酸类饮料、凉面的销售量会有什么影响？下雨的时候，关东煮的销售量会有什么变化？盒饭加酸奶、盒饭加罐装啤酒都是针对什么样的客户群体？他们什么时间到门店买这些商品……7－11 便利店甚至会设置专门的气象部门，要求门店员工每天 5 次将门店内外的温度、湿度上传回总部，供总部与商品销售进行对比分析。日本人对于所有影响商品销售的关联因素研究得非常透彻，因此日本就会有气温—碳酸饮料指数、空调指数、冰激凌指数……通过这些数据分析来做供应链的管理和商品上架的配置，大幅提升零售效率。这些方法虽然不是谁都能借鉴和学习的，但至少可以作为一种思路和启示。

如果品牌企业已经构建了用户数据分析平台，并且拥有一定量的粉丝、会员和用户的数据库，那么，基于提升用户群体“忠诚度”的营销打法也更加直接有效。比如，给予会员更具优惠的早鸟营销（Early bird－selling）、惊喜营销（Surprise－selling），其目的不仅是让会员更有认同感和获得感，也是争取更多粉丝注册成为会员，促进销售的行为；再如，依托于自媒体平台，进行病毒营销（Viral Marketing）[②]，鼓励会员参与其中，成为点赞、转发和传播的种子，这也是行之有效的办

① 是指在狭窄简陋处做成复杂的场面和事情。

② 病毒营销（Viral Marketing）是指通过类似病理方面和计算机方面的病毒传播方式，即自我复制的病毒式的传播过程，利用已有的社交网络去提升品牌知名度或者达到其他的市场营销目的。

法；又如，依托于微信、QQ 等社交媒介，按照兴趣形成社群，进行社群营销（Online Community Marketing）[①]，让商品信息在社群中充分互动和交流，让会员影响会员，粉丝影响粉丝，从而达到对品牌更高的信任感和品牌忠诚度。

场景营销方案

在一些特定的购物场所，如大型超市、购物中心、购物城、大型综合商圈等，这些场所提供了吃、喝、玩、乐等多种产品与“一站式”综合服务，根据所搜集的用户数据信息，制定出相应的场景营销方案，将大大提升顾客的购物体验。

场景营销中，最简单且最应该做好的一条，是 WiFi 用户移动数据分析。不少大型商场都提供了免费无线 WiFi 的服务，其实这也是数据搜集的一种方式。当用户的手机联上免费的无线网络之后，手机浏览器会自动跳出 WiFi 服务网页，一般都会要求用户输入手机号，用以获得验证码，用户再将后台发送的验证码填入网页之后，才能真正联上互联网。这个过程就已经把用户的手机信息进行了识别和匹配，基于时间和位置的信息实时掌握在数据后台，每一个手机号码背后都是一个具体的人，同时也掌握了用户在商场中的移动轨迹数据。当这些数据足够多的时候，把所有的用户移动轨迹放在一起，数据会呈现出来：哪些是新用户，哪些是老用户，什么时候用户多，什么时候用户少，哪些地方是用户停留时间最长的，哪些地方是停留用户最多的……根据数据所反映出来的一系列的问题，可以实时调整指示牌、广告牌、液晶屏，以及优化配置服装、美妆、玩具、餐饮等品牌商的位置，提升用户在购物中心的消费体验。

---

① 社群营销是在网络社区营销及社会化媒体营销基础上发展起来的，用户连接及交流更为紧密的网络营销方式。

有了用户数据之后，还可以将地理信息和商业信息相结合，做基于用户实时位置的引导营销。商场在重要广告位置放置供用户扫描识别的二维码，用户可以打开手机扫描获得商场的智能导航地图。地图图层是购物中心中每一个楼层中商家店铺的轮廓图，地图中隐含着购物中心动线设计的路网图层，用户点击一个店铺的图形，就可以查看这个店铺近期的促销折扣、所提供的服务内容、可使用的会员卡、支持的预付费卡等信息。用户可以通过浏览自己感兴趣的商家内容，发现感兴趣的商场资讯，智能地图会指出一条符合意愿的路径带领顾客前往目的地。

场景营销的根本逻辑是将位置服务与用户对购物、休闲的需求相关联，进行引导营销。无论是在微信还是 APP 中，用户可以发现他们最需要的消费信息，商家也可以为用户提供消费决策和消费引导。室内导航不再是工具软件，而应该是本地化生活服务信息的整合。用户通过搜索或扫描二维码显示自己在商场中的准确位置，这么做其实是强调了商户的重要性，而不是用户所处位置的重要性。

而且，场景营销是贯穿始终的，只有开始，没有结束。用户在任意场合消费并完成支付后，并非营销的结束，在这之后还是可以有一些针对用户的服务场景。例如，支付成功后，跳转关注商家账号，实时获得优惠资讯；支付成功后自动积分，用户可以用积分兑换商品。通过这些方式可以获取更多用户信息数据，根据这些数据，适时进入二次营销。二次营销的关键就在于用户的行为信息，根据到店消费的情况，进行相应的活动推送，如抽奖游戏、卡券、优惠积分等，适时向用户主动和精准推送。

对于具体的品牌企业来说，要做好场景营销，还是要依赖品牌 APP，这是线下线上数据搜集的重要工具，通过它可以打通数据库，让用户的购物体验无缝对接，也是所谓的新零售的重要入口。品牌 APP 后台数据库都是统一管理的，前端可以分为客户端和员工端。客户端

APP 主要是基于用户的位置信息，引导客户前往最近的专卖店，基于用户的身份和会员级别，给出相应的促销信息和会员福利。例如，会员卡，手机电子卡替代传统物理的会员卡，提供个性化会员服务；营销离线包，将促销信息时刻带在身边，方便随时随地查阅；电子优惠券，个性化、有产品针对性并能及时提醒使用；个性化信息，适时推送个性化的促销信息或广告推送；手机支付，与手机支付 APP 绑定，带给用户便捷的购物体验，等等。

员工端 APP 既是用户数据搜集的利器，也是辅助员工销售的重要工具。当然，这里的员工主要是指直接面对用户、负责商品销售的员工。员工端 APP 一般包含会员管理、积分管理、活动管理、交易管理、沟通管理等功能，当一个客户走进专卖店，通过人脸识别、手机号或会员号等身份识别，实时了解客户的具体信息。比如，客户是新用户还是老用户，如果是老用户，过去在什么地方消费过什么产品，花了多少钱，享受过什么优惠政策，属于什么级别的会员，现在能享受什么福利，等等，一目了然。员工可以利用这些信息与客户交流，按照消费偏好和消费能力推荐商品，此时提供的服务一定是个性化的服务。

零售连锁品牌 7－11 高度重视 APP 的使用，想方设法鼓励用户去下载其 APP，目标就是进一步掌握消费者的喜好。该 APP 自 2013 年 1 月推出以来，已有 400 万的下载量，每天新增 7000 名用户，在零售品牌领域算是出类拔萃。拥有 APP 的用户，可以通过手机消费自动累计会员点数，享受特有的折扣优惠等信息，获得个性化的营销信息推送。而 7－11 则综合用户的消费明细，以及消费者所在城市，结合地点、天气和时间等实时数据，向用户精准推送个性化的商品信息。营销活动乍看之下只是通过一个平凡无奇的 APP 来进行，但 APP 不只是扮演与消费者在营销第一线接触的角色，更有助于 7－11 搜集和优化数据，同时也是大数据分析计划的成功关键。通过 APP 对移动用户进行数据管理，深入分析用户的行为偏好，进行“一对一”的个性化营销，最终实现了用户每月到店购物消费额度提升 4 倍之多。

个性化服务营销

精准营销在用户看来，就是个性化的服务营销。亚马逊的大数据分析要实现的目标之一是“我们推荐给用户一本书，恰恰是他最想要的。”其实，要做到这一点，谈何容易?！你给我看的信息，都是我想看的信息，你推荐给我的产品，刚好就是我想要的产品。要实现个性化，首先必须在营销上创新思维。

过去我们习惯于想办法去吸引新用户，转化陌生用户，但对完成交易之后的老用户不是置之不理，就是束手无策，导致大量的用户沉默、沉睡甚至于流失。一边是新的用户涌进来，另一边是老用户漏出去，一来一往，用户留存并没有大的提升，在事业上怎么可能有大的发展?！我们首先要转变思维，引流和获取新用户固然重要，但更重要的是留存老用户。我们要时刻重点关注用户行为数据和交易数据，通过个性化的服务，来提升用户活跃度，延长用户的生命周期。

在用户数据营销上，我们模拟了一个运作循环：信息发掘—行销规划—用户互动—分析修正—信息发掘（新一轮），具体说来，可以采用的措施有以下几个：

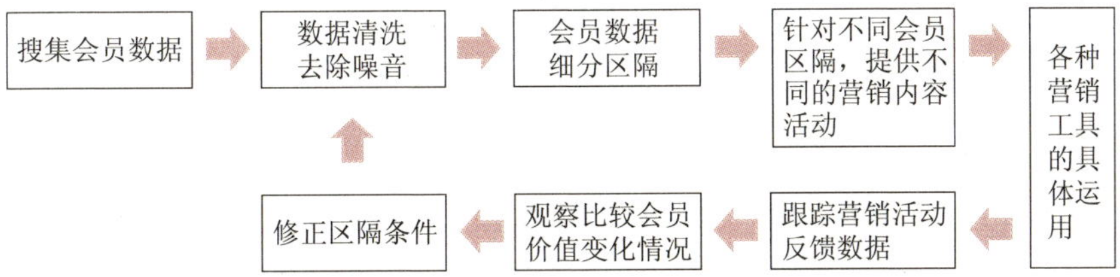

用户数据营销运作循环

在这个运作循环过程中，用户数据信息是营销的开始和前提，营销的结果又产生新的数据信息，驱动新一轮的营销活动。没有数据，大部分的营销活动都不是精准的，或者是通过执行者的感觉和经验，或者是决策者的直觉和冒险，营销效果也没有客观的反馈，不知道哪些资源是有效的，哪些是无效的；有了数据，营销的思路策划、目标受众、运作过程和市场效果，都可以通过数据量化并展现出来，通过若干次的数据循环，可以大大提高效率。针对不同的用户群体提供个性化的营销方案，从而达到集中营销资源、重点突破，在到达率、获得率和转化率上有质的飞跃。

用户数据库构建完成，就可以实现个性化的会员营销。通过品牌活动尽可能获取有效会员，新会员进入数据库之后，再辅以满额消费礼遇等手段，转化和培养新会员成为高价值会员，提供差异化会员权益，进而培养高忠诚度会员。每月定期对一定时期内消费金额没有向上攀升的会员，寻找和分析其背后的原因，并针对性地设计激励措施，同时，结合产品、金额、到店频率等指标并根据忠诚度模型，找出表现突出的会员，给予特殊的优惠权益。而每阶段流失的会员可以归入市场活动的重点控制会员组，观察一段时间后再决定挽回措施。提升会员的消费频次，其目的就在于延长会员生命周期，减缓会员衰退，减少会员流失。

顾客就像水一样，水往低处流，顾客从获得到流失，也是常态。精准营销就是根据各项指标检查顾客状态与动态，及时处理快要流失的顾客，让他们有机会重新回归购买品牌的主力军。我们认为，在进行用户运营的时候，积分管理是行之有效的一种方法，这其实也是品牌货币的思路。

首先，积分用于会员分层，差异化会员权益。根据会员层级来决定会员权益，差异化会员层级对应的折扣、赠品、增值服务等，鼓励会员升级到更高层级；根据积分多少来决定会员升降级；设计积分奖励规则，鼓励会员通过重复购买、推荐客户等方式获取更多积分来实现升级。当然，积分管理还涉及一些具体的问题，品牌企业可以根据自身情况进行相应调整。比如，如何体现品牌、区域、门店、电商等差异化会员分层规则？如何通过积分规则鼓励会员推荐客户？如何规避多人使用同一个会员身份升级高层级会员，导致消费行为评估失真以及如何避免推荐无效客户？

其次，积分可以作为虚拟货币，会员可兑换商品获得回馈。根据积分多少转算为等值货币来决定可兑换的商品与数量，积分的等值多少货币、使用范围、兑换方便程度等都会影响积分对会员的吸引力。设计积分奖励规则，鼓励会员通过重复购买、推荐客户等方式获取更多积分作为虚拟货币。同样地，对于具体的品牌企业而言，如何使利益驱动更具吸引力，仍有许多文章可以做。比如，如何体现品牌、区域、门店、电商等差异化积分奖励规则？怎样同时保证推荐和被推荐人的积分权益，从而鼓励会员推荐客户，促进口碑营销？如何鼓励业务员流动之后继续推销产品、推荐客户？

需要特别强调的是，在使用积分管理时，一定要避免以下几个问题：

其一，积分难、兑换难的问题。现在有一些航空公司、银行、电信等公共服务部门，对自己的会员用户也采用了积分管理的方式，只不过，它们的积分管理制度做得非常复杂，什么时候积分、怎么积、积多少，恨不得让会员看不懂才好，生怕有人专门想去挣他们的积分，兑换时，也设置了各种条件，所有的规则导向都是让你不要兑换成功。这其实是错误的运营思路，正确的做法应该是会员积分越多我们越开心，会员用积分兑换的商品、礼品越多越开心才是，因为这说明他们购买得越多，忠诚度越高，黏性越强，成为超级用户的可能性也越大。

其二，积分的规则变来变去，令人无所适从。有些品牌企业也采用积分管理，但他们的积分规则毫无常性，今天这样明天那样，其目的似乎就在于让人多消费、少积分，有些还通过时间设计，让积分赶紧过期，变成无效。我们的建议是，要么不做，要做就做好，不要偷偷摸摸扭扭捏捏，言必行行必果。消费者都是聪明人，玩弄规则的小伎俩，迟早被看穿，毫无意义。通过这种极为愚蠢的做法，不仅不能起到拉近用户关系，加强品牌忠诚度的目的，还可能起到反作用。

在会员营销的过程中，服务是关键。很多人认为销售完成就结束了，售后服务是给自己添麻烦，是增加成本的事情，越少越好，最好没有；从用户运营的角度看，销售完成，用户经营和服务才刚刚开始，服务是提升销售体验的动作，更是二次营销的开始动作。这些服务不仅包括用户下单之后及时准确发货，以及当用户对产品有意见的时候及时进行危机应对，还包括适时的会员关怀和及时的二次营销。因此，我们建议大部分要做用户运营的品牌企业，都建立呼叫中心，为用户提供专业的服务，也进行个性化的营销，我们称为精准服务营销。

一般说来，呼叫中心的服务主要包含四个功能：一是用户服务，为用户提供产品咨询，对用户的申诉与抱怨进行及时跟踪和妥善处理；二是用户关怀，主要发挥用户关系管理的功能，通过与用户的互动进行市场调研和用户数据库更新；三是呼入销售，被动呼入电话的时候，为用户提供售前咨询，订购指导，电话下单以及后续追踪等功能；四是电话营销，主动约访用户，直接销售、交叉销售等，以及对用户进行忠诚度的培养。无论电话呼入还是呼出，无论是服务还是销售，在呼叫中心的员工这里，这四项功能都是需要高度的专业水准和耐心细致的服务态度的。当然，这背后是一套强大的用户数据库和分析模型在支撑，才可以让“一对一”的个性化服务得到实践。只要实现了这四个功能，服务就不再是成本而是营销，呼叫中心就不再是成本中心，而是经营用户的利润中心。

依托于用户数据进行个性化服务的场景有很多。例如，某品牌网络旗舰店，可以在分析用户数据的基础上，针对近期生日的会员，当他们来网店进行消费时，给予他们小礼物，只需要在会员订单上备注“赠送生日小礼物”的信息，仓库在发货时看到这条信息，就会配置相应的小礼物到指定的客户包裹中。我们向用户寄送个性化包裹目的，是让会员在收到包裹后有意外惊喜，提升购物体验，从而增加对店铺及品牌的黏着度和忠诚度。当然，这样的用户数据准确性也很重要，否则，送错人就容易被取笑了。

这个场景很简单，出现纰漏，用户也不会太在意，但是，如果换一个更复杂一点的场景，情况就完全不同了。例如，面对一个女性会员，张女士，她平均每两个月逛一次商城，消费以化妆品为主，其次是服装、时尚配饰以及餐饮，刚好又快到她的生日，我们可以帮助她家附近的银泰商场设计一个会员个性化提醒服务，详细操作流程如下：

【生日前一周】

关怀提醒：“亲爱的张女士，祝您生日快乐！本周到银泰商场可领取价值100元的生日惊喜哦。”

行为反馈：监测到她在下午14：00，到商场会员中心兑礼。

【生日当天下午15：00】

营销提醒：“亲爱的张女士，您喜欢我们为您准备的生日礼物吗？不仅仅只是礼物哦，我们还为您准备了：迪卡侬50元优惠券，优衣库买200送50券，更多为您定制的优惠，请访问银泰APP。”

行为反馈：监测到她在下午16：00到优衣库消费金额300元，优惠50元。

【生日当天16：30】

营销提醒：“感谢您在本商城消费。给在炎炎夏日爱美的您一个惊喜，Sephora防晒之夏活动正在进行中，可免费领取试用装哦。”

行为反馈：17：30，张女士参与活动，顺便购买了些护肤品，消费

400 元。

【生日当天下午 18：00】

定点提醒："亲爱的，您是否又累又饿？晚餐时间，慰劳一下自己吧！必胜客 20 元优惠券，肯德基 30 元优惠券……"

行为反馈：19：00，必胜客消费 100 元，优惠 20 元。

【生日当天晚上 19：30】

定点提醒："亲爱的，真是难忘的一天哦，20：00 的电影《复仇者联盟》马上要开始了，您消费了 800 元，仅 30 元就有机会看，赶快哦。"

行为反馈：20：00，电影消费 30 元。

在案例中，我们围绕着用户生日这个时间点，一共做了五次精准的营销信息推送，用户也给予了五次行为反馈，可以说是 100% 实现了推送营销信息的目的，这是一个理想化的操作案例，也是一套围绕用户数据分析结论的营销组合拳，实际操作可能要复杂得多。

这样的信息推送可以有多种办法，最佳方案是当用户已经下载了品牌 APP 并且注册成了会员，那么通过 APP 进行信息推送的到达率和打开率都是最好和最有效的，而且品牌 APP 还能够在用户使用的时候，监测到用户的时间、地点等数据，更有益于营销决策。另外，微信服务号、微博私信、手机短信等方式，也可以完成推送动作，但效果可能相对会差一些。

精准营销的基础是数据

其实，过往也有不少品牌企业采用类似手机短信、电子邮件营销等办法，我只能用四个字来形容类似做法：简单粗暴。首先，企业推送的时候，大都采用标准化推送，大规模群发，并不知道接收者是谁、谁会打开看、谁会感兴趣；其次，推送的内容也是标准化的，大概率的情况下，跟接收者的实际需求毫不相干；最后，推送的信息也没有实际的内容，对于用户行为毫无激励作用。这样的短信营销，相当于大海捞针，盲目地进行大范围覆盖，博概率，转化率低是必然的。更重要的是给客户带去的是骚扰、是侵犯，是垃圾短信，留下的是关于品牌负面的印象。一旦用户对品牌有了这样的负面印象，下次再想挽回，则要付出比陌生用户高出数倍的努力和成本，得不偿失。

有企业家朋友说，这样的营销有万分之几的转化率就算不错了，一次推送个百万条，才有点效果。他不知道的是，移动互联技术已经给我们提供了更多更好的技术手段，让我们能够在分析用户数据后，精准地推送信息，将转化率大大提高。达到 100% 的转化率是非常理想化的，哪怕达到 10% 的转化率，也是把过去的效率提升了数万倍，体现了技术的力量与数据的魅力。

传统用户画像数据仅仅来自业务系统，过程信息、关系信息等多类相关信息缺失或不足，很难形成准确、全方位的画像。企业需要引入大小数据，实现客户 360° 立体画像。我们通过企业内部的小数据与企业外部的大数据相互对比、印证，就可以全方位分析客户，达到更准确的用户画像和更精准的需求分析。

我们力求搭建一个完整的消费者触点体系，无论是线上电商平台的关键词搜索、页面收藏、购物车添加、下单购买等交易数据，还是微信、微博、QQ 等社交数据；无论是品牌 APP、WiFi 定位信息、二维码、导购屏、智能结算等智能化购物平台数据，还是员工 APP、访谈、呼叫中心、投诉处理等互动数据，都要进入我们的用户数据库。需关注用户，深耕客流，融合渠道，在 O2O 模式下，线上强大的数据整合能力、即时的信息展示和推送能力、大范围的讯息传播能力等，这些都能够有效地辅助购物中心开展营销推广。有了多维度的用户数据，我们就可以在此基础上创新营销思维，构建一个用户运营的闭环：通过营销手段吸引用户，为数据库引流，然后通过品牌运营和激励机制的设计，实现用户的进阶过程：“粉丝（陌生用户）—会员（潜在用户）—客户

（成交用户）—超级用户/员工（活跃用户）”，超级用户就是品牌忠诚度最高的用户，能够为品牌做代言的用户。

我们反复强调一点，精准营销的基础就是用户数据。中国企业界会做营销的品牌企业有很多，但多是精而不准，真正会做精准营销的品牌企业少之又少。传统的营销打法也大同小异，一些号称是精准营销的打法，只要看看其背后是否有用户数据的逻辑和比对就能知道是不是名副其实了。实际上，精准营销的动作，首先是品牌推广和产品营销的过程，同时，还是数据搜集的过程，更是和用户的互动过程。我们要基于用户数据分析，提前做好系统性规划，珍惜每一次与客户之间的互动，把这种互动设计成促进用户实现从“粉丝—会员—客户—超级用户/员工”进阶的推动力。回到“漏斗”模型图，1CM 要做的是把开口扩大，让更多的用户进来认识品牌，2CM 要做的是把漏斗两边的坡度变陡，让更多的用户留下来，转化成超级用户。

前文的案例中，我们举的例子是集合了服装、化妆品、餐饮、电影等多种功能于一体的购物中心。其实，类似的营销信息推送，同样适用于零售商、品牌商等不同类型的企业。只要拥有用户数据库，再结合一些特别的时间节点或事情由头，如农历佳节、品牌周年庆典、用户生日、“6·18”购物节、“双 11”购物节等时间点，可以针对性地做体系化的精准营销。若前期无法一步到位，无法做到“一对一”的精准推送，则可以先做分类的、标签化的社群营销，不断地通过“营销实践+用户数据反馈”的过程，摸索出一套适合自己的营销打法，捕捉到真实的用户需求。

在零售行业，“一对一”精准营销是效率最高的，当然，在实际操作过程中，还是有一些需要提醒注意的原则，具体如下：

第一，不能让用户有被骚扰、被侵犯的感觉。每个人都有过被垃圾短信、推销电话骚扰的经历，通常的做法都是一次骚扰，终身拉黑。因此，我们在做“一对一”营销推荐的时候，一定要慎之又慎。我们设计的第一次提醒，若是基于用户的生日给出优惠方案，则可以作为生日祝福、问候；还可以发送优惠惊喜，这些都是用户易于接受的。以后的每一次提醒，都要基于上次提醒的行为反馈而做出。如果用户没有行为反馈，就要立即停止提醒，寻找下一次合适的时机，避免过度骚扰用户。

第二，充分利用用户数据和标签。提醒事项的具体内容，必须是经过用户分类、标签化之后，结合了时间、地点等因素的有效信息。这些有效信息，必须是与用户当时、当地的需求相关的，无关的信息一律不能推送。所以，如何判定和选择某条信息是否有效，则全在于用户数据的分析和处理上了。

第三，给予适当的激励。推送的营销信息必须准确真实，优惠方式要标注明确的相关条件，用户被信息引导过去，一定要确保信息中的承诺落实到位，千万不能故弄玄虚，卖弄噱头，忽悠客户。用户真正珍惜的不是便宜几块钱、优惠几块钱的产品，而是这种被呵护的购物体验，任何一次不真诚的噱头，都会让用户毫不犹豫地离开。

总结一下，我们在2CM阶段完成时，品牌企业可以把用户的数据进行分类处理，建立起基于自身产品特质和行业属性的若干个兴趣社群，并且保持社群一定的活跃度，就能有效地进行精准营销信息的推送，而不引起用户的反感。具体地说来，每个品牌企业在1CM、2CM的阶段，都实现了以下四种能力：

①数据采集能力。通过网络数据、门店数据、APP数据采集、汇总到用户数据管理平台，不断积累与分析客户大数据；

②数据加工能力。建立功能强大的DMP，实现动态数据智能化分析、提炼和实践；

③精准营销能力。通过CRM系统，实现客户数据精准营销，为流程提供更精准的数据“导航”，进行用户画像和用户营销，实现用户标

签化；实现快速定向营销，助力业务实现基于大数据技术的精细化运营，并为公司运营决策提供依据。

④差异化服务能力。根据不同用户的标签，导入线上线下各流程服务环节，提供不同场景、不同体验的差异化服务。

从这个阶段来看，目前很多新零售的想法和做法，其实是在完成2CM精准营销的内容，不过参与者良莠不齐，有些做得好，就是因为利用了新技术、新思维，背后还有用户数据作为支撑；有些做得不好，是因为他们还停留在传统营销思路和打法上，需要转型，需要迭代更新。我们认为，零售行业的参与者，唯有以用户为本，才能实现赶超。最佳的升级路径，就是回到1CM、2CM阶段，一切围绕着用户数据，从基础工作做起，把用户数据资产建构起来。在这样的基础上，就可以进一步地让数据智慧起来，向3CM阶段继续升级。

第 10 章

需求挖掘
（3CM）

现在的用户越来越挑剔，要求也越来越高，不仅要求产品要好，消费体验也要好，稍有不如意，即弃之不管，之后也很难召回。那么，留住用户，有没有好的方法和新的思路呢？

江山易改本性难移，用户的人性在一段时间内是难以改变的，人性也代表着用户深层次的核心诉求。本质上来说，人虽然是一种“高级动物”①，但对自身人性上的很多弱点很难主动去改变，如矛盾、贪婪、自私、懒惰、猎奇、嫉妒、执着，等等，这些弱点中有共性的地方，常常被精明的商家抓住，并在营销上灵活运用。用户或许在言语上会迷惑商家，但是用户因人性的弱点所养成的各种行为习惯将伴随他们很长一段时间。

因此，人们已经表现出的行为才是最能体现内心需求的。人类已经存在了几十万年，但人性和基础需求是不变的，只是行为会越来越高效。每一个时代，人类的某种需求都会选择这个时代最便利的解决方案。人们会日复一日地使用这一方案，使之成为日常生活中的习惯。而且，人实现任何需求都是有成本的，要赔上时间、金钱、体力、精力、美好的心情……如果一件事情在现有的解决方案下需要人们消耗很大成本才能完成，那说明这一方案还存在很大的改进余地。例如，“信息传播”这种需求，它经历了吼叫、喇叭、飞鸽传书、驿站、邮局、电报、

① 能够制造工具，有复杂语言和逻辑思维的动物。

电话、QQ 打字、视频聊天等一系列解决方案，现在流行的是“微信”，未来是什么，我们不得而知。但我们知道，每一个新的方案之所以能够替代和升级旧的方案，或者是传输成本大大降低，或者是传输效率大大提高，或者是两者兼而有之。

在传统的营销思路里，品牌企业、零售商作为产品与服务的提供者，和用户之间似乎存在天然的对立，双方在品牌认识、需求确认和价格制定等方面进行各种各样的博弈，而且通常是零和博弈。品牌商在营销上可以针对各种具体的诉求，用户可以选择买或者不买。价格高了，是用户吃亏上当；价格低了，是品牌商割肉倾销，双方的立场和利益是相对的，表面上来看一团和气，暗地里都有自己的小算盘，剑拔弩张。

幸好，进入互联网时代后，营销思路也有了积极的创新和改变。我们开始看到，在一些互联网品牌中，交易双方开始出现互相融合的趋势，品牌商把价值和利益从封闭走向开放，把用户当朋友，让用户参与进来，共同进行产品的设计和研发，用户也主动告知诉求，以获得更好的消费体验。这个时候，品牌和用户站在一起，秉持同样的立场和价值诉求，成了你中有我、我中有你的利益共同体。

在 1CM 用户数据管理与 2CM 精准营销的阶段里，我们构建了一个基础的用户数据平台，通过遍布线上线下的所有触点，获得用户的“死数据”（属性）、“活数据”（行为历史）和“鲜数据”（实时活动）等信息数据，进行标签化和社群化，发现用户需求，再针对性地设计精准营销的方案思路。进入到 3CM 阶段，我们要做的是需求挖掘，是主动出击，不仅仅要发现用户的显性需求，还要通过数据分析以及与用户的实时互动，引导和触发用户的隐性需求。

用户数据：管理、挖掘、营销

云计算、大数据、人工智能等技术在零售业的创新和使用，是移动互联网普遍兴起之后的事情。在互联网革命之前，零售商通过一台台独立的电脑，乃至于通过一本本手工的账本，又是如何进行用户数据的处理，如何实现用户需求挖掘的呢？

台湾人王永庆早年从事小小的米店生意，20 世纪 30 年代，他开米店的时候，嘉义已经有米店近 30 家，竞争非常激烈。相对于别的米店，他首先在米的质量上做文章，把秕糠、砂石之类的杂物一一挑拣出来，通过好的质量获得好的口碑，同时，他还采取了“送货上门”的办法招揽生意，路近者免费，路远者收取一点跑腿费，据说路远的只多收一分钱，广受欢迎。

王永庆给人送米，并非简单把米送到家门口了事，他还坚持要将米倒进米缸里。如果米缸里还有米，他就将陈米倒出来，把米缸擦拭干净，先倒入新米，再倒入陈米，这样，陈米就不至于因存放过久而变质。

然后，王永庆还细心记下米缸的容量，问明家里有多少人吃饭，几个大人、几个小孩，每个人饭量如何，据此估算出该户人家下次买米的时间，并一一记在本子上，到时候，不等顾客上门，他就主动将相应数量的米送到家里。另外，他还记下人家的工薪日，约定收账日期，使这些人家感到方便。有了这些大米需求信息资料，王永庆就能及时送米到各家各户，就能巩固与各家各户的市场交换关系。一般而言，只要连续三次送货到家，习惯成自然，这些家庭就离不开王永庆了。

早年间对于用户关系的把握和对用户数据的重视，让王永庆在经营上无往不胜，最终成为中国台湾地区的“塑胶大王”“经营之神”。

用户需求一般可以分为两种，一种是用户说出来的、明显的；另一种是用户没有说出来的，甚至用户自己都无法清晰描述的。这些用户需求都需要我们加以挖掘和引导。互联网给品牌商和零售商带来的，不仅使用户数据的获取更加便利，更主要的是以数据的形式，让品牌跟用户之间建立了联系和互动。通过这些数据分析，他们能够更加准确地把握用户的显性需求，甚至挖掘到用户的隐性需求。通过用户画像和精准营销，我们能够通过用户从过去的消费行为中展现出来的特质，把相应的产品或服务推荐给用户，期待在特定人群中能够获得部分交易的转化，品牌商用的是“推”的动作，用户在其间充当的角色仍是被动的；而用户需求挖掘，则是结合用户的兴趣点，通过技术赋能，能够预测和把握用户未来的需求，品牌商用的是“拉”的动作，用户在其间充当的角色是主动的。因此，在“伍厘米理论”之中，从2CM到3CM的过度，品牌商从“推”到“拉”，用户从“被动”到“主动”，可谓是“惊险的一跃”。

所有人都有一个惰性，习惯到最后时刻再做决定。只有当问题赤裸裸地摆在眼前时，才会去寻找解决问题的办法。我们的用户也是如此，而如果你想为用户解决更多问题，或者让用户迅速决策是否由你来为其解决问题时，你能否领先他人一步为用户解决问题，都取决于一点，你是否了解到用户更多的隐性需求。任何做决策的人都希望听到更多的建议和意见。我们与其等待，不如去推动这一结果的产生，那就是给你的用户更多的参考信息。这样，你不是要做卖东西给他的人，而是做帮助他解决问题的人。

那么，如何知晓你给用户的建议和意见恰好是用户所需要的呢？一种行之有效的办法是，我们需要培养一只有强大数据能力的顾问团队，利用用户数据管理、挖掘和营销的综合能力，来预测和感知用户真正想要的是什么。我们看到，一些消费型企业在数据挖掘的实际运用上，已经有以下五个维度的实践：

（1）用户资料智能分配

在数据的定位分析和具体数据内容的拆分过程完成后，利用已知模型分析出销售顾问的职业特征和人性特征，把客户名单的分配过程与分析出的预测模型相匹配，使销售个体匹配客户的各类特征，按照该自然联系和最新数据找到最佳销售顾问与客户的匹配，以使名单分配智能化并实时化。

（2）用户互动智能管理

经过系统培训和经验积累，每个顾问个体化的能力差异以及情绪上的随机波动都要尽量避免，顾问与某个用户之间的互动，该说什么不该说什么，都有数据后台的个性化分析和及时提示，确保顾问的每句话、每个字都不是拍脑袋脱口而出，不是毫无意义浪费时间，而是有针对性和有互动目标的。

（3）语音质检系统

在互动过程中，用户的提问、疑问、质问、反问，在语气上、语速上都有所不同，通过语音质检系统，可以检测到用户的兴趣点和情绪波动，并给出相应的沟通建议和提示，避免沟通产生误会，加强沟通效率，提升服务体验。

（4）服务语言推荐

通过大量的与用户沟通的文字、语音等历史实践和记录，总结经验和教训，形成一套适合于产品类型和用户特征的优秀销售话术体系，沉淀为品牌顾问与用户沟通的知识和学问，在每一次顾问与用户沟通的时候，都可以学习和借鉴。

（5）商品智能推荐

用户的需要如果被触发，该如何满足呢？当然也是由数据说了算，根据用户数据特征与沟通中发现的个性化需求，数据模型将从价格、性能、品质等维度，给用户匹配最适合的商品，给用户最佳的消费体验。

总之，我们数据挖掘的首要任务就是要培养并激发用户从“被动”转向“主动”。这个时候，必须跟用户交朋友，让用户有“参与感”，把品牌企业生产的全过程都开放，参与访谈、参与设计、参与研发、参与运营、参与口碑营销，品牌和用户融为一体。当然，实现用户全面参与需要一个过程。哪些用户可以参与，用户怎么参与，参与哪些环节，参与到什么程度……这一系列的问题，不能也无法凭管理者的主观态度和意愿去做决定，而是必须回归到用户数据本身，让数据说了算。

数据思维变革：量变引起质变

通过数据驱动产品和服务的时代到了，信息的保存、加工、发布将不再是经济的重心，基于信息的创新将成为经济的先导，信息总量的变化将导致信息形态的变化。

3CM 需求挖掘主要实现的是从被动接单到主动出击的过程，用户数据驱动，精准预测未来。我们在这个阶段，要着力构建这样几个能力：其一，动态标签，建立“ID + 情景 + 时间”的动态标签，看透一个用户内心的活动，预判其行为轨迹，挖掘出更多需求和购买动机；其二，智能营销，对用户交易数据与互动状态分群分类，达到提高消费金额的向上行销与增加购买机会点的交叉行销；其三，动态定价，根据用户的贡献度和购买时间的不同，精准算出动态定价，让顾客用最适合的价钱买到最想要的产品或服务，并享有专属折扣；其四，预测模型，从用户数据的洞察延伸到精准预测模型的建立，去除过度营销，选品、定价、市场全部有效自动化。

上海的 1 号店①很早就运用用户数据做需求挖掘方面的探索，后来因战略问题被并购，虽然网站被转手，但 1 号店在消费体验上做的很多尝试，值得肯定。

多年以前，1 号店的“商品墙”令人印象深刻。2011 年，1 号店进

---

① 1 号店，电子商务型网站，于 2008 年 7 月 11 日上线，开创了中国电子商务行业“网上超市”的先河。曾以低成本、快速度、高效率的流通，让顾客充分享受全新的生活方式和实惠方便的购物。后被沃尔玛收购，再被并入京东。

行营销创新，在上海的一些地铁站内，以广告灯箱的形式，投放展示了一面“商品墙”：一张陈列着商品图片的海报贴在墙上，从食品到日用品、从手机到数码相机，连奶粉、尿不湿等婴童用品都陈列其中，每一款商品的下方都有相应的价格和二维码，路人只要用手机扫描商品图片下方的二维码，就能够买下商品，当时不少媒体对此事做了报道，称其为“虚拟超市”。

当时，地铁站内每个“海报货架”上的商品种类还比较有限，约 80 余种，主打产品是各色饮料、方便面等快速消费品。如何在网站的千万种商品类别中，选择适合于“商品墙”的商品，不能拍脑袋，而是要让数据来决定。如果有系统的数据战略和打法，经过数据分析和检验，甚至可以根据不同的地铁线路、不同位置的海报货架，上架完全不同的商品。因为，每天选择地铁线路出行的人群，基本是固定的，他们的关注点、消费偏好，是可以通过数据挖掘来呈现的。

在我看来，1 号店推出这样的虚拟超市，至少有几点值得称道：其一，广告即内容。通过海报这样的展示方式，不仅是品牌的展示和营销，而且还增加了一个与用户的连接点，无论是新用户、老用户，都可以通过这个方式形成连接；其二，用户连接。要实现有效连接，一定是基于用户消费数据而来，对于用户的消费时间、地点和习惯要综合分析，才能提前预判用户的消费行为轨迹；其三，新的场景。这是提升消费体验的创新方式，它构建了一个全新的消费场景，线上线下相互融合，提升消费体验，引导新的消费需求。而这些，不正是现在“新零售”的玩法吗？

只可惜，当年 1 号店的这些做法，没有坚持下来。这可能有以下几个原因，第一，当年的移动通信还处于 2G 向 3G 过渡时代，网络带宽和手机智能化都还不够，扫码下载软件费时费力，对于匆匆而过的路人来说，不可能为了买瓶水花费如此之多的时间成本，而且，当时网络扫码支付也没有普及，即使路人想买，也会出现各种状况而最终选择放弃；第二，海报货架商品的选择，最后还是千篇一律，选择的商品可能也没有经过数据处理和消费分析，导致的结果就是，大多数人感兴趣而来，发现并没有自己想要的商品，购物体验并不好；第三，最后可能也是最主要的，1 号店只是把这件事情看作海报推广的营销动作，并没有当作连接消费者和提升体验的新方式，数据的搜集和处理可能也没有达到理想的状态。因此，此事在作为“虚拟超市”博得无数眼球之后，发现消费体验并不好，也没什么实际效果，于是很快被取消了。

现在回过头去看，这是一次成功的营销事件，却是一次失败的用户连接。如果现在有企业愿意尝试，则可以把营销灯箱海报换成内容更加丰富的液晶屏，智能化精准推荐不同的商品，辅以更佳智能化的监测和连接工具，通过识别用户表情和身份，不仅可以搜集到用户看了什么、买了什么，还能搜集到他们没看什么、没买什么，从而真正实现与用户之间的有效连接。

其实，像 1 号店这样的互联网公司，搜集每一个消费行为数据，做简单的模型推演，就能大致预判出消费者的下一次消费行为，并设计出激励方式，提前锁定消费行为。换句话说，如果 1 号店不进行精准提醒，很有可能我们就忘了家里的纸巾快用完了，更有可能我们想起纸巾快用完，就去淘宝或京东，或去小区楼下的便利店，或去离家 3 公里的超市就顺手购买了。

通过数据分析和需求挖掘，提前对消费者行为进行预判和锁定，经过一段时间的习惯养成，还能进一步地引导需求和消费。其实，纸巾是低价、高频的易耗品，还有很多高价、高频的消费品，方法论都是相似的，精准推荐可以实现更多的消费转化。但是，这种精准提醒，一定是基于数据分析而来的，每天成千上万的消费者在平台上搜索、闲逛和消费，如果没有数据后台，没有数据分析，胡乱推送信息，那一定会适得其反。

数据的搜集、沉淀、分析和消费习惯的引导、培养、成型，都会经历一个从量变到质变的过程。数据能告诉我们每一个客户的消费倾向，他们想要什么，喜欢什么，每个人的需求有哪些区别，哪些又可以被集合到一起来进行分类。大数据是数据数量上的增加，小数据是精确度上的增加，以至于我们能够实现从量变到质变的过程。我们必须抓住每一次跟用户发生连接的机会，用好互联网赋予我们的工具，对用户做好“一对一”的个性化服务，适时进行消费引导。

现阶段，就平台或生态而言，在需求挖掘的 3CM 阶段走得比较远的，有一个案例，是餐饮评价 APP 中的大众点评。

我是大众点评的重度用户，特别是到了一个陌生的城市的时候，在哪里吃饭、吃什么菜，都会首先打开大众点评 APP，搜索附近的推荐商户，并且会看打分和评价。其实，每当我打开 APP，大众点评网就知道并获取了我的需求信息：我在什么城市、什么地方，若在中午 11 点打开，肯定是肚子饿了，有午餐的需求，搜索了什么标签，表明我想吃的是“火锅”还是“特色菜”……位置信息、时间信息、内容信息，它全部掌握了，甚至我也常常用点评来“优惠买单”，说明我以往的消费信息也被大众点评掌握了——在这个餐饮点评的 APP 面前，我这个用户几乎所有的需求信息都完整且透明地呈现出来，这个时候它只要加以分析挖掘，适时推送一条信息：先生您好，午餐时间到了，根据您的饮食偏好，向你推荐三家离你最近的餐饮店，分别有你最喜欢的特色菜……如果您愿意走路，点击“确认”我们马上开始为您导航；如果您考虑打车，点击“确认”我们马上为你叫车……因为这是根据我的真实需求量身定做的推送，我在很大程度上会按照它的推荐来选择进餐的地点和推荐菜。

作为餐饮点评的领导者，大众点评积累了十多年的用户数据和餐饮店点评数据，这是它能够实施数据战略的前提和基础，从1CM走到2CM应该是很简单的事情，当它开始做这样的精准个性化推荐时，就是3CM的需求挖掘了。这种针对客户个性化需求的挖掘，背后所蕴藏的商机不可限量。但显然，这一步它还没有开始迈进，或许正在计划中。

每一个企业家朋友，都要习惯用数据价值的思维方式去思考问题、解决问题。信息总量的变化导致了信息形态的变化，量变引发质变。如今，数据几乎应用到了所有人类致力于发展的领域中，从功能为价值转变为数据为价值，说明数据为“王”的时代出现了。

数据挖掘运用

在1CM的用户画像和2CM的精准营销阶段，我们可以通过多渠道获取用户的信息数据。例如，用户所在地域、性别、年龄、兴趣、健康状况、日常生活习惯和消费能力等，通过对用户进行标签化的分类分级，进行点对点的精准营销。而到了3CM阶段，我们要让数据智能发挥作用，对用户的消费偏好和消费习惯进行综合研究，预测用户的消费行为。

如今，利用机器算法进行信息分发已经逐步成为信息平台、搜索引擎、浏览器、社交软件等几乎所有软件的标配，一些互联网平台，已经在用户数据分析与技术赋能上做了诸多尝试。

今日头条首先在信息分发领域使用机器算法，通过给每一个今日头条APP客户端推荐不同的信息，提升人们获取信息的“效率”，给用户“欲知的信息”，从根本上改变了信息分发模式，实现了“千人千面”的个性化推荐。其背后的机器算法，实质上就是数据算法和用户需求挖掘的实际运用，是在海量信息和海量用户之间寻求了一种优化的信息传播路径和连接方法，未必是最优。不过，相对于过去信息爆炸给人带来的茫然和无所适从，这种依托于数据算法给出的定向推荐，可以大大提升阅读效率。尽管也有“信息茧房”① 的困扰、存在“价值取向”② 的争议，通过信息处理上的机器算法对用户需求进行挖掘，今日头条还是撑起了1.2亿活跃用户的信息生态。

今日头条旗下的抖音短视频，更是将数据算法融入视频信息推荐中的经典案例。他们通过数据来监测用户录制和上传的每一条短视频在一天、两天或一周内的观看量、点赞量、关注量和评论量，一旦超过某一个既定的阀值标准，如某条视频两天内点赞超过1万，则被特别标注，成为可以向另一目标用户进行抖音官方推荐的短视频，一旦获得抖音官方推荐，流量就会急剧攀升，成为网红视频，而所有的推荐范围和力度，也可以分级分层，背后的深层次逻辑，有且只有两个字——数据。可以说，凭借数据算法，抖音精准地把握了每一个用户的兴趣偏好，增加了用户黏性，“你看到的，恰恰就是你想要看到的”，构建了良好的用户体验，创造了普通人可以在几天之内凭借一条或几条短视频收获百万粉丝的快速成长和成名的模式，平台自身也收获了日活跃用户超过1.5亿的奇迹。

十几年来，淘宝一直在研究用户的交易习惯，期待实现“千人千面”的个性化体验。其原理也是通过人工智能和机器学习，把用户的搜索轨迹、收藏信息、交易信息、评论信息等综合在一起，分析用户的消费偏好和购物倾向，预测用户的消费需求，再据此向特定用户推荐最优商品信息。在这样的推荐模型中，用户在某个时段对于某个页面的点击

---

① 信息茧房是指人们的信息领域会习惯性地被自己的兴趣所引导，从而将自己的生活桎梏于像蚕茧一般的“茧房”中的现象。由于信息技术提供了更自我的思想空间和任何领域的巨量知识，一些人还可能进一步逃避社会中的种种矛盾，成为与世隔绝的孤立者。

② 价值取向（Value Orientation）是价值哲学的重要范畴，它指的是一定主体基于自己的价值观在面对或处理各种矛盾、冲突、关系时所持的基本价值立场、价值态度以及所表现出来的基本价值取向。

率、阅读时间、点赞、评论、转发等都是可以量化的目标，能够用模型在一定程度上进行拟合，并对未来需求进行预测。而且，在大阿里的生态中，淘宝、天猫、支付宝的后台用户数据是共享和打通的，相关数据甚至与优酷、微博、淘票票、飞猪旅行等阿里系的平台进行了部分共享，用户在这些平台上的行为习惯和消费偏好，都被读取和存储，作为数据分析和需求挖掘的基础。当然，具体掌握了哪些数据、规模如何、精细程度如何，这恐怕属于阿里系的高度机密，外界人就不得而知了。

京东、苏宁也高度重视用户数据的搜集和沉淀，个性化、智能化的购物推荐都在实施中。京东自身平台上的用户行为监测和数据沉淀已经做得很完备，背靠腾讯的流量，发展愈加稳健，只是腾讯的社交关系数据，在多大程度上能够与京东的用户数据打通，并且通过什么样的共享方式来开发价值，还有待于时间的检验。苏宁则依托广布全国城镇的线下大卖场的流量数据和苏宁易购线上流量数据进行打通和积累，走出了一条全新的从线下到线上相互融合的路子，其用户数据更具真实性和可靠性。

对于这些电商巨头公司，他们最不缺的是数据，未来的挑战在于，如何分析和挖掘这些数据，并把数据分析的结果用于实践。在 2017 年“双 11”购物节上，零点过后 12 分钟，天猫全网第一单在上海完成签收，该区域的刘先生在 11 日零点后在天猫超市购买了零食，菜鸟智慧物流便从离他就近的仓库发货，12 分钟就完成了配送。而据京东到家的数据显示，最快订单从下单到收货仅用了 4 分 28 秒。也就是说，当人们还在购物抢单时，快递已经到家门口了。这背后是各家电商平台、快递企业着力加强对科技领域投入获得的成果，既包括自动化分拣、标签识别、物流跟踪等在内的硬件，也包括对于大数据、数据分析在内的软件系统，而当前最火爆的人工智能、无人科技等技术，也都纷纷在物流领域一展身手，大大提高了配送效率。

数据智能将会发挥巨大的作用，例如，当某位消费者在网络上浏览、比价甚至于收藏一台电视机的时候，数据后台已经监测到并会根据概率提出配货建议，也就是说，在消费者还没有下单购买的时候，这台电视机或许已经配送到离他最近的仓储点存好了，只待一键下单，即可装车出货。数据在需求挖掘的运用，大大压缩了选货、备货、配货、出货的时间，完全重构了供应链模式，极大地提升了购物体验。

当然，商品信息更加丰富和多元化，用户的消费需求也会因时因地而发生随机变化。现在有不少创新都致力于改善购物体验，如 3D 体感试衣、电子价格标签、可购物橱窗、面部识别付款、智能购物车、虚拟 3D 商品等，可以在用户数据分析和挖掘的过程中发挥效用。通过智能化数据跟用户发生连接，进行需求挖掘的方法有很多，就看你如何去使用。我为其提供咨询的一家企业，在 3CM 数据挖掘的运用上，做了诸多尝试：语音质检系统，服务语言推荐，智能客户资料分配，智能客户互动管理，智能商品套餐推荐……而这一切的动作，是否能收到成效，都在于企业是否已经拥有了足够体量的用户数据库。

也有不少数据不够智能的例子。机器算法看到客户搜索了袜子之后，就会推荐各种品牌和价格的袜子产品，哪怕已经购买完成之后，这样的推荐还是有增无减，不仅对促销无益，反而可能引起消费者的反感。我们的电商平台，在捕捉用户信息和需求挖掘上，可能在一定意义上实现了从“千人一面”到“千人十面”的升级，但离“千人千面”似乎还有点距离，如今的新零售就是要力求不断地缩短这个距离。

用户数据分析模型

对于品牌企业来说，外部数据、行业数据和平台数据固然重要，但自身的用户数据才是应该关注的核心。很可惜，在我们所了解的企业家朋友中，大多数只看财务报表，只关心财务数据。我们打个比方，财务数据所体现出来的价值，只是冰山一角而已，更多的潜在数据的商业价值，还有待于我们去发现和挖掘。

简单来看，一家企业必须要解决用户、商品和渠道这三个问题，背后都有相应的数据逻辑。在用户端，以数据挖掘为基础，提高销售效率及用户满意度，发现趋势，辨识商机，快速占领市场，这样的用户购买偏好分析，其背后是用户消费偏好数据分析和用户关系管理平台；在商品端，以商品自然联系、用户深度分析为基础的产品推荐，使推荐效果更好，成功率更高，其背后就是商品及类别数据管理；在供应端，进货分析、库存分析、经营管理、渠道管理等，通过数字化、信息化更加高效和准确，而这一切都离不开供应商数据管理。这三个端口中最为重要的是用户端，最有价值的是用户数据。

数据挖掘业务实操上，对用户数据进行分析分类一般有以下六种模型：

（1）RFM 模型

这是衡量用户价值和用户创利能力的重要工具和手段。在众多的用户关系管理分析模式中，RFM 模型是被广泛提到的。该数据模型通过一个用户的近期购买行为、购买的总体频率以及消费金额共 3 项指标来描述该用户的价值状况。

根据美国数据库营销研究所阿瑟·休斯（Arthur Hughes）的研究，客户数据库中有三个神奇的要素，这三个要素构成了数据分析最好的指标：最近一次消费（Recency）、消费频率（Frequency）及消费金额（Monetary）。模型针对每个用户的每个变量评分，计算三个变量的乘积，按结果排序，前 20% 是最好的用户，要尽可能保留，中间 60% 需要尽量使它们向前 20% 转移，后 20% 是尽量避免的用户。该模型动态地显示了一个用户的全部轮廓，这对个性化的沟通和服务提供了依据。同时，如果与用户打交道的时间足够长，也能够较为精确地判断该用户的长期价值（甚至是终身价值），通过改善三项指标的状况，从而为更多的营销决策提供支持。

（2）用户价值矩阵模型

通过每日平均购买金额 A 与购买次数 F 构造二维的用户价值矩阵。用户价值矩阵将用户分成四种类型：优质型用户（A、F 值均处于高位）、乐于消费型用户（A 值高但 F 值低）、经常型用户（F 值高但 A 值低）及不确定型用户（A、F 值均处于低位）。品牌企业的主要任务是有针对性地提升用户的 A 值和 F 值，把更多的用户转化为优质型用户。

（3）用户忠诚度模型

忠诚度模型是一个被品牌企业用于满足用户和相关利益者的期望，以提高他们的忠诚度使该企业达到其工作目标，甚至超越原有目标。该模型的基本假设是获取一个新用户的成本，比维护一个老用户的成本要高得多。这个假设早在 1990 年就被提出，当时的流行观点是，根据行业的不同，用户忠诚度每提高 5%，利润可提高 25% ~85%。尽管学界对数据结论有理论和统计方法上的争议，但用户忠诚度与企业的盈利能力高度相关是大家达成的基本共识。

用户忠诚度模型观察的指标包括：客户重复购买率；客户对产品的关注程度；客户购买产品的平均间隔时间；客户贡献价值；最近一次购买时间，等等。通过对这些用户指标的观测，将用户分成四类：

①高忠诚度高价值；

②低忠诚度高价值；

③高忠诚度低价值；

④低忠诚度低价值。

（4）生命周期模型

生命周期（Life Cycle）的概念应用很广泛，在心理学上，主要是指人的生命周期和家庭的生命周期，涉及出生、成长、衰老、生病和死亡的过程。在产品研究上，是评价一种产品或一类设施从“出厂到报废”全过程对总体环境影响的手段，从区域、国家乃至全球的广度及其可持续发展的高度来观察问题。按照生命周期、家庭支付能力等标准，对用户进行不同标签的划分。比如，首次置业人士或常年工作流动人士，单人人士或丁克家庭，有婴儿的夫妇或单亲家庭，成熟家庭或富足成熟家庭，空巢家庭或大龄单身贵族，活跃长者，等等。再针对不同类型的用户进行精准营销。

（5）地域人口统计细分模型

根据地域居住特征，南方或北方，农村或城市，收入较低或较高等标准，进行用户数据的分类，再针对性地进行研究。

（6）生活方式（Lifestyle）模型

根据用户的生活习惯、消费习惯进行模型化分析，如小资型、奢侈型、工作狂、保守型，等等。

不同行业、不同规模、不同类型的品牌企业，都可以根据自己的产品和服务特质，选择适合于自身的用户数据分析模型，通过这些方法，能和用户建立更深的联系，能为用户提供更个性化的营销和服务，能给用户创造更多价值。

产品端的数据与模型优化，在实际操作上也有很多办法。比如，按照商品之间的自然关联进行产品推荐；按照座席销售顾问与用户的接触内容进行实时产品推荐；按照客户的个人购买习惯进行搭配推荐。其中，围绕用户习惯的推荐最为有效，前文所述“千人千面”正是这种推荐的经典运用。其内在逻辑是通过数据监测，对用户浏览器行为跟踪分析，分析用户的兴趣点所在，查找用户所有的访问路径，按照用户的网站使用习惯和感兴趣的产品预测结果，并进行产品推荐。

企业管理的数据运用主要是驱动企业管理流程优化。对多元化的数据进行相关性分析和识别，发现隐藏的优化区域，实时监视优化成果，实现效率和回报的提升。

综上，无论用户端、产品端、渠道端还是企业管理，都离不开数据，企业家只看财务报表，仅根据财务数据就能做决策的时代已经过去了，一切从用户出发，从数据出发的时代，已经来临。

精准预测未来

2017 年 8 月，第三届世界浙商论坛上，马云出席并发表演讲称，“过去的制造业基本上以 B2C 为主，企业自己制定标准，营销市场，而未来的制造业必须是 C2B（Customers to Business，即消费者到企业），根据市场、根据客户进行大规模、柔性化、个性化定制，这才是真正的未来。”

近两年间，马云曾两次正式谈到了他认为“计划经济好”的观点①。马云曾表示，“马克思主义讲到的市场经济和计划经济到底哪个好……过去的一百多年来一直觉得市场经济非常之好，我个人看法未来三十年会发生很大的变化，计划经济将会越来越大。”

“为什么？因为数据的获取，一个国家市场这只无形的手有可能被我们发现。”此后马云表示，“计划经济和市场经济最大的差异是，市场经济有一只无形的手，我想问大家，如果这只无形的手你愿意摸到，你愿意做计划吗？”

无论是 C2B 还是新的“计划经济”，马云谈未来商业蓝图的时候，一定离不开数据，他所定义的数据处理技术（DT）时代，就代表着未来的大数据时代。

---

① 第一次是在 2016 年 11 月，马云在“2016 世界浙商上海论坛”上发言，说“未来 30 年，计划经济会越来越大”；第二次是 2017 年 5 月，在“贵阳数博会”上发言，说“数据创造价值创新驱动未来”。

C2B是互联网经济时代新的商业模式。这一模式改变了原有生产者（企业和机构）和消费者的关系。C2B打破了生产者主导的传统，转变为以用户为主导的“碎片化”生产模式。“碎片化”是指小批量、多批次、柔性化生产和个性化定制的生产方式，这个按照工业化大生产和规模经济时代的规律来看，几乎是不可持续的，只有在大数据、云计算和智能化生产的场景下，只有跟用户建立了紧密的关系，通过用户数据得到真实需求，C2B与“碎片化”生产才能得以实现。

通过用户驱动思维变革，基于数据挖掘用户需求，在一定程度上是能够精准预测未来的。在这个过程之中，对于品牌企业来说，需要逐步完成四个方面的内容：

（1）建立动态标签

建立“人名＋情景＋时间”的动态标签，看透一个顾客内心的真实想法，提前做预判，挖掘更多需求与购买动机。过去我们在建立标签的时候，只是从性别的角度来区分，事实上，我们需要做得更多，因为仅仅用性别、年纪、职业分类容易忽略人的异质与变动性，我们通过大数据“NES模型”＋“NPI回购预测”，准确把握和挖掘用户的真实需求、购买动机与时机才是关键。

NES模型，通过对用户的活跃度分类，有针对性地进行用户需求挖掘。N指新用户，E指主力用户，S指沉睡用户；具体地说，S1指瞌睡用户；S2指半睡用户；S3指沉睡用户。我们的关注重点在于：第一，重点关注人的状态，目标是把潜在用户变成新用户进而变成主力顾客；第二，重点关注人的动态，越早在上水位留住用户，花费的行销资源就越少，反之则资源耗费大也不一定留得住用户；第三，重点关注控制机制，要有用户关系管理计划，知道针对不同用户该做什么，在哪个状态的用户应优先处理和如何处理；第四，重点关注智能预测，速率限制，系统自动协调。

下次购买时间 NPT（Next Purchasing Time）则是一种分析方法，能预测未来 7 天、30 天有可能回购的用户，并在此之前提醒他们。在数据的基础上，分析用户的动机和实际行为就能达到准确预测的精准行销。

（2）驱动智能营销

将顾客根据交易数据与互动状态分群分类，以期达到提高消费金额的向上行销与增加购买机会点的交叉行销。传统营销采用一对多方式，确定目标群体，针对群体进行营销，成本高、准确性差，引入大小数据可以根据用户当前需要或生命周期的重要事件，驱动包括网页、电邮、直邮、网店、社交媒体、手机、客服中心等多维渠道和立体传播方式，围绕具体的用户群，实现个性化、“一对一”的智慧营销。

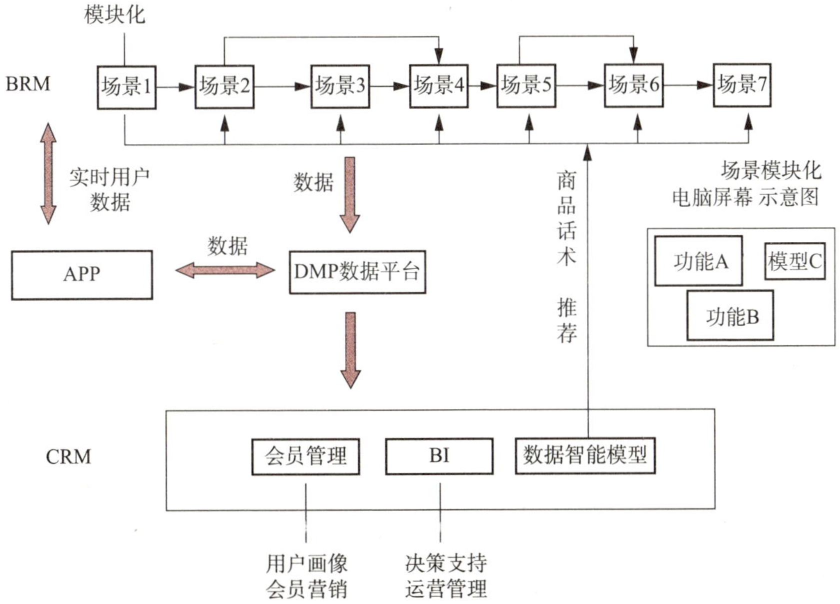

数据驱动商业智能

（3）设置动态定价

根据用户的贡献度与购买时间的不同，精准算出动态定价，让用户用最适合的价钱买到最想要的产品，并享有专属折扣。过去零售商爱打价格战，厮杀到最后谁都没占到便宜，现在运用大数据科技，可以针对不同用户采取不同的价格策略，达到动态定价的最佳状态。未来上架的产品可能不再为产品标价，只要辨识出每个用户的喜好、身份、行为，推测出其需求，就可以根据需求定制专属的价格。动态定价不仅终结价格战的恶果，也将为用户带来更便利、垃圾广告更少的购物信息，彻底改变未来的行销策略。

（4）构建推荐模型

从洞察用户的数据分析延伸到精准预测的模型建立，去除行销化，选品、定价、市场全部有效自动化。数据预测是一种 Know - How① 的层次转移。将顾客分群，预测单一消费者多久后回购，透过交易数据推算出产品推荐模型。数据预测代表观点建立，以目标为导向，对症下药执行，强调速度与精准度。传统的做法就是把数据整理、形成报表后分析，这其实是一种落后的做法。只有通过模型化，即时侦测消费者、即时调节营销策略，提供零时差沟通和个性化信息，才是大数据分析的精髓。

数据驱动商业智能化是一项基础工程，也是一项系统工程，包含数据采集、数据加工、精准营销和差异化服务等多个方面，我们在本书中提出的“伍厘米理论”，就是试图将这个系统工程逐步落地的一种方法论。

“弯道超车”的机会在哪里？

中国现在的泛零售行业，大家普遍关注的还是 2CM 阶段，品牌商能够精准营销已经很厉害了，少数已积累了丰富数据的行业平台，如沉淀了社交数据的微信、微博、沉淀了交易数据的天猫、京东、拥有餐饮

① 技术诀窍，最早指中世纪手工作坊师傅向徒弟传授的技艺的总称。现在多指从事某行业或者做某项工作，所需要的技术诀窍和专业知识。

数据的大众点评、拥有出行数据的滴滴、拥有酒店数据的携程，有机会继续往 3CM 升级，与这些平台有关联的品牌商将会获得新的商业机会。那么，对于不是平台、也与平台无关联的品牌商，有没有可能，以及该如何往 3CM 升级呢？

我们认为，从以下两点入手是很有机会的。

（1）要重视用户服务

用户服务部门是与用户最直接接触的部门，一般有呼叫中心、服务热线、售后服务等部门。很多企业家朋友把售后服务看成是大麻烦，希望用户把产品买回去就忘了他们，售后服务越少越好，最好没有。因为在他们的概念里，售后服务是多出来的成本，需要售后服务的用户一般都是比较挑剔和比较难搞定的，他们或者对于产品质量和使用体验吹毛求疵，或者对于产品服务还有这样那样的过分要求。一旦他们找上门，就没有好事。既然他们把售后服务当作成本，认为面对这些用户，吃力不讨好，费时费力，那么配置的团队一般也是年轻、没经验、工资低的员工，结果呢？因为团队经验不足、专业性不够，用户越挑剔，他们的服务就越差，效果就越难看，这就陷入恶性循环，老板越无奈就越想说，怎么把这个部门给关掉。

如果换个思路，从用户思维出发，用户服务部门是每一个企业当中最重要的部门。他们通过“一对一”的服务形式，可以妥善处理好用户关系，建立连接、实时互动，可以结合用户数据分析进行精准营销，还可以实现用户需求挖掘。这个时候，用户服务部门不仅不是成本部门，更应该是创收和盈利的部门。

实际上，已经有不少以用户为核心的企业，在用户服务上做了很多创新和尝试。由于经常商务出差，到 2012 年的时候，我已经成为携程 VIP。有一次，我要去广州开会，在携程网站订了上海到广州并在第二天返回的双程机票，那天下午订单付款完成后，我把相关行程信息加入日程表。当天晚上，收到携程客服打来的电话：

——周先生，你好，我是携程 VIP 客户部员工小张，工号 3452……

——嗯，是我的机票付款出了什么问题吗？

——不是。

——是航班临时有调整吗？

——不是。

——那你电话有什么事情？

——是这样的，周先生，我们在后台数据看到您经常上海飞广州并返程，这一次发现您没有订晚上要住的酒店，怕您忘了，做个提醒。

——哦，是这样的，这次在广州有朋友帮忙订好了酒店房间。谢谢你。

——原来是这样啊，那您方便告知一下，您朋友帮您预定的是哪家酒店吗？

——呃……是威斯汀酒店。

——好的，谢谢您，我们会把威斯汀酒店也作为您在广州旅行的常住酒店，跟万豪酒店一起，下次向您优先推荐。如果您需要预定，提前一天还可以享受 VIP 折扣、酒店保留至晚上 12 点以及退房延迟到 14 点等 VIP 服务。很抱歉打搅您了，祝您旅途愉快。

短短几分钟的沟通，没有生硬的推销只有贴心的服务，让人如沐春风。然而，要做到这一切，后台的数据功能必不可少，他们通过数据知道我是谁，知道我经常出差的消费习惯，发现我这一次订了机票却没有订酒店，就通过电话给一个贴心的提醒。并且很聪明地搜集到我的消费数据，把我朋友预订的酒店也加入到数据库里，形成完整和持续的消费行为轨迹。通过这样的消费行为轨迹，就可以预测和分析我下一次的消费行为，并提前做出推荐动作。在携程这里我们会发现一个很有意思的现象，飞机不是携程的，酒店也不是携程的，携程靠什么来连接数千万的用户，并让他们无法离开？靠的就是用户服务，靠的就是用户数据分析及预测。实际上，携程就是数据公司，依托庞大的用户数据，开展精准的用户服务。

在我的研究案例里，能够在用户数据分析的基础上，给用户“一对一”的个性化服务、进行用户需求挖掘的公司，到今天也没有几家。在我看来，携程应该是完成了1CM、2CM阶段的基础工作，正在从2CM向3CM升级。因此，携程在用户数据智能方面仍有提升的空间，如果它还可以做得更细致些，例如，我习惯住在无烟的、远离电梯的、窗户朝南和楼层高的房间，如果能够在我预订酒店的时候把这些个性化的要求同步反馈给酒店前台，提前预留好适合我的房间，那我恐怕一辈子都离不开它了。

因此，我们要打破传统观念，服务不是成本，而是跟用户之间非常有价值的连接动作，处理得好，可以很自然地促进会员向客户、客户向超级用户的转化升级，每一个客服都是培养超级用户最有利的人选。每一个企业的用户服务岗位，应该是由那些最资深、最有经验、专业能力最好和工资最高的员工来担任。当然，在面对用户的时候，该说什么，不该说什么，除了依靠专业经验，还要有后台的用户数据平台分析推荐的话术语系。你要相信，如果哪一天，用户真的不找你了，企业就没有价值了，很可能要灭亡。

（2）升级消费体验

始终站在客户的角度，用数据的方式，把消费需求、场景和体验融合在一起。当前最火热的话题莫过于“新零售”，其本质内容是技术运用、场景迭代。我们看到很多案例，都是把互联网技术用于零售的“场”和“货”等各个环节，线上的品牌要想办法往线下沉淀和渗透，线下的品牌要充分利用互联网技术进行连接和赋能。如果能同时运用于“人”的环节，关注用户的数据，关注用户的需求，提升用户的体验，在我看来，哪怕是最传统的业态，都有用户体验升级的空间。

2015年8月，我带一个企业家团队去日本参观旅行，临近回程的一天中午，计划行程中没有午餐的安排，天气也热，导游带大家就近找了一家做生蚝的小店，大家心想，日本号称海鲜料理王国，去尝尝也好。大家落座后，点了几份菜单上的推荐菜，其中先上来了一盘生蚝，每人一盘，盘子里一共五个，有大有小，有个企业家朋友就不乐意了，叫来服务员理论，“你是不是欺负我们外地人啊，怎么有大有小的？”服务员通过导游向大家解释也没怎么说清楚，然后，她指着桌子上的二维码，请大家拿出手机扫描。手机扫描后，手机页面上显示的是关于这盘生蚝的简介，原来五个生蚝分别来自五个不同的产地，是不同的品种，也有着不同的口味，还有专门的品尝建议。特别是介绍完之后还有购买链接，冷链保鲜的跨国快递可以直接送到中国北京、上海等大城市。我一看到这些，心想，这家店老板果然厉害，不仅分享了食品知识，还增强了美食体验，而且通过这样的分享和体验，很容易展现出专业性并赢得信任。此时，很多朋友已经按照品尝建议，纷纷在享用美餐，还有不少朋友在用餐后，直接在手机上下单付款买了不少，想让家里人也尝尝。这只不过是一家街角的海鲜小店，以生蚝为特色主菜，他们在数据上可能没有特别多的积累，只是比别人多做了一步，不需要特别大的投入，在让顾客品尝海鲜美食的同时，还向他们分享食物故事，不仅整体上提升了消费体验，还能够挖掘需求、促进消费。

品牌企业想利用好用户数据，要做的就是“一对一”沟通，在日常沟通的过程中，获取他们对于产品或服务的建议和意见，获取他们所代表的社群新的需求信息。虽然未必百分之百的准确，也不一定全面和透彻，但一旦把这些数据与行业、区域消费发展趋势结合起来，进行对比分析、互补分析后，就可以更全面地指导企业的经营策略。使用好用户数据，培养并运营好超级用户，不但能拉动销量，而且在改善产品、改变经营模式、吸引新用户，甚至是提高市场投资回报率上，都有很大作用。

第 11 章

品牌洞察
（4CM）

古语有云，“酒香不怕巷子深”，又云，“好事不出门，坏事传千里”。在工业革命之前，人际间的传播对于品牌口碑已经有了很大的影响力。互联网时代给商业世界带来的最大变化，就在于信息的传播更便捷、更快速，有了现代沟通工具赋能的口碑传播，对品牌更加重要了。

品牌怎么样，消费体验怎么样，先看看用户说了什么。这句话说起来简单，理解也很容易，真正做到却很难。

雷军创立小米手机的时候，智能手机市场竞争已经格外激烈，苹果、三星垄断高端市场，低端市场则被各种各样的山寨手机所占据，小米手机凭什么后来居上，并快速成长为智能硬件领域的独角兽公司呢？雷军曾经把自己的成功经验总结为互联网七字诀：专注、极致、口碑、快，这其实更是一种互联网方法论，大多数成功的企业家、创业者，都会运用类似的策略，专注、极致，以及快速执行和迭代。然而，大家对“口碑”这一项，似乎有不同看法。

一种观点认为，努力把产品做好，提供极高的性价比，用户自然就来了，所以用户说什么并不重要；另一种观点认为，消费者的认知能力有限，做产品和服务只有打破或超越这种认知局限，才有可能成功，因此，哪怕是重视了用户口碑，也毫无裨益。

持后一种观点的人，还常常举出乔布斯的例子。乔布斯用苹果手机重新定义了一个时代，他一生痴迷于用极致的工业设计和产品美学，做出令人惊艳的产品去引领消费潮流。他说，“我们的工作是在顾客自己还根本不知道他们想要什么之前，预先知道未来他们将需要什么产品”，还有句话被广为流传，“消费者永远不知道他们要什么”，苹果的巨大成功让乔布斯走上神坛，拥有了一大批的追随者。

当然，乔布斯是伟大的，他不用迎合消费者，凭借极致的产品体验就拥有了口碑，他一次次用产品证明了自己，然而，这样的天才能有几个呢？回归到正常的商业规律，大部分人是不具备乔布斯这样的条件和才能去对消费者说“NO”的。更多的品牌，要想在激烈的竞争中取胜，必须提升品牌知名度和美誉度，还要持续积累好的口碑。

如今，重视用户口碑似乎是企业家之间的共识，但如何落到实处，很多人依旧束手无策。很多人认为，与单个用户进行互动是不必要的，而来自某位用户的反馈也只有当顾客能代表整个市场时，才可能有用处。这句话只说对了一半，来自某位用户的反馈究竟是仅仅代表他自己，还是代表整个市场，该如何判断？大家通常的做法是看持有同样看法的反馈究竟是来自个别人还是一群人，个别人的就置之不理，只有一群人的才会得到重视。但是，一群人到底以多少人数为标准，企业家又再次陷入凭感觉进行主观判断的窠臼中去了。

用户口碑来自一个超越消费者期待的产品或服务，其带来的消费体验令人惊喜，用户愿意和朋友分享，因口口相传而快速获得更多人的认可。我们知道，在最传统的商业时代里（零售 1.0），商家对用户的口碑极为重视，因为产品信息传播渠道很少，如果用户的口碑不好，基本上是没有生存空间的。工业化时代、互联网时代，新的渠道开始出现，信息传播手段迭代升级，越来越中心化，用户被渠道所控制，渠道展示什么，流量就往哪儿走，零售店的关注重点都在于怎么吸引流量、提升营销技巧方面，反而把口碑的作用弱化甚至忽略了。

直到移动互联时代来临，新的社会化媒体推平了一切，传播速度大爆发，信息的扩散半径得以百倍、千倍地增长。产品或服务好不好，企业自己说了不算，用户说了才算，口碑效应重新变得无比重要，用户说了什么，成为每一个企业必须认真面对的问题。因此，我们亟须一种管理工具，能够对用户的口碑数据进行科学管理，以数据处理获得的结果作为企业运营中科学、理性决策的依据。

品牌价值由网络口碑形成

当今的互联网正影响着每人的生活，而包括微信、微博、网络社区、社群、电商等在内的互联网平台，是人与人之间一对一、一对多、多对一、多对多进行直接或间接沟通的桥梁工具，深刻地影响着人们在商业社会中的消费判断和选择，这些散见于互联网的生活意见和看法最终形成了围绕成千上万个品牌的“网络口碑”。互联网已经成为重要的舆论场，逐渐占据一定的影响力。网络是社会信息的集散地，也是社会舆论的放大器。很多言论，都是通过网络放大、推进、炒作并形成舆论的。

美国资深营销专家马克·休斯在《口碑营销》一书中写道，“口碑是这世上最具效力的营销方法”，同时，“口碑的成效是电视或平面媒体广告的 10 倍。”美国的谷歌公司就是网络口碑时代的最大受益者，其以最小的代价赢得了最大的品牌收益。在谷歌一直倡导的营销七大原则中，其中有一条是：“让别人为你说话（Let others speak for you）”。怎么样让别人为你说话呢？就是要高度重视用户口碑，并且充分积累用户口碑。在互联网时代，用户口碑不仅影响了品牌价值，甚至在一定程度上也决定着品牌价值。

2001 年 4 月《麦肯锡季刊》研究发现，在整个消费者决策过程中，口碑是最具潜力的影响因素，正确的信息在对其感兴趣的人群网络中产生共鸣和扩张，影响品牌知名度、购买率和市场份额，在线社区和即时通信的兴起进一步放大了口碑的潜在影响力。消费者在消费决策中，一般会经过“激起购买欲望”“购买前考虑评估”和“购物时刻”三个阶段，消费者在这三个阶段中主要受到三个因素的影响：广告、过去经验以及口碑。研究表明，在成熟市场中，消费者在三个阶段受到口碑影响的权重指数分别在 18%、19% 和 10%，而在发展中市场中，口碑的权重指数则有更佳表现，分别为 18%、28% 和 46%。

成熟市场和发展中市场的主要区别在于信用体系是否完善、信息是否公开透明、政府监管是否到位。在成熟市场中，品牌集中度比较高，品牌形象和定位已经深入人心，相对稳定，网络口碑对于品牌形象的影响相对有限；而在发展中市场，品牌集中度不高，信息不对称仍大量存在，广告营销良莠不齐，用户在做决策的时候，除了参考广告和过去经验外，更多地会在自己的熟人朋友圈中寻求帮助，或在互联网上搜索品牌，浏览别人的消费体验和点评分享，希冀得到专业意见，而这些统称为网络口碑。

既然网络口碑如此重要，还是用户购物时的重要参考信息来源，那么，我们是不是可以把网络口碑利用起来呢？顾客评价平台 PowerReviews① 研究发现，品牌和零售商可以利用网络口碑和这些洞察力来改进产品，优化网络内容，从而整体改善用户体验，吸引流量、增加销售和提高销售转化率。

一方面，用口碑吸引流量。PowerReviews 研究表明，超过三分之一的购物者选择在搜索引擎上开始购买过程，而直接在品牌或零售商网站上开始的购买者占 21%。用户评价的数量和质量有助于确保品牌的产品页面在搜索引擎的结果中显示，通过在这些产品页面上提供丰富的关键字，这些包含关键字的评价词条沉淀为永久性资产。当添加一个或多

---

① PowerReviews 是一家为零售商和电子商务网站提供用户评价技术的公司，它新近推出的工具套件可以帮助公司客户推广、奖励并衡量顾客的参与度和评价生成状况。

个评论时，产品平均有 108% 的有效流量提升。

另一方面，用口碑增加销售。重视口碑的企业预计会增加收入。平均而言，PowerReviews 的研究发现，一旦用户主动产生至少一个评论，就会看到产品的销售额明显增加。同时，当品牌向购物者更多地提供他们正在寻找的所有信息时，尤其是其他消费者留下的口碑参考，他们更有可能进行实际购买。PowerReviews 的研究发现，当没有评论的产品添加一个或多个评论时，该产品的转化率平均增加了 65% 。

口碑传播其中一个最重要的特征就是可信度高，因为在一般情况下，口碑传播都发生在朋友、亲戚、同事、同学等关系较为密切的群体之间，在口碑传播过程之前，他们之间已经建立了一种长期稳定的关系。

因此，企业要充分利用好网络工具，营造良好品牌口碑，因为口碑不仅影响了品牌价值，在一定程度上，还可以成为品牌形成的驱动器。像小米手机这样高度重视用户的声音，让用户积极参与到产品设计、生产、营销等各个流程中去，让品牌通过用户间口口相传的做法，不仅省下了巨额的广告费用、渠道费用，最重要的是在企业和用户之间建立起了一种前所未见的信任关系。这种信任关系越高，口碑传播的效果越广，最终让小米在短期内获得了爆发式的增长。

用户“信人”决策模式①

在网络时代到来前，“一切生意源于信息的不对称”，这还是一条号称亘古不变的真理。随着网络技术的发展与深化，消费者拥有了越来越便利的信息分享环境，消费者话语权得到前所未有地提高，消费市场的核心已经发生了彻底的改变，品牌与消费者的信任机制也重新建立。

---

① 该模式由 2016 年 8 月百度营销研究院在《移动互联网时代消费者决策研究》报告中首次提出。

而消费决策模式完成迭代和变革，经历了三个阶段：

（1）第一阶段，AIDMA 模式

一百多年前的传统商业时代，人们对于消费心理和行为过程的研究，诞生了那个时代被奉为圭臬的经典营销理论，即美国广告学家 E·S. 刘易斯在 1898 年提出的 AIDMA 营销法则。该法则指出，消费者从接触到营销信息到发生购买行为之间，大致要经历五个心理阶段：引起注意（Attention）、产生兴趣（Interest）、培养欲望（Desire）、形成记忆（Memory）、购买行动（Action）。

在这种模式下，消费者由最初注意到商品产生兴趣和购买愿望，留下记忆并最终做出购买行动，整个过程主要由传统广告、宣传活动、促销等营销手段所驱动，而广播式的广告是核心驱动。品牌企划、大众媒体、受众、媒介计划与采购是这个阶段营销业者的关键词，覆盖率、收视率、到达率等是这个阶段营销成效的关键。消费者在整个过程中得不到尊重，品牌与消费者之间的互动和关系极为脆弱，或者根本不存在，个性化的意见因没有渠道反馈而被无情埋没。品牌商家要做的最关键的事性是：把自己成功的广而告之出去。

在互联网出现之前，信息不对称普遍存在，广告主牢牢掌握着丰富的产品信息，而消费者没有。广告主通过强大的电视、报纸、杂志以及销售终端等媒介，广泛发布产品信息，动态地引导消费者的心理过程，刺激其购买行为。这是一种完全由卖方主导的营销，企业主利用大众媒体，以一二三四、二二三四的节奏一步步引导观众的心理情绪，从引起消费者的注意，使其产生兴趣和欲望，直到让消费者记住产品，最终形成购买。在互联网开始改变人们的生活方式之前，AIDMA 营销法则一直在有效地指导着广告创意和实际的营销策划。

（2）第二阶段，AISAS 模式

进入 21 世纪，互联网发展如火如荼，交互式的新媒体开始解构消

费者曾经习以为常的决策行为习惯，也开始解构原有的营销法则。人们转而乐此不疲地谈论一个全新的消费者行为模式——AISAS。该法则由国际 4A 广告公司日本电通广告提出，即注意（Attention）、兴趣（Interest）、搜集（Search）、行动（Action）和分享（Share）。2005 年，日本广告市场出现了与以往不同的形态：四大传统广告媒体形式的投入金额与前一年相比出现微小的下降，而网络广告的投入却暴涨了 54.8%。这个变化标志着互联网对生活和产业的影响力已经初具规模。在这个背景下，日本电通广告集团率先修改了传统的 AIDMA 模型，提出了 AISAS 模型，用以解释新媒体环境带来的营销新趋势。

在传统的商业时代，美国著名商人约翰·华纳梅克[①]曾说："我知道我的广告费有一半是浪费的，问题是我不知道浪费掉的是哪一半。"而在互联网的时代，有了反馈渠道，消费者丰富的个性化意见和需求便能够显现出来，让信息推送有了更精准的可能。所以，我们可以看到，在消费者行动（Action）前后，搜集（Search）和分享（Share）成了关键环节，对消费决策起到重要作用。

互联网为消费者主动获取信息提供了条件，从而使消费者有机会从多种渠道获得详尽的专业信息，进行相对"明白"的消费。但是，消费者获取信息的核心逻辑依然没有发生改变，品牌营销活动的核心驱动依然是广告。在新技术下，搜索引擎广告、富媒体广告、品牌图形、视频弹窗等长期占据着网络广告的主要形式，这和原来的大众媒体广告一样，本质上都是一种广而告之。营销活动的关键词依然是品牌印象，只不过多了点击、行动、分享、转化等这样一些效果维度，品牌商家与用户之间的关系虽然开始互动，但只是基于链接的简单碎片化的反馈，广度和深度都远远不够。品牌商家在用户分享阶段的影响力远远不够，而

① 美国前邮政部长，被称为美国百货商店之父。

用户的体验分享正在成为真正意义上的消费源头。

消费决策模式的迭代

（3）第三阶段，“信人”模式

随着移动4G网络、智能手机等技术的成熟和运用，移动互联网全面介入消费生活，现实空间与虚拟空间、私人空间和公共空间的界限变得晦暗不明，消费者的行为习惯出现了巨大变化。人们越来越习惯用手机查价格，搜寻优惠信息，越来越习惯在上班路上、在厕所里、在被窝里、在各种碎片时间里通过手机浏览信息和下单购物，碎片化购物的比重越来越大。

打破了时间和空间的界限后，移动互联网创造了自媒体的生态，这是一个传统媒体、互联网的新媒体无法比拟的全新信息传播生态，基于用户信任关系的人联网，基于位置信息的实时个性化服务，以及用户与用户、用户与品牌相互连接的实时交互……都在重构品牌与用户之间的关系。用户不仅可以通过社会化关系网络、通过分布在全网的触点主动获取信息，还可以作为消费源与发布信息的主体，与更多的好友共同体验、分享。品牌也可以通过技术手段在全网范围内获取用户、感知用户、响应需求。

消费者话语权前所未有地提高，品牌与用户之间的信任关系也重新建立，消费者的决策模型变成“信人”模式：信熟人、信达人、信圈子。在全新的人联网时代，熟人之间的信任关系，很容易转化为价值传递关系，熟人推荐成为影响消费者决策的最重要因素；那些遍布于全网的各种类型的网络红人、意见领袖、行业专家等，就是网络时代具有带货能力的“达人”，他们可以很方便地找到自己的粉丝，并在自己的社群中发挥着无可替代的影响力；通过自媒体的信息传播，人与人之间因兴趣爱好相近而形成了不同的圈层，同一个圈子的人群，通过频繁交流和沟通增进了信任关系，也影响着彼此的消费决策。我们认为，消费者通过信熟人、信达人、信圈子形成的“信人”模式，实质上也是网络时代口口相传的口碑模型，这将成为未来商业的主流。

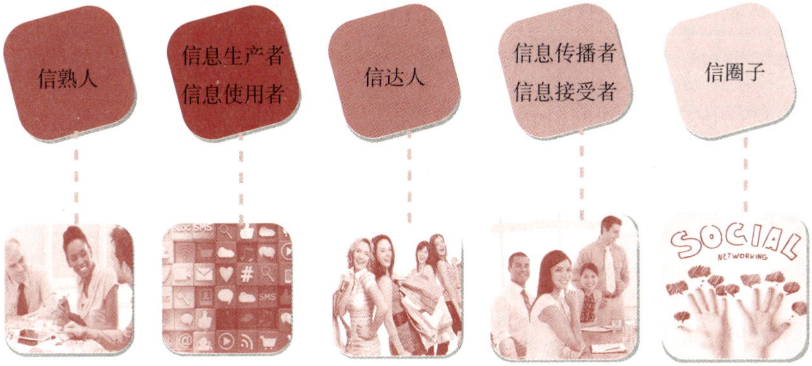

信人模式

此时，消费信息的获得已经不是一个主动搜索的过程，而是依托于人联网进行关系匹配、兴趣耦合、应需而来的过程；品牌的信息传播模式也发生了根本改变，不是单向的广而告之，而是你通过对互联网大数据的研究和分析，去响应、点燃那些用户已经在自媒体生态中，通过自觉或不自觉的行为表达出来的蕴含在内心、表达在口头、体现在指尖的各种需要。如何在快速移动的碎片化环境中动态实时感知、发现、跟随、响应一个个活生生的“人”，能够理解他们并且与他们对话，就成为提高品牌营销成本效率的关键。

品牌价值分析模型

在移动互联网时代，品牌价值是一种无形资产，是由用户对品牌的信任而产生的企业额外销量的边际价值。用户对品牌的信任越多，品牌价值就越高，一旦形成了品牌忠诚度，对竞品和价格的敏感度就会降到最低，在为企业带来更多收益的同时，还能透过高出市场的竞价获得较高的毛利率，实现企业边际价值的增长。

那么，我们该怎么去评估品牌价值呢？

中华文化博大精深，古人在造字的时候，是很有智慧的，“品”字一共三个口，三个口缺一不可。第一个“口”，是品牌企业自己的口，是“自己说”，主动向外传播品牌形象，介绍自己，让消费者认识并产生信任；第二个“口”，是别人的口，是“专家说”，请代言人，做营销，做广告，让消费者通过信任媒体、信任专家而信任品牌；还有第三个“口”，是用户的口，是“用户说”，通过那些使用过产品的人来说品牌故事，说消费体验，让消费者对品牌产生信任感。因此，只有将三个“口”都利用好，“自己说”“专家说”和“用户说”全部利用起来，品牌才能真正树立起来，才能获取更多消费者的认知和信任，品牌价值才能得以持续提升。

只可惜，我们看到在很多品牌企业的思维模型中，大都仅仅围绕其中一个口——“专家说”做文章，每年拨付相应的市场费用，去请代言人，去委托广告公司，大肆地在各种媒体上做广告，去策划系列的品牌活动，请专家站台现身说法，以获取消费者的信任，等等。另外两个“口”，都被忽略了：“自己说”呢，不知道说给谁听，也不知道从何说起，还总觉得有“王婆卖瓜，自卖自夸”之嫌；“用户说”呢，找不到用户在哪里，用户评价是好是坏、是弹是赞全都不知情，更不用说去加以引导和利用了。

在传统商业时代，由于存在信息不对称，在媒体和专家仍具有公信力的时候，品牌商要快速树立品牌形象，有且只有选择“专家说”这一条路，当时消费者的决策模型也决定着品牌单向传播仍有一定功用。如今，我们已经进入移动互联时代，新媒体、自媒体的兴起，彻底改变了消费者决策模型，品牌企业若仍停留在只用一个“口”，即用“专家说”去树立品牌形象，只会越来越艰难。一旦大家都采用这种方式，说得对不对、说得好不好暂且不论，创意雷同、良莠不齐、泥沙俱下是大概率事件，消费者陷入审美疲劳，高高在上的“专家”成了被人嘲笑的“砖家”，所有的营销都变成了消费者眼中的“套路”。

因此，我们建议任何做品牌的企业家朋友，都要高度重视三个“口”，不仅要“专家说”，也要“自己说”，更要了解“用户说”，引导“用户说”，鼓励“用户说”。也正是基于“用户说”的逻辑，我们可以重新来评估品牌在移动互联时代的价值。

如何去评测品牌的口碑，其实是一个数据分析的专业问题，大公司可以设立自己的数据分析团队，部分地完成互联网口碑的监测及分析，小公司没有编制和预算，只能人肉检索，一旦出现负面状况，也只好听之任之，略显无奈。而更专业和全面的数据分析，其实应该由第三方专业机构来执行。但调研一圈下来，这个领域竟然没有专业的团队去做。意识到这项工作如此重要，我们自己投资组建了一个团队，名字就叫“用户说”。

“用户说”团队专注用户口碑，任务就在于用互联网的大数据来对品牌进行价值体检，用数据来驱动品牌价值持续成长。团队成立两年多时间，已经累计为 762 个品牌出具了品牌价值数据分析报告，涵盖了美妆、运动鞋服、快时尚、潮牌、轻奢品、童装品牌六大类女性相关品类。

我们经由“用户说”的角度，建立了一个品牌价值5G的分析模型[①]，我们认为，一个品牌的价值评估，需要从五个角度去分析：品牌知名度、品牌关注度、品牌美誉度、品牌需求度及品牌忠诚度。具体如下：

品牌知名度，指的是品牌为消费者所知晓的程度，可以透过搜索引擎与社交媒体中用户对品牌的搜索、点评与分享等行为进行评估，通常可以从搜索引擎声量、新媒体声量、电商网站声量等指标中，加以分析；

品牌关注度，是指在信息不对称的情况下，用户对企业传递过来的信息的信任与感知程度，可信度越高，消费者对该品牌的选择偏好就越大，一般可以通过微博粉丝数，微博阅读、点赞、转发率，电商主营店铺粉丝数、评论数，微信阅读、点赞与评论等数据的变化指标，来加以分析；

品牌美誉度，指的是品牌在竞争中的定位与整体声誉，反映出市场中人们对某一品牌的好感和信任程度，一般可以从电商主营店铺正负面评价率、店铺动态评分变化、新媒体正负面评价率、新闻贴吧正负面评价率等指标，来加以分析；

品牌需求度，指的是用户购买品牌产品的现状，主要观测品牌在线上渠道的销售情况。例如，我们可以从电商平台上获取近一段时间（如30天）主营店铺某款产品的销售指数，以及店铺自然流量占比等数据加以分析；

品牌忠诚度，是指用户对品牌的依赖程度，这些用户面对价格诱惑与竞品挑战时难以被动摇，一般可以从电商店铺主营产品复购率、竞品感知指数、价格感知指数等指标来加以分析。

---

① 研究品牌口碑数据的五个维度，简称5G，具体包括知名度、关注度、美誉度、需求度、忠诚度，由“用户说”团队（即上海语析信息咨询有限公司）CEO林恺澌提出。

通过建立品牌价值 5G 模型，可以得出每一个品牌的不同价值指数，实时跟踪就可以洞悉企业品牌的健康状况，再针对性地向企业方提出产品、定价、用户、营销、渠道和体验等方面的改进和优化建议，强化企业的竞争壁垒，持续提升用户满意度和消费体验。

就零售行业而言，伍厘米理论可以作为口碑管理的工具之一。从 3CM 到 4CM 的升级，要完成两个迭代过程：其一，通过“一对一”营销和需求挖掘来获得企业内部用户“小数据”，这些数据更多是针对产品细节和消费体验方面；其二，要通过外部的社会化媒体平台，微博、微信、点评、百度等所有渠道，去搜集企业外部的用户“大数据”，这些数据更多是针对企业品牌和形象的。只有将企业内部的小数据和外部的社会大数据一起比对分析，互相补充和印证，才能得到一个企业与用户之间稳定的信任关系，进而形成用户的口碑评价体系。

参与感，让用户为你代言

麦肯锡公司驻伦敦管理营销专家热内·黛（Renee Dye）带领团队在研究分析 50 个销售案例后发现，口碑广告制造爆炸性需求，绝不是意外和巧合，而是有规律可循。企业完全可以通过分析消费者之间的相互作用和相互影响来预见口碑广告的传播，使其网络化、知识化、全球化，这需要我们的营销人员付出极大的智慧。我们认为，这其中的规律，只能通过分析用户数据来获取。

如果品牌企业能够按照我们的建议，稳扎稳打、步步为营，顺利完成在 1CM 到 3CM 的三个阶段中的各项目标任务，构建了用户数据库，明确了用户画像，进行了精准营销，并且开始了用户数据智能管理和需求挖掘的工作，有了这些基础，做 4CM 阶段的品牌口碑管理，是从微观到宏观，从用户体验到品牌影响力的转换升级，是顺理成章的事情。对于品字的三个“口”，都可以有所作为：

第一，品牌“自己说”。在把握了用户的属性、偏好和需求后，该向谁说、该说什么，都有明确的方向和策略，确保你说的就是用户想听的。结合自媒体的传播逻辑，可以从不同角度输出各种品牌故事，充分运用文字、图片、视频、音频等各种传播方式，向特定用户做持续传播。

第二，品牌“专家说”。每一个品牌，该找什么样的专家才能与品牌气质相符合，以什么样的形式去代言才能得到认可，都可以在用户群中进行分析和预测。在每一个传播动作中投入多少资源，哪些是有效的，哪些是浪费的，都可以通过数据做综合分析和决策，而不是领导人拍脑袋的决策。

第三，品牌“用户说”。品牌好不好，归根结底，是要听用户怎么说。使用完产品，用户自然会去表达和传播，如果是负面的情绪，早早就能经过数据分析和个性化服务得到解决和处理，而那些基于使用体验的正面信息，则多多益善，可以适当加以激励，更多地通过用户之间的分享和传播，提升互联网上的品牌知名度。

这样一来，品牌的口碑可以很好地管理起来，基于用户数据分析的每一个结论，都将为企业的科学决策做参考。

如果说，还没有建立起完备的用户数据库，有没有办法去做品牌口碑的管理呢？我们想说，肯定是有的。把企业的经营、决策甚至于管理都对外开放，尽可能地让更多的用户参与进来。构建用户参与感，让用户为品牌代言，把做产品、做服务、做品牌、做销售的过程开放，也让用户参与进来，建立一个可触碰、可拥有，和用户共同成长的品牌。一个可以供参考的案例就是雷军和小米科技的快速崛起。

小米是一家彻彻底底用互联网思维来创立的品牌，先有用户，后有公司。小米手机第一次发布会是在 2011 年 8 月 16 日，即 MIUI[①] 发布一年之后，而那时 MIUI 已经拥有 50 万用户了，期间小米没有做过任何营销活动。

创办小米的时候，雷军说，“不管这个公司未来能做多大，我们一定要把小米办成一个像小餐馆一样，能让用户参与进来的公司。老板跟每个来吃饭的客人都是朋友。这种朋友的方式，才是可以长期持续发展的方式。[②]”

他是这么说的，也是这么做的。当小米开发产品时，数十万消费者热情地出谋划策；当小米新品上线时，数百万消费者几分钟内涌入网站参与抢购，数亿销售额瞬间完成；当小米要推广产品时，上千万消费者兴奋地奔走相告；当小米产品售出后，几千万消费者又积极地参与到产品的口碑传播和每周的更新完善之中……这是中国商业史上前所未有的奇观，用户和品牌从未如此相互贴近，互动从未如此广泛深入，通过互联网，用户扮演着小米的产品经理、测试工程师、口碑推荐人、梦想赞助商等各种角色，他们热情饱满地参与到一个品牌发展的各个细节当中。

从外部来看，雷军很重视用户，却并不一定就采用了用户数据管理方式，或对用户数据进行过不同维度的研究和分析，但这并不妨碍他向用户全面开放，让用户具有参与感，培养足够多的超级用户，使用户与品牌一同快速成长。

2018 年 7 月 9 日，雷军迎来了他创立小米 7 年之后的光辉时刻，小米带着成为一家伟大公司的梦想和荣光登陆港交所，成为年度最受关注的 IPO 事件。在成立七年后，小米向公众提交了一份极为亮眼的成绩

① MIUI，小米公司旗下基于 Android 系统深度优化定制、开发的第三方手机操作系统，也是小米的第一个产品。

② 出自《参与感：小米口碑营销内部手册》，黎万强著，中信出版社 2014 年出版。

单：目前，小米一跃成为全国第一、世界第三的智能手机厂商，小米2017年营收突破1146亿元，同比增速67.5%，截至2017年底，在全球大型公司排名增速中位列第二，在互联网公司中排在第一位，2018年一季度同比增速为89.5%。小米2017年取得净利润54亿元，2018年一季度取得了11亿元的净利润。小米的MIUI用户有1.9亿人，这些用户每天平均使用4.5小时，大量的用户群体加上长时间的使用时长，为小米的互联网业务打下了坚实的基础。

可以说，真正重视用户口碑并且能根据用户数据模型进行有效管理品牌口碑的企业凤毛麟角。当然，对大多数创业者来说，雷军和小米的成就难以复制，但他们高度重视用户口碑的思维和做法是可以学习和借鉴的。

只不过，大家对小米的借鉴，可能也有点走偏了，把用户关系和品牌口碑管理简单地理解为口碑营销，或者设想像雷军一样去寻找下一个风口，要做风口上飞起来的猪或者醉心于小米总结的所谓“三三法则”①，想方设法地去策划事件爆点、引导流量、形成话题，等等，很少或几乎没有人关注到小米背后的用户思维和逻辑，很少有人真正静下来思考自己的用户是谁、在哪里、有什么需求……这或许又是现在浮躁的商业时代里实用主义的又一个活生生的注脚。

对于更多立志于成就伟大事业的企业家朋友来说，我们更倾向于建议他们从基础的用户数据搜集、整理和研究开始，按照伍厘米理论，一步一个脚印，从1CM、2CM、3CM持续升级和迭代，到4CM的阶段自然可以对品牌口碑进行科学和有效管理。

---

① 内部称为“参与感三三法则”：三个战略：做爆品，做粉丝，做自媒体；三个战术：开放参与节点，设计互动方式，扩散口碑事件。

第 12 章

布局自零售
（5CM）

如果一个品牌能够让用户去替你代言，那么这是营销上的极大成功，甚至如果能够让用户帮你去推荐和销售，那简直是所有品牌商梦寐以求的场景了。按照伍厘米理论，这并非遥不可及。在我们完成了1CM到4CM的进阶之后，利用用户数据的搜集、储存、分级、分类，经过精准营销和需求挖掘，并对品牌口碑进行有效管理，当我们对“用户是谁、用户在哪里、用户有什么需求”等基础问题都已经了然于胸时，就可以开始着手布局“自零售（5CM）”。

我们建议，品牌企业应当首先找到和培养品牌忠诚度最高的、对品牌产生了依赖感的“超级用户”，他们一次或者多次体验过产品和服务，认可品牌的定位并珍惜品牌价值，对于品牌也有特殊的感情和独到的理解，他们愿意在各类自媒体平台上为品牌代言，也愿意把好的消费体验在亲朋好友的关系圈里分享，只要品牌企业设计好激励和驱动机制，是完全有可能首先转化的——他们既是消费者也是销售者，消销合一，这就是“自零售”。自零售的核心在于，得到良好的消费体验后，人们可以利用人际间的信任关系，通过“体验式分享”完成零售交易和价值转换。

其实，基于人际关系的价值转换并非是今天才出现的，半个世纪甚至更早的时候，人们就已经在关注、研究和实践了。

20世纪50年代，杰·温安洛[①]和理查·狄维士[②]在上门推销纽崔莱维生素的过程中，总结了一个极其深刻、时至今日仍然很有价值的道理：人和人际关系是任何成功事业的核心，有了客户的信任，就有源源不断的业务。整个50年代，两位创业者都在寻找一种新的产品以开拓他们的业务，最终他们决定生产肥皂，该产品一经推出就获得了万千主妇的信任，也因此开拓了全新的安利事业。

安利凭借对人际关系的深层理解，构建起一个多层次直销体系和多层次奖金激励体系，开创了以直销为核心的零售模式。时至今日，安利已发展成为全球最大的直销公司，世界500强企业之一，总部位于美国密歇根州的亚达城，业务遍布80多个国家和地区。安利生产的产品包括营养保健食品、美容化妆品、个人护理用品、家居护理用品和家居耐用品等。

安利1992年进入中国，在长达三年的一系列规划、建厂和投产后，1995年公司正式开业。在中国经济快速发展的大环境里，安利（中国）迎来了十数年的黄金时期，2009年业绩突破200亿元人民币，创造了安利在全球任何一个单体市场从未达到过的高度。当时，安利（中国）在全国活跃的直销人员有16万人，经销商有10万人，销售部的员工也有几万人，最高的时候，有超过30多万人通过安利获得收入。[③]

互联网时代，特别是移动互联网时代对安利的直销模式产生了巨大冲击，电商、移动电商让信息更加透明、扁平和对称，渠道代理的利润点和激励分成模式都被互联网彻底击穿和打碎，安利的发展迎来前所未有的挑战，进入低潮。

---

① 杰·温安洛，美国著名企业家，安利公司创始人之一，1924年出生于美国密歇根州，他崇尚并倡导自由创业的精神。

② 理查·狄维士（Richard DeVos），1926年3月4日出生，美国企业家，安利公司的创始人之一。

③ 廖东．安利中国：跨国公司的中国故事［J］．瞭望东方周刊，2010（4）．

从用户关系来看，安利的实践有两点值得肯定：其一，安利围绕着人与人之间的信任关系，开创出独特的直销模式，完成了零售交易和价值变现。在这种直销模式下，零售所谓的“人—货—场”中，“场”的部分功能被“人”所替代，变成了以人为中心的“人—人—货”；其二，安利的销售模式中，直销人员都是体验式销售，先体验后分享，产品体验后从内心已经认可，才会向他人推荐和分享，从这个意义上看，每一个直销人员既是销售者也是消费者，他们就是传统商业时代中的“自零售人”，他们所展现出来的“以人为本”和“体验式分享”也是自零售时代的重要原则。

只可惜安利的直销模式过于依赖多层次的奖金激励体系，并据此构建出金字塔式的团队管理体系，早期加入的直销人员成为金字塔尖的既得利益者，后期加入的直销人员在利益分配体系中处于弱势地位，在高诱惑和高压力体系下，直销人员都是一切以销售为目的，导致分享和推荐行为变形走样，根本不管对方需不需要，人际关系被过度营销，人们对于安利从业者一度谈虎色变，敬而远之。

有意思的是，“安利”还被调侃为一个网络词汇，指的是当你知道一个好东西的时候，就强烈地想要把它推荐给别人，其实这种推荐很多情况下都是不包含广告性质的，就是单纯的分享心理。只不过这种分享的情绪可能很强烈，毕竟主要还是想让你认同他所认可的东西，于是安利也有了一层“洗脑”的意思。

那么，在移动互联时代里，品牌企业该如何理解和布局自零售呢？

去中心化的自零售时代

从零售行业的发展程度来看，目前从零售 3.0 的电商时代正在向零售 4.0 万物互联的新零售时代发展，随着技术和创新的发展、人机和人际交互更加便捷，零售 5.0 的人联网时代在看得见的未来一定会实现，这就是自零售时代。

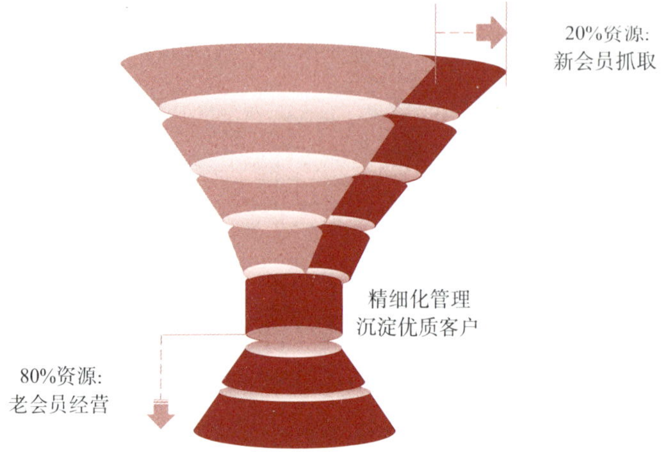

自零售的漏斗模型

在人联网的时代，去中心化的网状结构在商业世界中得以全面实现，信息透明度很高，人与人之间的信任关系成为信息传播的主要纽带，传统的零售渠道逐渐被人人相连的网络渠道所取代，对于品牌商而言，用户既是消费者，也是销售者，老用户拉来新用户（Member gets member）的自零售模式将部分地取代传统的商场零售、现有的电商零售以及线下线上融合的新零售。

还记得前文所提到过的“漏斗模型”吗？企业投入资源、费尽办法从各种渠道引流进来的粉丝，经过会员、客户、超级用户（或员工）的层层转化和淘汰，到漏斗模型的最底层留存下来的已经很少，这部分人就是对品牌产生依赖性的超级用户或员工。对于品牌企业来说，企业管理和运营的重点就是让超级用户越多越好，一般有两种办法：其一，传统零售模式的习惯做法，主要是在如何进一步扩大顶层的开口上想办法，通过引流获得更多的新用户，在同样的转化率（漏斗的坡度）之下，留存下来更多的超级用户；其二，伍厘米理论，通过对用户数据进行科学管理和研究，针对用户进行深度运营，提升用户的转化率，促其转化升级，这实际上是通过增加漏斗的坡度，来留存更多的超级用户。

自零售，则是第三条道路。当超级用户向自零售者转变的时候，用户关系在零售模式中得到价值转换，这种转换基于人际信任，依托于口碑效应的促进，很容易发生裂变式传播，人变成了销售单元，老用户拉来新用户（Member gets member），可以获得更多用户，依托用户资源获得可持续发展——这相当于在漏斗模型的底部，打开了一个全新的大口子，接回顶层，让更多的粉丝成为会员，让更多的会员转化成用户，让更多的用户变成认可品牌的超级用户。

这将是一个全新的商业时代，这是一个真正以人为本的商业时代。一旦拥有了自零售，“场”的功能将被逐步取代，品牌企业跟用户的关系前所未有地紧密和融洽，品牌企业向自己的核心用户进行开放，自零售者也将积极参与到品牌企业运营和管理的各个环节，所有用户对于产品的消费和体验，都可以实时地被品牌企业所管理和掌握，其他的渠道，或者沦为品牌展示，或者完全消失。

传统的电商零售常常被看作是品牌企业线下渠道的补充，通过互联网工具在一定程度上拉近了品牌与客户的关系，但这种关系仍旧依赖于电商平台而存在，而自零售则是对用户关系的彻底重构，品牌企业第一次真正近距离接触和面对自己的用户，自零售在产品、推广、价格、渠道四个方面，与之前的零售模式相比都发生了质的变化。

在产品方面，电商零售是做货的生意，以产品为中心，只要产品好，价格有吸引力，就能够通过流量吸引，制造出爆品；自零售做的是人的关系，是以人为中心，通过关系获得信任，再通过信任而实现销售。

在推广方面，电商零售时代追求流量和入口，投入资源做推广，不断拉新客户，仍是流量思维的打法；自零售时代坚守用户运营思维，追求关系深度，做口碑，主打将粉丝和用户的关系做深，提升回购率。

在价格方面，电商零售以打折促销为主，各种购物节的策划，无一不是通过价格作为核心运营手段；自零售则以强调用户价值为主，以提升服务体验为目标，通过用户权益的迭代升级，来吸引用户和转化购买。

在渠道方面，电商零售时代，中心化平台掌握了流量分配权，品牌把所有用户仅仅当成用户而已，目的就是销售，渠道的功能不仅没有被减弱，反而是前所未有地强大；自零售将引领一个全新的去中心化时代的崛起，把越来越多的用户自行发展成为他们自己的营销点，场不再重要，甚至逐渐消失。

不同于互联网“中心化”“赢者通吃”的商业逻辑，人联网是依托于每个人实时在线的智能手机等移动终端，是去中心化的网状结构，是“长尾”[①]“普惠”和“扁平化”[②]的商业结构。在虚拟世界中，每个人都要有存在感，人们通过各种工具实时交互，一对多、多对一、一对一、多对多，形成不同的圈层和社群，人与人之间也有了信任感；在真实的社交关系里，巨大的平台不见了，形成了以众多社交节点为小中心的分布式结构，爆款不再流行，满足个人真实需求的效率得到提高。与传统电商相比，依托于人联网的自零售，更重视用户、内容，这使得它在产品、推广、交易、服务和数据管理等方面展现出了强大的前景与变革的需求，人际关系是能够将品牌和服务体验进一步放大的方式，而且成本更低，效率更高。

---

① 长尾，英语是 The Long Tail，或译长尾效应，最初由《连线》的总编辑克里斯·安德森（Chris Anderson）于 2004 年发表于自家的杂志中，用来描述诸如亚马逊公司、Netflix 和 Real. com/Rhapsody 之类网站的商业和经济模式。是指那些原来不受到重视的销量小但种类多的产品或服务由于总量巨大，累积起来的总收益超过主流产品的现象。在互联网领域，长尾效应尤为显著。

② 扁平化管理是企业为解决层级结构的组织形式在现代环境下面临的难题而实施的一种管理模式。

当然，这是未来的商业图景，我们现在只是在展望，同时也期待采用一些行之有效的数据策略，推动这种效率最高、成本最低的销售模式尽快走进现实世界。依托于前面 4 个“CM”的基础，在 5CM 阶段发现、引导和培育品牌的超级用户成为自零售人才是首要任务。

微商：兴起与沉寂

2013 年 2 月的一个深夜，“俏十岁”化妆品公司创始人武斌仍在办公室里徘徊。公司研发的面膜始终销路不畅，令他寝食难安。尽管努力尝试了各种方法，但渠道和消费者依然对新品牌不买账，库存压力越来越大。他担心自己十多年的研发心血，可能真的要付之东流。

鉴于存货量过大，武斌决定将“俏十岁”面膜送给周围的朋友使用，尤其是一些爱美的时尚达人。赠人玫瑰，手留余香，神奇的功效获得朋友圈的一致认可，有人还问武斌愿不愿意拿出一些在朋友圈销售，武斌欣然许可。从 2013 年 3 月开始，这些朋友开始通过微信朋友圈和微博渠道进行展示和销售。从一盒两盒到十盒八盒，再到成千上万盒，“俏十岁”居然火了。伴随着核裂变般的扩散，几个月后，“俏十岁”传遍了全国朋友圈。武斌大喜，借势布局，一年后，在没有一名正儿八经销售员的情况下，“俏十岁”卖出了超过 4 亿元的面膜。

武斌的无心之举，让人看到社交关系的商业价值是可以通过一些途径去快速变现的。随后，“韩后”“太太口服液”“洋河”“同仁堂”等越来越多的品牌开始以不同的模式切入，这其中，富士康卖起了手机，向百万员工招募分销商；海尔宣布招募 3 万名创客；国美则向旗下 30 万员工发出“人人开微店”的进击令，业绩与工资直接挂钩；甚至国企中粮也在朋友圈卖起了食品、保健品。

微商是基于移动互联网的空间，借助于社交软件，以人为中心，社交为纽带的新商业模式，目前最流行的社交软件就是微信，也有人说，在微信上做生意的商人就是微商。微商模式其实是将传统线下的代理囤货模式搬到了线上，并融入了直销常用的打造团队运营的方法。这种模式的优势是黏性强、好复制和好管理，信息传达快；缺点是层次多，缺乏第三方监管，对终端消费者、低层代理和品牌形象都会造成伤害。

在电商流量稀缺且高价的背景下，基于微信社交关系而自然生长出来的微商具有其先进性，比如品牌传播速度快、好的产品能靠口碑迅速建立市场，扩大影响力；然而，假货的冲击、价格的不稳定、难以系统管控、难以实现对客户的售后服务等，也是微商的致命缺陷。

依托微商模式完成快速积累，也经历过混乱和挑战之后，“俏十岁”重新回头，进驻天猫、京东、唯品会等线上电商平台同时也落地经营，在商场中开设了品牌体验店。

微商，在经过 2013 年一整年的爆炸式发展，在 2014 年进入了全民微商营销时代，随之而来的就是行业“瓶颈”期，截至 2015 年底，近 70% 的微商企业、代理商、微商从业者纷纷退出，短短几年间，经历了朋友圈微商被屏蔽，各种造假售假工具被曝光，各大分销平台崛起等现象后，微商开始逐渐回归理性，真是应了那句老话，“其兴也勃焉，其亡也忽焉”。究其根源，有以下两个方面：

其一，没有关系运营，一切为了卖货。微商的生意准入门槛低，不再受制于淘宝、天猫及京东这类大的交易平台，只要有微信就可以做微商，它让每一个独立的个体都可以参与其中。借鉴电商流量思维的打法，在营销上暴力刷屏，造成视觉污染，发展模式是拉人头、发展代理、圈钱、囤货，产品无论真假，就要爆款。服务是售前甜言蜜语，售后卷款跑路……良莠不齐、自吹自擂、各自为战、杀熟成风，假货泛滥成灾，一时间人人喊打。虽然也出现了品牌微商的思路，一些传统品牌也借势杀进微商圈，他们一方面是看中微信的社交渠道可以作为电商渠道的重要补充，另一方面是希望改变大家对微商低质低价的刻板印象，但结果大都仍是折戟沉沙，不了了之。根源在于微商就是卖货思维，做微商、做分销、代理商的门槛不高，资金压力不小，导致从业者良莠不齐、能力不一的现象颇为普遍，自以为天高皇帝远，总部无法监管的微商，敢于以杀鸡取卵的方式谋取眼前利益，最终对品牌造成伤害。

其二，没有消费体验，也不是分享。微商的目的很简单，就是卖货挣钱，什么货好卖就卖什么，什么货利润高就卖什么。90% 的微商从业者在朋友圈转发产品信息的时候，都是直接从上一级代理给到的信息中复制粘贴而来，早上发完鸡汤后，晒产品、宣传产品厉害的功效、晒订单截图、收款截图……看似说得天花乱坠，自己并没有真正体验过、感受过，并不了解产品好在哪里、差在哪里。其实这些好评截图、转载截图，早就是微商们信手拈来的好戏，也是科技改变生活的代表作，有一个“微信对话生成器”的软件，可以一键生成微商想要的各种截图。微商通过各种方式，去博出位、博眼球，才出现了微商在朋友圈疯狂秀与奥巴马的合影，跑到玛莎拉蒂等豪车 4S 店里花 200 元排队与车拍照的笑话。其实，很多人是可以忍受微商在朋友圈里卖产品的，毕竟，如果产品体验真的很好并且刚好有需要，价格也合适，说不定就顺手买了，但是忍受不了的是微商在自己朋友圈里吹牛，把别人当傻瓜。这样的结果，不仅做不成生意，还会把社交关系给生生剪断。

更有甚者，有些所谓微商根本不卖货，而是所谓代理销售模式，即被大众所诟病的类传销型的代理招代理。卖货不挣钱，只能通过招代理的加盟费来挣钱，品牌无关紧要、产品无关紧要，只要能发展代理、发展下线，就是成功，完全成了一个传销似的骗局，这也是公安机关要重点打击的对象。

对于零售模式的创新和迭代，一个本质的价值点就是降低成本提高效益，降低品牌到消费者中间的交易成本，同时获得低成本的传播和低成本的渠道。从结果来看，微商看似直接面对消费者，缩短了品牌与用户的距离感，实际上由于管理不善、真假难辨，反而大大地增加了消费者的选择和信任成本，所以必然是不可持续的。

目前微商处于变革期，经历了前一段断崖式下滑的悲惨期，至今还未缓过神来，但是能够明显地感受到微商一直在演变。2017 年以来，部分从事微商的有识人士，也开始对微商模式进行反思和迭代升级，从卖货思维变成交友思维，开始重视人际间的社交关系，先有交情再有交易，越来越向自零售的方向靠近，他们具体能发展到什么程度，仍需要经受时间的检验。

社交电商强势崛起

因为自零售依托于社交关系而展开，很多人也许会问，自零售跟社交电商是什么关系。我们认为，从现阶段来看，自零售属于社交电商的范畴，可能是最依赖社交关系的零售模式，当然，自零售不仅仅是电商，自零售所依赖的人际关系，必然会超越电商渠道，走到线下，走进人们的生活中。为了更好地理解自零售，我们首先看看社交电商的发展模式。

社交电商，顾名思义，就是依赖社交关系开展的电商。具体地说，是电子商务的一种新的衍生模式，它借助社交网站、社区论坛、微信、微博等社交媒介和网络媒介的传播途径，通过社交互动、用户自生内容等手段来辅助商品的购买和销售行为，并将关注、分享、沟通、讨论、互动等社交化的元素应用于电子商务交易过程的现象。

手机等移动通信设备的发展，因网络速度和覆盖率的提升，让人们之间的社交变得更加便捷，距离也更短。基于社交的属性，省去了诸多中间环节，节省了很多成本，同一圈子里的信任感，也让整个买卖环节的效率更高。在微商兴起的同时，社交电商开始崛起，当然，严格意义上来看，微商也是社交电商的一种类型。相比较以前，人们已经从主动搜索，过渡到现在更细分化的订阅，社交是能够将电商行业进一步放大化的方式，让用户更为精准地获取信息，现在人与人之间的社交关系，不仅仅是点对点，更是点对面，面对点，加上电商的属性后，省去了传统电商的许多中间环节。从逻辑上来看，社交电商拉近了产品与用户的距离，通过社交化的实时交互，也大大提升了效率，提升了消费体验。

相对于自由生长的微商，社交电商更加规范和可控，也出现了更多的玩法。最早的模式是由传统电商的从业者意识到的，他们发现通过增强社交属性可以增加用户黏性，于是试图通过各种方式把电商和社交对接起来，这一过程中出现了几类演化模式：一是淘宝体系的电商社交模式，是本来自己在做电商，顺带开个社区，来增加同客户们的交流沟通，增加黏性，引导买卖，比如，淘宝体系里的微淘、淘达人、淘直播，还有淘宝体系外的蘑菇街、美丽说，等等；二是由直播驱动的网红电商模式，通过淘宝、微博、直播等各种平台打造社交领域的KOL，作为商品的导购，为商品引流，提升转化率；三是由自媒体驱动的社群电商模式，微信开设公众号以后，驱动了自媒体的浪潮，各领域的KOL开始以自媒体人的身份触网，切入垂直领域，组建商业社群，比如逻辑思维、吴晓波频道、凯叔讲故事、灵魂有香气的女子、十点读书……这些社群变现的模式，除了广告之外，就是电商，而且电商占据的比重越来越大

传统电商增长乏力，离天花板越来越近。2015年，中国电商交易量增幅为36.5%，[①] 此后连续两年增幅下滑至19%，低于大家的期望。

---

① 2015年5月17日，中国“互联网+产业”智库中国电子商务研究中心（100EC.CN）发布《2015年度中国电子商务市场数据监测报告》。报告显示，2015年，中国电子商务交易额达18.3万亿元，同比增长36.5%，增幅上升5.1个百分点。其中，B2B电商交易额13.9万亿元，同比增长39%。网络零售市场规模3.8万亿元，同比增长35.7%。

传统电商的软肋在于需要千方百计地引流。一个电商平台就是一个集市，需要把四面八方的人群吸引到集市中消费，消费者之间很少相互传导，在互联网新增用户接近饱和状态下，平台间竞争加剧，市场增长放缓，引流成本越来越高，难度越来越大。这个时候，大家都把目光投向社交电商。社交电商则不需要集中引流，它将大的集市变成了无数个销售站点，每个站点都在赚取差价或在售后分成的利益驱动下自动引流，事实上，社交电商将引流任务转嫁给以个体为主的分销商或代理商。社交电商快速崛起，并以其裂变式的成长速度令人瞩目，被认为是未来商业的发展趋势。

平台式社交电商作为“正规军”也开始出现，它们尝试再造供应链，从品牌正品直供、仓储管理、质量检测到物流发货等环节进行严格的把关，确保顾客获得良好的购物体验。当下，微信、QQ 作为国内最大的社交平台，基于微信生态的社交电商迎来了前所未有的机会，人际关系所带来的价值裂变，驱动电商进入爆发式增长的新阶段。短短几年，百亿云集、千亿拼多多，以及微选、贝店、京东拼购等社交电商平台，正在以全新的姿态改变着整个市场的发展轨迹，影响着消费者的购物习惯。

以拼多多为代表的社交电商，抓住了低价拼团这类社交流量获取的方式，模式简单直接，又能快速引发社交裂变，切中了低线城市用户的痛点，对这群人来说，安装 APP 的学习成本过高，他们更希望通过微信解决购物需求。在拼团模式中，人际关系的价值裂变效应更为明显，消费者为拿到低价而自发组团，这就是在为商家做免费的引流推广，不仅用户数量增长迅速，对于想要卖掉产品的品牌商来说，获客成本、运营成本要比传统电商低得多。上线后不满一年，拼多多的单日成交额就突破 1000 万元。如今，其活跃用户已超过 3 亿人，直逼京东；月流水高达 400 亿元——拼多多用不到 3 年的时间完成了这些成绩，阿里和京东做到这个数字则用了 10 年。当然，在高速发展过程中，也面临着低端、低质、低价等刻板印象，被调侃为仅仅服务于“五环外”人群，在精选产品、供应链管理和售后服务方面也面临着较大挑战。

云集采用集合供货商模式，将优秀的供货商筛选出来供渠道商集中采购，为个人店主提供数据工具、技术支持和专业培训，为个人店主赋能，共同服务消费者。当个人店主在平台上获得开店资格后，到商品库选择商品并进行上架，生成小店。通过分享的链接下单成交后，店主将获得相关提成收益。在物流方面，云集还与亚马逊、顺丰、EMS 等战略伙伴合作，从而为消费者带来更好的用户体验，云集的商家和用户多来自于普通消费者，货品多由云集自采。云集于 2015 年 5 月正式上线，只需要不到四百元的开店费用，经过两年多的发展，云集店主超过 300 万人，VIP 用户近 3000 万户，2017 年全年实现 400% 的增长，交易额突破 100 亿元。

这也被阿里参谋长曾鸣称为 S2B2C，S 为 slipper（大供货商），B 为 business（渠道商），C 为 customer（顾客），是未来五年最具突破性的电商模式。曾鸣认为，S2B2C 是一个开放的系统，其逻辑是价值赋能渠道商和深度服务消费者，形成一个以大供货商为基础设施和底层规则的生态系统，其核心价值在于构建供应商、商家与消费者的协同网，是 B2C 走向 C2B 的过渡模式。

艾媒咨询发布《2018Q1 中国社交电商行业市场研究报告》显示，2017 年中国社交零售用户规模为 2. 23 亿人，预计 2018 年将增至 3. 10 亿人。社交电商江湖的鏖战仍在持续。阿里和腾讯有着各自鲜明的特色，都在以自己的方式做社交电商方面的布局，呈现出不同的市场和生态，这种多元化的发展模式，也让新零售的参与者有了更多地尝试和选择。

不过，运营已经趋于规范的拼多多和云集，至今仍不断接到各种投诉：有消费者买到假货难退货，有的退款被扣押，还有些从业者为显示平台实力而进行虚假宣传。对于社交电商平台来说，前期通过低廉的价格吸引了用户之后，如何改变自己低端的形象，引导用户在高端市场进行消费更为重要，保证商品源头质量，完善中间环节，做好后期服务，不仅是为自己树立公信力，更是为将来更大的市场添砖铺路。

品牌企业的必修课

在社交电商发展如火如荼的时候，大多数品牌企业并不是参与的主体，他们或者作为品牌供应商，把社交电商看作是新的销售渠道，部分地参与其中试试水温；或者干脆作壁上观，看一看形势发展，暂时不介入，避免对品牌造成伤害，或者看着热闹非凡，也眼红于销售奇迹，心里蠢蠢欲动，却不知如何参与其中……我们想说，社交电商是品牌企业的营销渠道，还是受平台掌控、以成交为主，所以是否参与、怎么参与，可以参考传统电商形态综合考虑再做打算，而自零售却是品牌自身的立身之本，是一定要去积极布局的，是每一个品牌企业的必修课。

自零售虽然也是社交电商的一种模式，但从深层逻辑上看，自零售与社交电商两者之间还是有本质区别的，总结起来，有以下几个方面：

第一，是不是实现了去中心化。社交电商是把电商流量获取难的这个“瓶颈”给解决了，对传统电商的获客渠道和方法进行了创新，通过社交关系进行裂变式传播，吸引更多的用户加入。无论是哪种模式，尽管玩法各异，都是沿袭了传统电商流量思维的套路，包括云集、拼多多、小红书、有赞、微盟、淘宝特价、京东拼购、苏宁拼团等在内的各种模式，仍然是一个中心化的结构，它们在挑战传统的天猫、京东、唯品会等中心化模式的同时，自己纷纷构建了另一个中心化的平台。我们反复论证过，把用户和品牌连接在一起，靠的就是流量生意，中心化的平台管理者成了至高无上的流量分配者，其基本的运营逻辑，如传统电商阿里、京东都曾经历过。当然，现阶段能够通过社交关系的价值变现把流量问题解决，已经是很大的创新了，假以时日，回归常态之后，社交电商可以作为电商渠道的重要补充，与现有电商体系和线下门店的购物方式一样，成为新零售生态的组成部分。

自零售的玩法则不一样，它是彻彻底底的去中心化，它所依赖的人联网就是去中心化的网状结构，平台不见了，每一个个体都是一个传播节点。品牌做自零售，应该是先构建出用户关系，再依托用户关系进行品牌营销和价值变现。在这样的网状结构下，中心化的平台不见了，人的流量、信息流、物流和资金流，却都是高速流动的。如果说中心，那就只剩下以品牌为中心，所有的节点，都是围绕品牌而存在，物流发货可以从品牌商的自有仓库中直接完成，资金可以直接结算到品牌商自己的账户。这个时候，渠道消失了，“场”消失了，在价格上，品牌可以向用户做出最大幅度的让利，用户也可以获得最真实、最靠谱的产品，获得最好的消费体验。

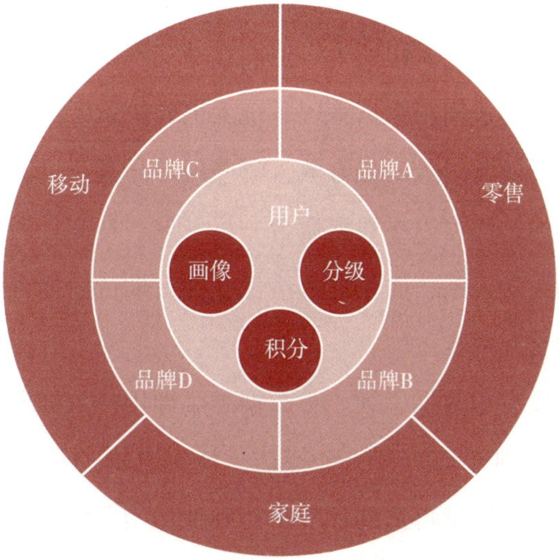

以用户为核心的经营思维

第二，用户关系在谁手里。对于品牌企业来说，用户是谁、用户在哪里，这样的命题哪怕在今天的移动互联时代，仍然值得追问。传统电商也好，社交电商也罢，通过互联网工具可以拉近品牌与用户的关系，提升效率和体验，实现销售和服务，但品牌企业作为产品供应商，事实上并没有把用户抓在手里，这些用户数据大都沉淀在互联网电商平台上，品牌企业只能依赖这些电商平台与用户发生关系，用户的真实想法、用户的体验、用户的点赞、用户的意见，品牌企业都很难实时掌握。说白了，这些用户关系还是掌握在阿里、天猫、京东、云集、拼多多这些平台的手上，与品牌企业本身隔着一段距离。

只有自零售才能把用户关系抓在手里，或者说，重构了用户关系，才能真正做好自零售。自零售发展用户，一般顺序是先熟人，再到半熟，最后到陌生人，他们非常依赖于朋友圈的社交网络工具，由于熟人关系的制约，特别注重口碑，同时也注重产品品质。在自零售所构建的用户关系中，所有的关系都可以被企业自己实时掌握，从陌生到熟悉，从交易到依赖，这些距离品牌或远或近的粉丝、会员、用户、超级用户，他们的所思所想、所作所为，他们在社交网站上的点赞、转发、评论，都会实时地通过用户数据管理系统反馈到决策者的案头。对于哪些用户采用什么样的营销策略最有效，哪些用户是真正可以通过产品或服务来创造价值的，都可以在数据后台一目了然。自零售的用户关系，绝不仅是销售和买卖关系，而是拥有信任、拥有期待、拥有感情，拥有了更多更深刻的交互内容。

第三，有没有小数据思维。小数据思维即用户数据思维，是把自零售同传统零售区别开来的又一个特征。社交电商的从业者们，自营也好、平台也好，在流量再造的环节中巧妙地运用了关系，但其本质仍是促进和完成销售，跟用户之间只有交易关系而没有其他。数据的作用，是指导他们去获得更多的流量和更快地发展。他们关心的是用户数、转化率、交易量、成交额、增长率等体现交易规模的数据，并利用漂亮的数据去融资，去抢占更多赛道，去获取更大规模。他们对于用户数据并没有深入研究和分析，用户是谁、用户在哪儿，用户怎么来的、怎么走的，有什么需求、有什么想法，这些在规模化的发展战略下，是不被重视的。他们自身尚且如此，更不可能给平台上的一个个具体品牌企业提供什么有价值的用户数据了，社交电商对于品牌来说，只是流量转化和产品销售，没有用户数据的沉淀。

自零售坚持以用户为核心的经营思维，做用户关系的基础工作，需要从用户数据的沉淀和收集一步步做起，做用户画像、用户分级分类、需求挖掘、口碑营销，等等，没有任何捷径可循。最终打造一个高效的社会化用户关系管理系统，这是基于品牌自身价值的关系网络，用户的意见和建议可以第一时间向品牌决策部门反馈，用户的每一个行为变化，都有可能通过数据显示出来。在这一张网络上，唯一的中心就是品牌自己，用户关系将通过一个个具体且真实数据进行定位。

综上所述，“去中心化”“掌握用户关系”和“拥有小数据思维”是我们所研究的自零售模式的重要特征，再加上借鉴传统直销模式的“用户间的信任关系”和“体验式分享”的动作，一共构成了自零售模式的五条法则，我们称为“自零售五法则”，一切商业模式，是不是自零售，比对一下这五条原则就一目了然了。

有人或许会问，去中心化和掌握用户关系是不是相互矛盾呢？在大家的理解中，去中心化是一个“失控”的网络世界，信息流都采用裂变式传递，用户之间到底传播了什么信息，对于品牌是正面还是负面的，完全不可控啊，怎么能说掌握了用户关系呢？每个人都是品牌的代言人，在网络节点上是完全失控的，他们说什么做什么完全无法预知，会不会给品牌口碑带来风险？其实这个担心是多余的。我们要说，在过去的传统商业时代里，品牌与用户的信任关系是靠着人盯人的模式实现的，成本极高，工业化、社会化大生产使这种模式不再有效，互联网的出现，特别是移动互联网时代里赋予我们的数据工具，让我们又有可能重新实现“一对一”的方式。在我们通过对用户数据分级分类之后，每个用户在数据库中会有标签，若监测到某个用户的不利变化，比如出现了不满意的情况，不仅可以提前预警，也可以通过“一对一”的交互，提前解决好、服务好，将负面情绪消弭于无形。当然，要实现如此精细化的数据管理，我们要做很多基础工作。

有人或许还会问，如果我的品牌没有任何的用户数据积累，或者我就是一个全新的品牌，那么可以去尝试自零售的打法么？我们对这种心态和做法，要予以鼓励和加油的。我们认为，在坚持“自零售五法则”的前提下，过去的安利、微商以及社交电商中所使用的很多工具和方法是可以加以借鉴和运用的。最理想化的状态是，一边做自零售，一边沉淀用户数据，并且用数据思维将用户数据经营管理起来。不过，我们还没有看到哪个品牌在没有用户数据积淀的时候，做自零售并且做成功的相关案例。如何选品、如何打造品牌、如何讲述故事、如何利用关系……每一个环节都可能是一门学问，待我们继续观察和研究之后，或许能摸索出一套理论和打法出来。

“去中心化”其实是相对于过去“中心化”的渠道而言，网状结构中的每一个节点之所以发生关系和连接，其背后的逻辑就是品牌，也就是说，每一个品牌都可以在去中心化的网状结构中找到属于自己的、以自己为中心的用户关系网络。如果打个比方，整个网络像是宇宙之中的银河系，里边有数以亿计大大小小的恒星，就像一个个具体的品牌，通过不同距离、不同引力的排列组合，构建出属于自己的星系，每个星系都有自己的行星、卫星，或多或少，或近或远，就像一个个具体的用户一样，围绕着这些品牌转动，永不离开。所有这些银河系以及其他星系，又构成了一个浩瀚无垠的宇宙，而宇宙的中心在哪里，并没有人知道，或者说，中心其实并不重要。

当然，无论是粉丝运营、用户管理，还是做社交电商、做自零售，都要依赖商家的运营能力，但这个对品牌商家来说，粉丝运营和交易光靠店员或员工是很难成功，用户数据的管理也需要专门的团队，这必将增加资源、资金和人才的投入。我们的建议是，这样的投入是品牌的基础设施建设，就像国家要发展，必须要投入巨资修桥铺路，建高速，建高铁，通水通电通信。只有基础设置做好了，用户才能从四面八方找到你。这样的过程固然艰辛，却能够通过用户数据的逐渐沉淀，找到和自己关系最好的用户，这对于品牌运营而言，是有百利而无一弊的做法，堪称一劳永逸。我们建议每一位有志于打造民族品牌、百年企业的企业家朋友，都应该下定决心重构用户关系。

第 13 章

走进零售新时代

2018 年是一个极具纪念意义的年份。40 年前，中国向世界打开大门、实行改革开放，市场经济开始在中国落地生根，深刻影响了中国商业社会的方方面面；40 年里，中国发生了巨大的变化，中国经济持续高速增长，完成了从基本生活用品都要凭票供应的短缺经济时代到产品极大丰富的过剩经济时代的转变，普通民众也逐渐摆脱贫困奔向小康，走进富裕生活；特别是，在这短短的 40 年时间里，中国零售行业也快速走完了西方国家数百年的进化历程，从学习跟随、模仿创新到局部超越，已经成为全球最大的消费市场，零售领域相关的管理实践、模式创新与技术运用等，其深度和广度都是前所未见的。

借由社交和移动互联网的力量，消费者开始更快、更多、更紧密地连接起来。连接的规模和速度史无前例，它带来的影响力超出了我们的所有想象。全球零售业，无论是发达市场，还是新兴的区域市场，正处于移动互联网和社交媒体的风暴与海啸中，我们正在迎来一个巨变的时代。零售商、品牌商、经销商，面临着经济显著放缓、产能过剩、利润空间受到严重挤压、全球化更加深化的局面。对于国家而言，零售发展水平就是内需的最大体现，跟拉动经济增长有巨大关联；对于民众而言，零售的发展体现出生活品质，跟每一个人的日常生活息息相关。从这个角度看，我们来探讨零售进化过程中如何重构用户关系的问题，就有着极为重要的意义。

相对于发达经济体，中国企业的生产和制造能力已经处于世界领先水平，无论是生鲜的农副产品、小型的工艺品，还是超级工程基建、高精尖的科技产品，规模化生产与资源整合供应能力都不在话下；在组织管理和运营能力方面，本土企业家群体经过三四十年的学习和跟随，也基本掌握了各种经典理论和方法，而且结合各行各业的实际情况加以实践和运用。就零售行业而言，中国是全球最具活力、网络零售规模最大的市场，拥有最具潜力的消费者，拥有最发达的线上电商购物生态，建立起了最便捷的支付体系和最全面的物流体系，能够提供最丰富的产品种类……只是在用户关系的理解和用户数据的管理上，还比较粗放，还有较大的改进和提升空间。

我们站在今天这个时点上，回望过去，作为新兴国家的市场，我们在21世纪初互联网时代来临的时候，第一次快速跟上发达市场的潮流，并且摸索出了属于中国特色的发展路径；展望未来，我们已经拥有了新零售的技术创新和积累，很有可能第一次领先于发达市场，开创出全新的零售模式和生态，率先走进零售新时代。

面向未来，我们虽然无法预知零售进化所秉持的具体发展路径，也无法预知一种模式究竟会带来生存还得毁灭，但万事万物都有其基本的发展规律，零售的进化也不例外，从一些已经显现出来的趋势中，我们仍应该积极把握，未雨绸缪。

消费者主权时代

第一个趋势，是消费者主权时代的到来。

过去，我们常常强调“顾客是上帝”。这个观点由美国人马歇尔·菲尔德首创，他在1852年创立了马歇尔百货商店，是美国最早建立也是最具野心的百货商店之一，700多家门店遍布全美。当时他提出了“顾客总是对的”（The customer is always right.）的理念，这种理念使他的百货公司非常受顾客欢迎，在20世纪的商业历史中大放异彩。

马歇尔·菲尔德百货公司还将零售业当时所奉行的顾客自慎原则（caveat emptor，即商品一旦出售概不负责的原则）改为无条件退货，并在商店设置凳子等便民设施，供顾客休息……在19世纪那个现代服务业还不甚发达的时代，这种营销手段大获成功，甚至被服务业接纳成为一种新的准则。后来塞尔弗里奇（Selfridges）① 在英国创办的百货公司，就是继承了这种理念并再次获得成功。

但是，在接下来超过一百多年的时间里，大规模生产、大众营销和大众传播统治了整个商业时代，这种“顾客至上”的理念在实践层面并没有得到很好地贯彻执行。《意愿经济》一书的作者多克·希尔斯（DocSearls）指出，“走进客户的心”，这是在20世纪60年代市场理论掀起营销革命、关注消费者行为时广为流传的一句真经。但是，管理学大师彼得·德鲁克在2005年去世前的一次采访中黯然承认，“这依然是一个伤感的神话”。

因此，当我们讨论“消费者主权”这个话题的时候，是既轻松又沉重的。“消费者主权”的概念，最早出现在亚当·斯密的经济学经典著作《国富论》中。后来马歇尔②加以发展，认为它是经济理论中不可

---

① 塞尔弗里奇出生于美国，1906年来到英国，开始在伦敦牛津大街建造塞尔弗里奇百货商店。该店于1909年开业，成为百货商店的“始祖”。

② 阿尔弗雷德·马歇尔（Alfred Marshall，1842—1924）近代英国最著名的经济学家，新古典学派的创始人，剑桥大学经济学教授。19世纪末和20世纪初，英国经济学界最重要的人物。

动摇的原则。奥地利学派①、剑桥学派②以及哈耶克③、费里德曼④等更是把消费者主权看作是市场经济中最重要的原则。

消费者主权的含义是：消费者根据自己的意愿和偏好到市场上选购所需的商品，以此通过市场把意愿和偏好传达给生产者，所有生产者则要听从消费者的意见安排生产，提供消费者所需的商品。消费者借助于消费品市场上生产者之间的竞争，行使主权，向生产者“发布命令”，整个经济模式由消费者主导。

但是，理论归理论，走向消费主权的过程是一条崎岖的道路。经过一百多年的商业实践，消费者主权仍然没有很好地得到保障，人们总是把消费者在口头上奉为“上帝”，然而在现实生活中，这些“上帝”却总是被欺负。

那什么时候顾客才是“上帝”呢？只有当顾客真正掌握选择权，动一动手指头就能对企业生杀予夺的时候，他才是“上帝”。当顾客轻轻松松就可以从一个平台、一个产品切换到另一个平台、另一个产品的时候，当企业每天因为顾客的选择权而如临大敌、如履薄冰的时候，顾客才真正是“上帝”。

幸好，这样的时代正在向我们走来。

---

① 奥地利经济学派是近代边际效用学派中最主要的一个学派。它产生于19世纪70年代，流行于19世纪末20世纪初。因其创始人门格尔和继承者维塞尔、庞巴维克都是奥地利人，都是维也纳大学教授，都用边际效用的个人消费心理来建立其理论体系，所以也被称为“维也纳学派”或“心理学派”。

② 剑桥学派是在当代西方经济界亦被称为“新古典学派”。19世纪末由英国著名经济学家马歇尔创建的一个有较大影响的学派。他们以局部均衡论作为分析工具，着重研究价值和分配理论，分析经济体系中的价格形成过程和资源配置的过程。

③ 弗里德里希·奥古斯特·冯·哈耶克，CH（又译为海耶克，Friedrich August von Hayek，1899年5月8日—1992年3月23日）是奥地利出生的英国知名经济学家和政治哲学家。以坚持自由市场资本主义、反对社会主义、凯恩斯主义和集体主义而著称。

④ 米尔顿·弗里德曼（Milton Friedman），美国当代经济学家、芝加哥大学教授、芝加哥经济学派代表人物之一，货币学派的代表人物。1976年获诺贝尔经济学奖，以表扬他在消费分析、货币供应理论及历史、稳定政策复杂性等范畴的贡献。

我们正处于一个重要的转型时刻：全球正在进入消费者主权时代，从“以渠道为中心”和“以营销为中心”的传统商业社会转变为“以客户为中心”的消费型社会，消费者已经觉醒，他们渴望消费民主、消费自由和消费平等，他们不希望成为零售商嘴上所谓的“上帝”，他们只希望把零售商看成哥们儿、朋友、家人或闺蜜，可以平等地交流和温暖地对话，得到基本的尊重，他们开始从被动地接受变为主动地选择，并成为整个消费过程的主导者和真正的主角。

中国零售业的演进也是全球零售发展的一个缩影。改革开放初期各类商品供不应求，厂家掌握着市场主权，只要有产品就能卖得出去，可以说短缺经济时代是“产品为王”；随着投资的加大，厂家产能开始过剩，而渠道的货架有限，不可能将所有商品都上架销售，渠道就会替消费者对产品进行第一轮选择，由于掌握了用户的选择权，“渠道为王”成为可能；后来，互联网重构了时空关系，线上购物网站让所有商品都能上架，都能被人轻松找到，信息流、现金流、物流都向平台积聚，形成中心化结构，电商巨头掌握了流量分配权，此时变成“流量为王”；只有到了移动互联和自媒体时代，社交化零售才真正兴起，去中心化的网状结构成为主流，选择权重新交到用户的手上，才真正进入“用户为王”的时代。

从 20 世纪 90 年代开始，我们已经见证了人类发展史上最壮观的一次迁徙，所有消费者从线下购物中心大规模迁徙到互联网的虚拟世界中，从 2008 年开始，随着移动 4G 技术应用，主流的消费人群再次迁移到移动互联的数字星球上，他们在移动设备上看微博、Twitter，了解天下大事，刷微信、Facebook，了解朋友动态，So Lo Mo（社交 + 本地 + 移动）的消费方式成为主流。

消费者主权崛起的时代离我们越来越近。社交消费群的大规模崛起，使社交网络的效应放大，既可以做到好事传千里，也可以做到坏事传千里。过去，消费者只能向朋友抱怨自己消费时遇到的不平事，对品牌企业来说，负面影响很有限；今天，一个消费者微不足道的一句话，就有如星星之火，可能在一夜之间燃遍整个互联网，影响巨大。消费者的需求变化和行为偏好是最难把握的一件事情，一个消费者昨天还是你的重点客户，对你的服务赞不绝口，但是第二天，他的态度可能就改变了，因为他听到了来自好友的抱怨之语。

移动互联网带来的最大改变，是新媒体、自媒体彻底改变了信息传播的路径，部分瓦解了传统媒体的权威性，传统的大众化传播和大众化营销的方法产生的效果日渐减弱。信息传导机制的改变，导致企业再也不敢轻视消费者的权力。在传统的传播路径中，企业用广告换取话语权，取得信息独裁，但现在，消费者的一个评价就能让广告的力量消失于无形，这使企业必须重视每一个与消费者的接触点。

消费者不仅变得越来越挑剔，甚至在对产品的选择中，借由社交媒体，他们不仅获取信息，还分享信息、分享体验，进而影响其他消费者对品牌的选择。消费者更加聪明，更相信自己社交圈子里的好友、同事、亲友、专家、同行或网友提供的各类消费建议，每一个消费者都能和素未谋面的消费者相互交流，形成消费社群，分享他们的消费主张。在这样的背景之下，权力在这个大背景下迅速地从品牌商、零售商的手中转移到消费者手中。获得了消费自由、消费民主和消费平等的消费者将赢得未来消费社会的主导权，零售商单方面的推销起到的作用将十分有限，他们只能根据消费者的需求和意愿进行推荐，所有品牌只能经过消费者允许才能进入消费者的生活，小心翼翼地为消费者提供专业服务。

“天下大势，浩浩荡荡，顺之者昌，逆之者亡。”① 既然消费者主权的崛起无可避免，既然时代和形势变了，品牌企业也要随之变化，具体

---

① 19 世纪初，孙中山知道资产阶级救国之路行不通之后发出感慨：“天下大势，浩浩汤汤，顺之者昌，逆之者亡。”

地说，有以下几点需要反复强调：

其一，品牌企业要有用户思维。传统的营销思维、流量思维逐渐被颠覆，品牌企业必须认真考虑“用户是谁”“用户在哪里”的基础问题。在用户主权时代里，如果品牌企业找不到用户，必将被更懂用户的品牌取而代之。

其二，品牌企业要有数据思维。如何跟用户建立联系，如何了解用户的需求和态度，用户的意见和建议哪些应该重视、哪些应该忽略……这一系列的决策，既不能靠猜，也不能靠拍脑袋，只能靠数据说话。

其三，重构用户关系越早越好。在传统零售时代，有政策红利、市场红利可以依托；在电商时代，有人口红利、流量红利可以依托；在后电商时代，有且只有用户红利可以依托，只能通过重构用户关系去分享用户红利，且越早越好。

未来，你从来都不会被竞争对手打败，你只可能被用户抛弃。在新的时代里，要专注用户，而不是对手，要发自内心地关注用户，认真地思考：我到底还能为用户做什么？我应该如何尽可能地把用户留住？其他的一切，顺其自然。

C2B 与柔性化生产

第二个趋势，在消费者主权时代，C2B 的模式创新将成为很多企业应对用户变化的主要战略。

早期消费者主权的作用表现为，消费者用货币购买商品是向商品投“货币选票”①，“货币选票”的投向和数量，取决于消费者对不同商品的偏好程度，体现了消费者的经济利益和意愿。而生产者为了获得最大

① 在众多类似的商品中选择购买某一种商品，此时购买所花费的货币就好像选票，获得选票最多的商品，市场地位越高。

的利润，必须依据“货币选票”的情况来安排生产，决策生产什么、生产多少、如何生产。这说明，生产者是根据消费者的意志来组织生产、提供产品的。这种消费者统治的经济关系，可以促使社会的经济资源得到合理的利用，从而使全社会的消费者都得到最大的满足。但是，消费者并没有在设计、采购、生产中主张自我意识。

新的消费者主权是指在决定某个经济体系所生产的商品类型和数量时，消费者将起到关键性作用。也就是说，在生产者和消费者的关系中，消费者是起支配作用的一方，生产者应当根据消费者的意愿来进行生产。消费者主权是市场经济中组织生产的关键因素。消费者按价格支付的货币量就是消费者对消费某种商品所获得的满足的评价。

互联网让信息由不对称变得对称了，企业与用户之间的距离大大缩短，创造价值这个环节将得到很大提升，企业可以用最快捷、便利的方法与消费者直接接触，C2B 成为可能。因此，C2B 是消费者主权时代的产物，其核心观点是以消费者为中心，消费者“当家做主”。传统的经济学概念认为，针对一个产品的需求越高，价格就会越高，但由消费者因议题或需要形成的社群，透过社群的集体议价或开发社群需求，只要越多的消费者购买同一个商品，购买的效率就越高，价格就越低。从消费者的角度来看，C2B 模式应该具有以下特征：第一，相同生产厂家的相同型号产品，无论通过什么终端渠道购买价格都应一样，渠道不掌握定价权，确保消费者平等；第二，C2B 产品价格组成结构合理，拒绝暴利；第三，渠道透明，不存在信息缺失；第四，供应链透明，所有产品可实时跟踪。

C2B 的经济关系是一种逆向的商业模式，更具革命性，它将商品的主导权由厂商转移到消费者。根据消费者需求定制生产的 C2B 模式，是通过互联网的工具，用“汇聚需求”的形态，取代传统“汇聚供应商”的购物中心形态，按需定制和订单式生产，巧妙地解决了传统模式中令人头疼的库存和周转问题，被视为是一种接近完美的交易形式。早在 2012 年，马云就在全球网商大会上提出，未来几年，阿里集团的重心将从消费流通领域转移到生产制造领域，从 B2C 全面挺进 C2B。2017 年，马云在浙商总会发言时再次强调，“过去的制造业基本上以 B2C 为主，企业自己制定标准，营销市场，而未来的制造业必须是 C2B，根据市场、根据客户进行大规模、柔性化、个性化定制，这才是真正的未来。”

当然，并不是每个品牌企业都能够实现 C2B 模式创新，或者说，现阶段，大部分企业都仍然是传统的 B2C 模式。这是因为，C2B 的两端，C 端和 B 端都很明确，只是中间这个“2”（或“to”），需求的准确传递，该如何实现呢？在过去没有互联网的时代，品牌和用户的关系，只能通过广告营销的方式，是单向的弱联系。用户需求的传递是很难实现的，通过市场调研、抽样调查也只能部分地把握。只有在移动互联网时代，品牌与用户构建了双向互动的关系，并且用数据管理工具进行科学管理，用户需求才得以完整准确地传播，C2B 才不是一个口号，才能落到实处。简而言之，只有用户数据才能告诉你，哪些是用户真正喜欢的东西，只有那些已经重构了用户关系且对用户数据进行有效管理的企业，才有机会去考虑 C2B 的模式创新。

第三个趋势，C2B 模式创新驱动的生产，叫柔性化生产。

生产方式，一般是指企业整体活动方式，包括所有制造过程与经营管理过程。柔性化生产，相对于社会化大生产中对规模经济的追求所形成的“刚性化”生产而言，具体是指依靠有高度柔性的以计算机数控机床为主的制造设备来实现多品种、小批量的生产方式。柔性化生产的概念，是 1965 年英国的 Molins① 公司首次提出的，它是在柔性制造的

① 该公司已在烟草行业领先超过一百年。

基础上，为适应需求多变和竞争激烈的市场而产生的市场导向型的按需生产的先进生产方式，其优点是增强制造企业的灵活性和应变能力，缩短产品生产周期，提高设备利用率和员工劳动生产率，改善产品质量。

	大规模生产	大规模零售	大规模定制	C2B模式
代表企业	福特汽车	沃尔玛	DELL、ZARA	互联网平台，如淘宝网
出现时间	20世纪初	20世纪60年代	20世纪90年代	21世纪
市场环境	供不应求，市场均质化	大量消费，需求较均质化	供过于求，市场碎片化蜂窝状	个性需求勃兴，市场趋向于散点分布
代表性的商业基础设施	公用电厂、铁路网络、电话网络等	现代通信网络、现代物流、IT信息技术	现代通信网络、现代物流、IT信息技术	云计算中心、智能物流、互联网等
竞争基点	低价、质量稳定	低价、多样	速度、体验	体验主导
价值载体与交付方式	企业以产品为载体，向消费者支付价值	企业以产品为载体，向消费者支付价值	企业以服务为载体，向消费者支付价值	企业以体验为载体，向消费者共创价值
生产者/消费者关系	生产商主导。 推动式：生产商为千篇一律的大众，提供一视同仁的产品	零售商主导。 推动式：但零售商主导比生产商主导，更能捕捉和满足消费需求	部分地具有拉动式属性，在部分行业出现了“多品种、小批量、快反应”	消费者主导， 消费需求驱动价值网运作
消费者角色	孤立、被动、少知	孤立、被动	部分参与设计或生产	见多识广、互相联系、积极主动、深度参与
主流的供应链形态	线性供应链/网链。 代表：成本导向的精益供应链	线性供应链/网链。 代表：成本导向的精益供应链	具有价值网属性的供应链。 代表：速度导向的敏捷供应链	可实现大规模协助的在线平台。 代表：体验导向的协同网
经济实质	“小品种、大批量”的规模经济	多品种、大规模的规模经济+范围经济	规模经济基础上的范围经济	“海量品种、小批量，快反应”的范围经济

资料来源：阿里研究院

从工业到信息到数据的商业时代

随着经济的不断发展，企业的竞争形式也在发生变化，不仅表现为价格、数量、质量的竞争日益激烈，更重要的是规模化生产模式的弊端逐渐显现，主要表现在：成本增加、过量库存、适应市场的灵敏度低。然而，21 世纪的竞争环境是一个不断变化、不可预测的环境，由于高新技术的出现和迭代加快，产品的生命周期越来越短，企业所处的竞争环境要求企业具有很强的适应能力，通过高新技术的运用、不断寻求新的机遇来开发新的产品，以满足市场的需求。

柔性化生产作为一个新概念，尚处于不断发展和完善之中，可以将柔性生产理解为是一个由计算机集成制造系统、企业联盟、并行工程、拟实制造、高素质员工等多方面的系统集成，一个基于计算机集成制造系统且在此基础上发展起来的一个更高层次的集成大系统。在具体的实践上，有美国提出的精益生产，其特点是以简化组织和强调人的能动性为核心，力求低消耗、高效率、零库存，杜绝一切浪费，其基本前提是满足用户对高质量产品的需求。还有德国和日本提出的智能制造，其特点是强调柔性化生产中人的因素的决定作用，从市场需求出发，以数据智能为依据，以实现决策科学化为目的并在整个制造过程中贯穿智能活动。

直到互联网出现之前，由于无法真正把握市场的真实需求变化，柔性化生产的实践仍是单向的和实验型的，对于传统规模化大生产的颠覆和创新，也仅仅停留在个别流程和部分环节之中，很多时候是不彻底的，也是不经济的。

如今，消费者通过移动互联网、社交网络和物联网实时连接起来，正在形成一股巨大的无形的力量。一方面，用户可以按照自己的意愿随机组合，积极参与到品牌企业的产品设计、生产和运营等所有环节；另一方面，品牌企业也可以方便、及时、准确地搜集和挖掘用户的需求，监测用户需求变化，并将这些需求完整、准确地反馈到产品生产部门，在核心组件上快速调整可变动部件。这个时候，C2B 的创新模式开始出现并对 B2C 模式进行迭代，柔性化生产所依托的市场需求，也更加准确、及时、完整，所有原来期待的精益生产和智能制造，都将在新的时代里得以完美实现。

柔性化生产以高效率、低成本、快周转为特点，其背后所依托的，是一套数据化的智能系统，它一端对接终端的用户数据，另一端对接供应商和生产流程的每个环节。柔性化生产的极致状态是个性化定制，通过用户数据管理系统与智能化的数据管理平台对接，用户需求能够被准确传递和智能化分解，既凸显个性化的产品特色，又能够获得社会化生产的高效率。在这套系统中，根据每个消费者具体的个性化需求，安排精细化的生产制造流程，让每一个产品都是独一无二的。

去中心化的网状结构

第四个趋势，是去中心化的网络结构。

去中心化，这几年被反复提及，在某些领域也逐步实现，究竟对我们的品牌和用户关系有什么影响呢?

去中心化最初是一个自然科学中的生态学原理，在一个分布有众多节点的系统中，每个节点都具有高度自治的特征。节点之间彼此可以自由连接，形成新的连接单元。任何一个节点都可能成为阶段性的中心，但不具备强制性的中心控制功能。节点与节点之间的影响，会通过网络而形成非线性因果关系。这种开放式、扁平化、平等性的系统现象或结构，我们称为去中心化。

去中心化不是不要中心，而是中心多元化，在互联网的原始定义中，任何人在网络上都可以成为中心，任何中心都不是永久的，中心对每个人不具备强制作用。说起来，新媒体、自媒体的兴起与对传统主流媒体的冲击，就是一个去中心化的过程。微博、微信就是一个去中心化的体现，每个人都是一个可以去连接别人、影响别人的节点，差别只在于影响力有大有小、有近有远而已。

例如，微博上有着很多明星是影响众人的中心，每个明星是靠着大量的粉丝在一定时期内影响着别人，他没有强制影响粉丝的权力，哪一天他不红了，他的中心影响力便会不断削弱。微博上还有很多网红，他们最开始可能只是个默默无闻的草根，但通过微博，他们也可以产生自己的影响力并且在某个时期内成为一个中心。微信上也一样，每个人都可以去开设公众号，用好的内容和定位去连接和影响别人，当自己的发声和价值主张吸引了别人的关注和支持，那么他就成了一个中心，也就是说每个人都可以成为中心，每个中心都依赖于每个个体的支持，离开个体便不存在中心。

另一个著名的“去中心化”应用就是区块链技术，用于发行以比特币为首的数字货币等，他们不由哪一个货币机构发行，只依据特定算法，通过大量的计算产生，由整个 P2P 网络中众多节点来确认并记录所有的交易行为。没有人可以大量制造并发行比特币，每一个比特币的使用者都可以对每一笔交易行为进行计算确认，这么看，简直是完美的去中心化产品，这也是近些年比特币疯涨的原因。当然，区块链技术在数字货币上的运用仅仅是区块链技术运用的一个场景而已，在实际运用过程中出现货币泡沫、庞氏骗局等问题，也是技术运用失当和消费者不成熟所致，与技术本身关联度不大。

当我们从去中心化的视角去看零售模式的变化，事情就变得更有趣了。如果存在这样一个网状结构生态，每一个节点都是具体的用户，每一个节点在影响别人的同时，也被别人影响，不同的品牌成为不同的中心，通过不同的定位和价值主张，吸引用户的关注和支持，可以实时跟用户互动和交流，这个时候，品牌和用户的关系是最平等的，也是最亲近的，品牌做得好不好，用户说了算，离开了用户，品牌就会消失。这个时候，节点与节点之间，传递的不仅仅是新闻信息，还可以是产品信息、品牌信息，甚至于品牌还可以凭借自己的影响力和用户之间的信任关系，在这个网络完成产品交易和零售的环节，再由品牌通过完善的物流体系送货上门，这种零售方式，效率最高、成本最低、体验最好。

这样的网络就是我们在前文所阐述的人联网，这样的生态就是我们反复提及的自零售生态，它们代表着零售的未来。无论是在商场零售、电商零售或者新零售时代里，渠道都充当了品牌与用户的连接器，无论渠道如何变换，都是中心化的模型，在某种意义上，它掌握着品牌与用户的命脉，品牌离开了渠道，就找不到用户，用户离开了渠道，也会很难找到品牌，这种中心化的结构，稳定地持续了数百年时间。只有到了自零售时代，去中心化得以实现，渠道不见了，或者说，渠道变成了一个个具体的节点——超级用户（自零售人），品牌是通过用户去连接用户，通过老用户去获取更多的新用户。

在这个网络中，由于每个节点都有高度的自主性，节点与节点间关系平等，它们之间信息的传播没有规律可循，看起来是失控的，唯一可控的是数据。品牌企业只有通过用户数据管理（节点数据），把用户进行分级分类，才能对用户的行为、需求和实时变化有所了解，并进行科学的管理。

这个去中心化的人联网中，人与人的关系看似通过互联网工具构成，整体上看是一个个虚拟世界，一个个品牌和它所关联的网状节点就像是宇宙中的星云和星系，每个品牌都有自己的用户，就像每个行星都有自己的卫星，卫星按照位置远近、能量大小，自然形成远近高低的关系结构，形成一个稳定运转的结构；同样，用户可以关联不同的品牌，不同的品牌与品牌聚集在一起，又关联着更多的用户，就像是月亮绕着地球转，而地球又在太阳系中运转，无数的恒星又组成更大银河系……整个宇宙赖以运转的原理中，牛顿提出万有引力[①]，爱因斯坦提出时空扭曲[②]，那么，人联网依靠的是什么呢？是人与人的信任关系。

零售模式的最高级状态，其实是向最传统时代的回归。在原始的农业社会中，人与人之间以物易物的交易靠的就是信任关系，如果没有信任关系，原始的交易不可能产生。当贝壳、铜板、金、银和纸币等成为交易的一般等价物之后，这些直接的信任关系转化为人与社会、人与政府的公共信任关系，用户的口碑成了影响商业发展的关键因素，在很长的一段时间里，商人想要生意长久也同样需要保持与用户的信任关系。

---

① 万有引力定律（law of universal gravitation）物体间相互作用的一条定律，1687 年为牛顿所发现。

② 时空扭曲，根据相对论的解释，当一个有质量的物体体积趋于 0 时，其引力会达到无法想象的地步，从而改变空间，导致光都无法在其空间里逃避，进而形成时空扭曲。

工业革命驱动专业化分工、社会化大生产，人与人的信任转化为人对品牌的信任和人对渠道的信任，这种信任的建立更多地依赖信息的传播和创新的营销方式，其影响一直延续至今。到了人联网和自零售时代，人与人的信任关系重新成为影响交易的核心因素，也算是“回归初心”的一种表现吧。只是这个时候，人们已经拥有了高效的交互工具、先进的技术平台和强大的数据处理能力，早已经非数千年前的原始交易可比。

零售新时代的几种可能

面向未来，我们大胆预测，阿里将在新零售时代大放异彩，而腾讯是最有可能实现自零售结构和生态的平台。也就是说，按照现有逻辑，在未来的五年，零售的增量很有可能属于阿里，五年之后，零售的增量则属于腾讯。

先说说阿里体系。阿里体系既包括天猫、淘宝这样的线上购物平台，也包括银泰、苏宁等线下购物中心，还包括支付宝、蚂蚁金服等构筑的线上支付和金融服务体系，以及菜鸟网络等物流配送体系。在过去的两年间，通过大数据、云计算和人工智能等技术运用，阿里把线上线下的零售方式和场景进行彻底重构，所有的流量按照消费需求重新分配和组合，实现消费场景化、营销本地化、渠道多维化，阿里希冀通过新零售打造的是一个基于物联网的技术运用生态，所见即所得，把消费体验提升到极致。以盒马鲜生为例，它被人称为“新物种”，其特点除了线上线下打通，提高效率外，超市加餐饮的业态重组是其另一特点。

当然，阿里所沉淀的用户交易数据是极为珍贵的宝藏。这些海量数据目前分布于不同的平台，如何开发和使用，在某种程度上，决定着新零售的未来。目前，我们看到在新零售中的一个重大举措是阿里把钉钉和手淘进行打通和对接，在数据智能化体系中，一些用户数据可以直接用于指导企业营销和生产实践，这将给品牌商家带来极大的价值。在阿里的推动下，越来越多的商业业态开始重组，传统书店的书籍加咖啡、传统家居店的家庭软装一体化、传统的餐饮店，乃至于银行金融、交通出行、城市服务等公共职能，都纷纷进行业态重组，在全面接触消费者的情况下，也提升了消费体验。

再简单说说腾讯体系。微信立志于做去中心化的连接器。微信沉淀了最有价值的社交关系，近 10 亿的用户量也给人以极大的想象空间。2014 年 11 月，马化腾在“世界互联网大会”上提出腾讯要“连接一切”，要成为互联网连接器。毫无疑问，“连接一切”这一重任落在了微信身上。同年 12 月，张小龙就微信公众平台详细阐述了八大观点，其中一点是说“微信要打造一个真正的去中心化系统，不会提供一个中心化的流量入口来给所有的公众平台方、第三方”。目前，微信公众号、服务号以及微信小程序，都很好地践行了去中心化的逻辑，构建了一个全新的媒体与服务生态，只是需要进一步同商品信息和具体的产品实现连接。

2014 年初，腾讯与京东达成战略合作，两个月后京东购物便获得了微信购物一级入口，直到现在这也是微信内唯一的一级购物入口，京东对社交电商的探索和布局由此展开。微信小程序、公众号、朋友圈、微信群共同组成了一个完整的社交电商生态，公众号的图文群发、朋友圈的老客户互动、小程序的自主访问和分享传播，都是非常重要的客户触点，品牌企业必须把这些方面的能力串联起来，做立体营销，才能形成“网络效应”①。

2018 年 6 月 13 日，微信的“商品搜索”功能正式出炉，目前“搜一搜”已经可以实现大部分品类商品的直接搜索与展示。当业界认为腾

① 某产品对一名用户的价值取决于使用该产品的其他用户的数量，在经济学中称为网络外部性（network externality），或称网络效应。

讯的电商布局将聚焦于小程序和社交电商时，谁也没想到微信这么快就迈出了一大步。当下，社交电商、小程序等在微信私域流量的分流方式已开始呈现多样化，拼多多、贝店等社交电商正以不同模式占据流量红利，而随着微信商品搜索能力的放开，公域流量的争夺恐怕会更为激烈。

当然，这仅仅是未来所展现的可能之一。商业时代因时而变，零售行业是一个大行业，千千万万的从业者和企业品牌参与其间，究竟会如何演进，我们仍将秉持理论联系实践的可续态度，保持持续的研究和关注。

我们专注的研究对象

近年来，零售业蓬勃发展，规模持续扩大，业态不断创新，中国拥有 13 亿的消费人口，是全球最大的零售市场。根据国家统计局数据发布，2017 年，中国社会消费品零售总额为 36.6 万亿元，比 2016 年增长 10.2%，连续第 14 年保持两位数增长，而且，2017 年消费对经济增长的贡献率为 58.8%，连续第四年成为拉动经济增长的第一驱动力。[①]

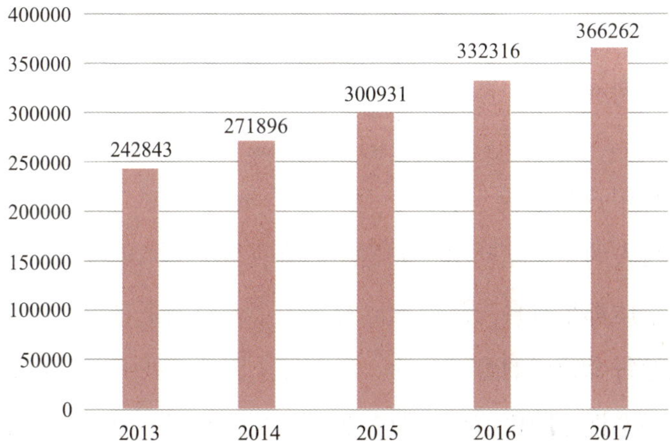

数据来源：国家统计局

2013 年—2017 年社会消费品零售总额

① 商务部，《2017—2018 年中国百货零售业发展报告》，2018 年 3 月。

面对一个全新的零售时代，我们也许无法用准确的笔触去勾勒和描摹，但我们可以期待，在自零售时代来临的时候，我们所看见的、所熟悉的，一切都终将被重新定义。在未来的一段时间里，我们将致力于寻找那些拥有互联网和数据基因、乐于跟用户建立关系的企业，去研究他们在新零售发展模式中的优劣之处，并从他们的发展案例中寻找自零售发展的方法和路径。

我们将主要研究以下三类企业：

第一类，那些自媒体运营得比较好的企业。我们认为，新零售的下一步是要超越“人—货—场”与“人—货”的连接，进入“人—人”的连接。就目前来看，人与人的这种连接是通过自媒体来完成的。如何通过自媒体，把企业品牌人格化，与用户进行平等对话和实时互动，实现人与人的连接，是布局自零售的前提和基础。

第二类，那些重视小数据管理的企业。当用户与品牌发生连接、人与人之间发生连接后，需要进行用户数据的科学管理。如今，有不少企业拥有了用户管理系统（CRM），但真正发挥作用、体现价值的并不多，关键还是用户思维、小数据思维不够。我们要寻找那些对用户数据价值有深刻理解的企业案例来做研究。

第三类，那些重视品牌价值的企业。这又分企业和个人两种类型，一是品牌与用户的连接，实际上是品牌价值的连接，把企业品牌人格化，在人与人的关系互动中，把品牌价值在用户关系中放大；二是每一个具体的个体都是有自身品牌价值的，一个人应该把自身的品牌价值运营好，就像每个领域的意见领袖、网红等。因此，我们要寻找那些能够通过用户关系把品牌价值放大的企业，以及一些能够把个人的品牌价值转化为“带货能力”的意见领袖的案例。

我们认为，对于每个品牌企业来说，在重构用户关系的时候，要特别重视员工、超级用户、意见领袖，他们很可能是第一批转化为自零售人的群体。

我们回到“自零售人”这个概念，具体从三个层次来看：第一，“自”，自己、自动、自愿和自我管理，必须要有一种驱动力，自己去干这件事情，通过外力强加的肯定不是；第二，“零售”，实际上就是一种连接，过去是依靠信息传播、渠道推广、广告营销建立联系，通过导购员完成销售，现在是一个人实际完成了信息传播和导购的所有工作；第三，“人”，每个人都是枢纽，都有个性化的诉求，要看有没有自我的驱动力去完成自零售，有没有增加品牌的附加价值。

我们认为，从新零售到自零售的升级，也是从 B2C 到 C2C 的转化，只有自零售才是真正的 C2C，每一个自零售人，都是一个传播枢纽的 C。有了自零售之后，大部分品牌商的销售路径，终于从 B2X2C 变成了 B2C2C，中间的 C 既是消费者又是销售者，被视为不可控的黑箱“X”消失不见。这个时候，零售环节的交易成本，包括商品成本、渠道费用、传播费用、销售佣金、服务成本、技术成本、管理成本等有些会消失，有些会被替代，还有些会被重新定义，在自零售的模型中，交易成本到底该如何分配，我们期待从一个个具体的案例实践中研究和寻找。

国际经验表明，当人均 GDP 超过 3000 美元之后，居民收入水平提高，为消费结构升级创造了购买力条件，休闲消费、品质消费等进入大众化阶段；当人均 GDP 超过 5000 美元时，消费升级速度加快。中国经济快速发展，2008 年、2011 年到 2015 年，人均 GDP 分别达到了 3000 美元、5000 美元和 8000 美元以上，与此对应，中国消费结构进入了快速升级阶段。可以说，在中国最大的零售试验场里，新零售竞争的序幕才刚刚拉开，“互联网＋零售”双线融合的创新不断出现，为提升消费体验而对“人—货—场”的颠覆与重组仍将继续，重构用户关系的自零售时代也将快速开始。在消费升级的新时代里，所有美好的事情都会发生，在瞬息万变的新市场里，唯一不变的就是变化。

无论传统零售怎么迭代，无论新零售怎么变化，无论线上线下如何融合，归根结底都是流量生意。改革开放 40 年来，中国零售行业享受了改革所带来的制度红利，城镇化带来的人口红利，以及互联网发展带来的技术红利，这也是中国零售行业快速发展的根本原因。如今，当制度红利和人口红利逐渐减少，网络流量红利逐渐消失的时候，我们把目光聚焦到双线融合的新零售。流量生意的逻辑是转化率，流量越多，转化越高，销售越好，大家关注的重点是通过各种技术手段获取更多的流量。

只有自零售是增量生意，讲究服务和体验，讲究用户运营，让用户有忠诚度和价值感之后，主动为产品代言，向亲朋好友做推荐，是在存量中找增量。只要有了自零售，品牌企业只需做好产品、做好服务、做好连接，将再也不用为自己的流量烦恼，用户关系越来越好，用户数据越来越多，永续经营、百年企业才不会是一句空话。

从宏观上来看，自零售催生的是个体创业的案例和故事，自零售人面对的资金与技术门槛并不高，在去中心化的网状结构中，每个人都有可能成为某个品牌或多个品牌的超级用户和自零售人，利用互联网的工具，每个人都可以很方便地进行体验式分享。自 2014 年开始，国家就号召“大众创业、万众创新”，但一直没有找到好的抓手和落脚点，不夸张地说，自零售才是大众创业的最佳途径。

让我们一起期待吧。

参考书目

［1］《国富论》，［英国］亚当·斯密（Adam Smith）著，郭大力、王亚南译，商务印书馆，2015年6月。

［2］《乌合之众：大众心理研究》，［法国］古斯塔夫·勒庞（Gustav LeBon）著，冯克利译，中央编译出版社，2014年5月。

［3］《大数据时代：生活、工作与思维的大变革》，［奥地利］维克托·迈尔－舍恩伯格（Victor Mayer－Schonberg）、肯尼斯·库克耶（Kenneth Cukier）著，盛扬燕、周涛译，浙江人民出版社，2013年1月。

［4］《第三次浪潮》，［美国］阿尔温·托夫勒（Alvin·Toffler）著，黄明坚译，中信出版社，2006年。

［5］《市场营销：原理与实践》，［美国］菲利普·科特勒（Philip Kotler），加里·阿姆斯特朗（Gary Armstrong）著，楼尊译，中国人民大学出版社，2015年8月。

［6］《营销管理》，［美国］菲利普·科特勒（Philip Kotler），凯文·莱恩·凯勒（Kevin Lane Keller）著，卢泰宏、高辉译，中国人民大学出版社，2009年4月。

［7］《口碑营销》，［美国］马克·休斯（Mark Hughes）著，李芳龄译，中国人民大学出版社，2006年12月。

［8］《定位：争夺用户心智的战争》，［美国］杰克·特劳特（Jack Trout）、艾·里斯（Al Ries）著，邓德隆、火华强译，机械工业出版社，2017年10月。

[9]《富甲美国：沃尔玛创始人山姆·沃尔顿自传》，[美国] 山姆·沃尔顿（Sam Walton）、约翰·休伊（John Huey）著，杨蓓译，江苏凤凰文艺出版社，2015年6月。

[10]《一网打尽：贝佐斯与亚马逊时代》，[美国] 布拉德·斯通（Brad Stone）著，李晶、李静译，中信出版社，2014年1月。

[11]《增长黑客：如何低成本实现爆发式成长》，[美国] 肖恩·埃利斯（Sean Ellis）、摩根·布朗（Morgan Brown），中信出版社，2018年2月。

[12]《上瘾：让用户养成使用习惯的四大产品逻辑》，[美国] 尼尔·埃亚尔（Nir Eyal）、瑞安·胡佛（Ryan Hoover）著，钟彩婷、杨晓红译，中信出版社，2017年5月。

[13]《影响力》，[美国] 罗伯特·B·西奥迪尼（Robert B Cialdini）著，闾佳译，北京联合出版公司，2016年9月。

[14]《痛点：挖掘小数据满足用户需求》，[美国] 马丁·林斯特龙（Martin Linstrom）著，陈亚萍译，中信出版社，2017年4月。

[15]《超级用户：低成本、持续获客手段与盈利战略》，[美国] 艾迪·尹（Eddie Yoon）著，王喆、余宁译，2017年9月。

[16]《数字化生存》，[美国] 尼古拉·尼葛洛庞帝（Nicholas Negroponte）著，胡泳、范海燕译，电子工业出版社，2017年2月。

[17]《长尾理论：为什么商业的未来是小众市场》，[美国] 克里斯·安德森（Chris Anderson）著，中信出版社，2015年8月。

[18]《零售的哲学：7-Eleven便利店创始人自述》，[日本] 铃木敏文著，顾晓琳译，江苏凤凰文艺出版社，2014年12月。

[19]《零售管理》（第6版），[美国] 迈克尔·利维（Michael Levy）、巴顿·韦茨（Barton A. Weitz）著，人民邮电出版社，2016年3月。

［20］《不可消失的门店：后电商时代的零售法则》，［美国］大卫·贝尔（David R. Bell）著，苏健译，浙江人民出版社，2017 年 1 月。

［21］《精益数据分析》，［美国］阿利斯泰尔·克罗尔（Alistair Croll）、本杰明·尤科维奇（Ben Yoskovitz）著，韩知白、王鹤达译，人民邮电出版社，2015 年 1 月。

［22］《意愿经济》，［美国］多克·希尔斯（Doc Searls），李小玉、高美译，电子工业出版社，2016 年 1 月。

［23］《品牌思维：世界一线品牌的 7 大不败奥秘》，［美国］沃尔夫冈·谢弗（Wolfgang Schaefer）、J. P. 库尔文（JP Kuehlwein）著，李逊楠译，古吴轩出版社，2017 年 11 月。

［24］《用户思维》，［美国］约翰·沃瑞劳（John Warrillow）著，林南译，中国友谊出版公司，2015 年 1 月。

［25］《在线：数据改变商业本质，计算重塑经济未来》，［中国］王坚著，中信出版社，2016 年 10 月。

［26］《参与感：小米口碑营销内部手册》，［中国］黎万强著，中信出版社，2014 年 8 月。

［27］《激荡三十年》，［中国］吴晓波著，中信出版社，2014 年 8 月。

［28］《浪潮之巅》，［中国］吴军著，人民邮电出版社，2016 年 6 月。

［29］《数据的本质》，［中国］车品觉著，北京联合出版公司，2017 年 9 月。

［30］《数据之巅：大数据革命，历史、现实与未来》，［中国］徐子沛著，中信出版社，2014 年 5 月。

［31］《互联网 +：小米案例版》，［中国］刘润著，北京联合出版公司，2015 年 5 月。

［32］《增长黑客：创业公司的用户与收入增长秘籍》，［中国］范冰著，电子工业出版社，2015 年 7 月。

［33］《运营之光：我的互联网运营方法论与自白》，［中国］黄有璨著，电子工业出版社，2016 年 9 月。

［34］《商变：传统企业电商就应该这样做》，［中国］艾瑞学院著，机械工业出版社，2014 年 4 月。

［35］《第三次零售革命：拥抱消费者主权时代》，［中国］颜春燕著，机械工业出版社，2014 年 5 月。

［36］《数据驱动：从方法到实践》，［中国］桑文锋著，电子工业出版社，2018 年 3 月。

［37］《新零售全解读》，［中国］天下网商著，电子工业出版社，2018 年 1 月。

［38］《新零售的未来》，［中国］翁怡诺著，北京联合出版公司，2018 年 1 月。

［39］《新零售：吹响第四次零售革命的号角》，［中国］范鹏著，电子工业出版社，2018 年 1 月。

［40］《新零售：零售行业的新变革与新机遇》，［中国］王先庆著，中国经济出版社，2017 年 7 月。

［41］《从 1.0 到 4.0：移动互联网时代的零售就该这样做》，［中国］张鹏、峥嵘著，人民邮电出版社，2016 年 2 月。

［42］《消费生态重构：新零售的终极法则》，［中国］朱友军著，机械工业出版社，2017 年 8 月。

［43］《用户力：需求驱动的产品、运营和商业模式》，［中国］郝志中著，机械工业出版社，2015 年 11 月。

［44］《麦肯锡季刊（The McKinsey Quarterly）》，麦肯锡公司，经济科学出版社，2001 年 4 月。

［45］《大数据安全白皮书（2017 年）》，中国信息通信研究院安全研究所，2017 年 7 月。

［46］《走进零售新时代：深度解读新零售》，商务部流通产业促进中心，2017 年 9 月。

［47］《新零售下品牌消费者为中心的数字化转型》，天猫、贝恩公司，2017 年 12 月。

［48］《2018 年度连锁品牌趋势观察报告》，［中国］上海交大海外学院连锁品牌战略研究所，2018 年 3 月。

［49］《2017—2018 中国百货零售业发展报告》，商务部流通业发展司、中国百货商业协会、冯氏集团利丰研究中心，2018 年 3 月。

［50］《小米成长之路与商业模式演化研究报告》，互联网实验室，2018 年 5 月。

《2018Q1 中国社交电商行业市场研究报告》，艾媒咨询在，2018 年 6 月。

［51］《中国零售行业发展报告（2016—2017 年）》，商务部流通发展司、中国国际电子商务中心，2017 年 6 月。